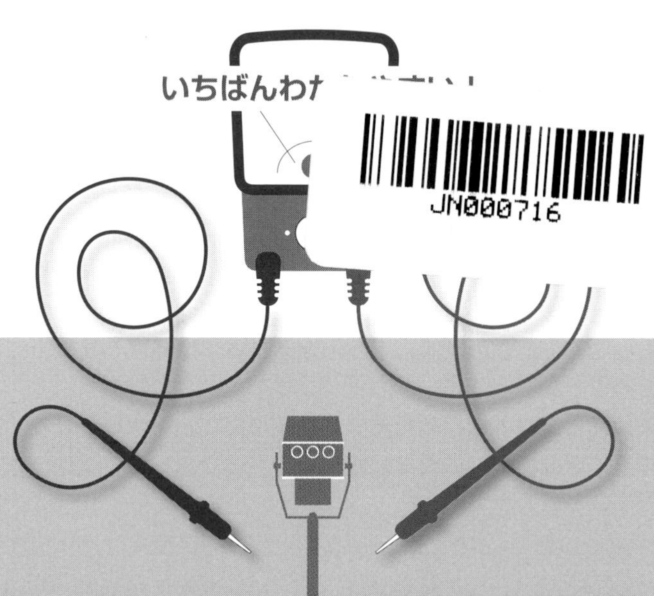

消防設備士
4類〈甲種・乙種〉
合格テキスト

成美堂出版

本書の特長

◆傾向を見極めた対策が合格への近道！

本書は、自動火災報知設備等の工事・整備等ができる資格、消防設備士試験４類〈甲種・乙種〉の合格を目的とした合格テキストです。

消防設備士試験は、毎回、類似問題が多く出題される傾向にあります。本書は、効率よく合格を目指せるよう、消防設備士として必要な基礎知識はもちろん、実際の試験に多く出題される出題頻度が高い内容を中心にまとめました。

消防設備士試験の傾向や頻出テーマを把握し、それを中心に学習することで、消防設備士に必要な知識を身につけながら、最短ルートで合格を目指すことができます。

◆本試験型の練習問題を各章末に収録！

本書の各章末には、実際の試験と同形式の練習問題を収録しています。

この練習問題により、各レッスンで学んだことを、きちんと理解しているか復習することができ、また、実際の試験と同形式の問題を解くことで、本番に向けた予行練習を行うことができます。

各レッスンを読み終えたら、ぜひ、本番のつもりで実際に問題を解いてみてください。繰り返し問題を解き、わからないところは解説をみて必ず理解しましょう。

◆赤シート対応で穴埋め問題としても活用できる！

本書は赤シートに対応しており、レッスン内で重要な用語や数値などを赤字にしています。付属の赤シートを活用することで、穴埋め問題として活用することもできますので、上手に活用しましょう。

受験者のみなさんが自信をもって本試験に臨めるよう、本書をご活用いただければ幸いです。

本書は原則として、2023 年４月１日現在の法令等に基づいて編集しています、以降も法令等の改正があると予想されますので、最新の法令等を参照して本書を活用してください。

いちばんわかりやすい！
消防設備士４類〈甲種・乙種〉合格テキスト

CONTENTS

1 章　消防関係法令

2 章　電気に関する基礎知識

CONTENTS

3 章　消防用設備等の構造と機能

4 章　消防用設備等の設置基準

5 章　消防用設備等の試験・点検

※本書では、鑑別等の問題作成にあたり、次の会社の方々に製品等の写真をご提供いただきました。ご協力につきまして厚く御礼申し上げます。（敬称略、50 音順）
株式会社初田製作所、株式会社ヤマトプロテック

6 章　鑑別問題

7 章　製図問題

本書の使い方

本書は、消防設備士第４類試験によく出題される内容に重点をおき、効率的に勉強できるようまとめました。付属の**赤シート**を利用すれば重要語句の確認ができ、穴埋め問題等としても活用できますので、上手に活用し、効率的な学習を進めましょう。

◆甲種のみ
原則として、「甲種のみ」アイコンのあるレッスンは、乙種試験には出題されません。

◆レッスンの Point
レッスンにおける学習のポイントです。まずはここを押さえましょう。

必ず覚える基礎知識はこれだ！

光電式分離型感知器と炎感知器の特徴は、感知面積による設置基準がないということである。

光電式分離型感知器と炎感知器には、それぞれ公称監視距離と監視空間に関する距離が定められていたのを覚えているかな。

◆出題されるポイントはここだ！
重要な内容や、用語、公式、考え方などをまとめました。赤シートも利用しましょう。

光電式分離型感知器の設置基準

取付	• 受光面が日光に当たらないように設置する。 • 送光部と受光部は、背部の壁から 1m 以内の位置に設置する。 • 天井の高さが 15m 未満の場所には 1 種又は 2 種を、15m 以上 20m 未満の場所は 1 種のものを用いる。
光軸	• 光軸が並行する壁から 0.6m 以上離れた位置に設置する。 • 光軸の高さが、天井等の高さの 80%以上となるように設置する。 • 光軸の長さが、公称監視距離の範囲内となるよう設置する。 • 壁で区画された区域の各部分から光軸までの水平距離が 7m 以下となるよう設置する。

◆出題ポイントの頻出度もチェック！
出題されるポイントの頻出度が○の数でチェックできます。

出題されるポイントはここだ！

ポイント◎ 1 **消防用機械器具等の検定制度は、型式承認と型式適合検定の２段階に分かれている。**

まず、型式承認を受けなければ、型式適合検定の申請をすることができない。

練習問題にチャレンジ！

問　題　解答と解説は p.98 ～ 104

問題 01

消防に関する記述で、正しいものは次のうちのどれか。

1　地域の消防の責任を負うのは、都道府県である。
2　市町村の消防を管理するのは、市町村長である。
3　市町村には、消防本部または消防署のうち、少なくともどちらかを設けなければならない。
4　消防本部の長は、消防署長である。

➡ Lesson 1

都道府県知事は、免状の返納を命じられてから＿年を経過しない者には、免状を交付しないことができる。

都道府県知事は、下記の者に対しては、消防設備士免状を　　　ないことができる。

- 免状の返納を命じられた日から 1 年を経過しない者
- 消防法令に違反して罰金以上の刑に処せられ、その執行を終わり、または執行を受けることがなくなった日から 2 年を経過しない者

✲　こんな選択肢は誤り！　✲

誤った選択肢の例①

カラオケボックス等については、~~延べ面積 300m² 以上のもの~~に自動火災報知設備を設置しなければならない。

カラオケボックス等については、延べ面積にかかわらず、すべてのものに自動火災報知設備を設置しなければならない。

自動火災報知設備は、消防の用に供する設備の中の、警報設備に含まれていますね。

ゴロ合わせで覚えよう！

消防法における用語「関係者」の定義

僕らの関係は、戦友とかそういう感じ
（関係者）（占有者）（所有者）（管理者）

➡ 消防法において、関係者とは、防火対象物または消防対象物の所有者、管理者、占有者の三者をさす。

◆練習問題にチャレンジ！
各章末には、レッスンで学んだことを復習できる練習問題を掲載しています。知識が身に付いているか、確認しましょう。

◆赤シート対応
付属の赤シートを利用すれば、穴埋め問題としても活用できます。上手に使いましょう。

◆ここも覚えるプラスα
一歩踏み込んだ発展的な内容です。点数アップにつなげましょう。

◆こんな選択肢は誤り！
消防設備士試験の「筆記」の出題形式は、四肢択一です。選択肢の正誤を見極め、理解を深めましょう。

◆ゴロ合わせで覚えよう！
重要な箇所や覚えにくい内容などを、ゴロ合わせにしました。

※ここに掲載しているページは見本のため、本文と一致しません。

消防設備士 4 類〈甲種・乙種〉

試験ガイダンス

1 消防設備士の役割

◆消防設備士とは？

劇場やデパート、ホテル等の建物には、消防法により目的や規模、階数や収容人員等に応じて、自動火災報知設備やスプリンクラー設備といった、消防用設備等の設置が義務づけられています。それら消防用設備等の工事・整備等を行うために必要な資格が、消防設備士です。

◆消防設備士の資格の種類

消防設備士には甲種と乙種があり、甲種消防設備士は消防用設備等の工事・整備・点検、乙種消防設備士は整備・点検を行うことができます。

免状の種類		工事、整備等ができる設備等
甲種	特類	特殊消防用設備等（従来の消防用設備等に代わり、総務大臣が当該消防用設備等と同等以上の性能があると認定した設備等）
甲種又は乙種	第１類	屋内消火栓設備、スプリンクラー設備、水噴霧消火設備、屋外消火栓設備、パッケージ型消火設備、パッケージ型自動消火設備、共同住宅用スプリンクラー設備
	第２類	泡消火設備、パッケージ型消火設備、パッケージ型自動消火設備、特定駐車場用泡消火設備
	第３類	不活性ガス消火設備、ハロゲン化物消火設備、粉末消火設備、パッケージ型消火設備、パッケージ型自動消火設備
	第４類	自動火災報知設備、ガス漏れ火災警報設備、消防機関へ通報する火災報知設備、共同住宅用自動火災報知設備、住戸用自動火災報知設備、特定小規模施設用自動火災報知設備、複合型居住施設用自動火災報知設備
	第５類	金属製避難はしご、救助袋、緩降機
乙種	第６類	消火器
	第７類	漏電火災警報器

本書は、自動火災報知設備、ガス漏れ火災警報設備、消防機関へ通報する火災報知設備の工事、整備、点検を行うことのできる、第４類消防設備士甲種・乙種試験を対象としています。

2 消防設備士試験の概要

◆試験の実施

消防設備士試験は、**一般財団法人 消防試験研究センター**が実施しています。受験する際には、最新の情報を一般財団法人 消防試験研究センターで必ず確認しておきましょう。

一般財団法人 消防試験研究センター
〒100-0013　東京都千代田区霞が関 1-4-2　大同生命霞が関ビル 19 階
（TEL）03-3597-0220
（FAX）03-5511-2751
（HP アドレス）https://www.shoubo-shiken.or.jp/

◆願書・受験案内等の入手

受験案内、受験願書等は、（一財）消防試験研究センターの各支部等及び関係機関の窓口で受験希望者に無料で配布しています。

各道府県…（一財）消防試験研究センター各道府県支部及び関係機関・各消防本部
東京都……（一財）消防試験研究センター本部・中央試験センター・都内の各消防署

◆試験日程

試験は、現住所・勤務地にかかわらず、希望する都道府県において受験できます。試験日程は都道府県ごとに異なります。

◆試験手数料

試験手数料は甲種 5,700 円、乙種 3,800 円です。

◆受験資格

甲種と乙種とでは、受験資格が異なります。

●甲種の受験資格

甲種の受験資格には、大きく分けて「1. 国家資格等による受験資格」と「2. 学歴による受験資格」の 2 種類があります。

※詳細については、一般財団法人 消防試験研究センターのホームページで確認してください。

1. 国家資格等による受験資格

受験する類以外の甲種消防設備士免状の交付を受けている方、乙種消防設備士免状の交付を受けた後 2 年以上の工事整備対象設備等の整備の経験を有する方、その他、技術士、電気工事士、電気主任技術者、管工事施工管理技士等、全部で 18 の対象資格があります。

2. 学歴による受験資格

大学、短期大学、高等専門学校、高等学校、中等教育学校、専修学校等で、指定された学科・課程や授業科目等を修めて卒業した方等、全部で 13 の対象資格があります。

●乙種の受験資格

誰でも受験できます。

◆受験の申請

申請方法は、「書面申請」（願書の提出による申請）と「電子申請」があり、現住所・勤務地にかかわらず希望する都道府県において受験できます。

なお、以下の場合は電子申請できません。書面（受験願書）による受験申請を行ってください。

- 受験資格を証明する書類が必要な場合。
- 消防設備士試験で科目免除を希望し、資格証明の書類が必要な場合。
- 同一試験日に複数の受験を申請する場合。

※詳細については、一般財団法人 消防試験研究センターへお問い合わせください。

〈書面申請の場合〉

一般財団法人 消防試験研究センターの各支部、関係機関の窓口等で無料配布されている受験案内や願書等を入手し、必要書類（願書等）を揃えて、受付期間内に申請します。

〈電子申請の場合〉

一般財団法人 消防試験研究センターのホームページ「電子申請はこちらから」より申請します。注意事項に目を通し、申請方法を事前に確認してください。

申請の受付期間は、都道府県ごと、また書面申請か電子申請かによっても異なります。手続きをする際には受付期間を必ず確認してください。

◆資格取得までの流れ

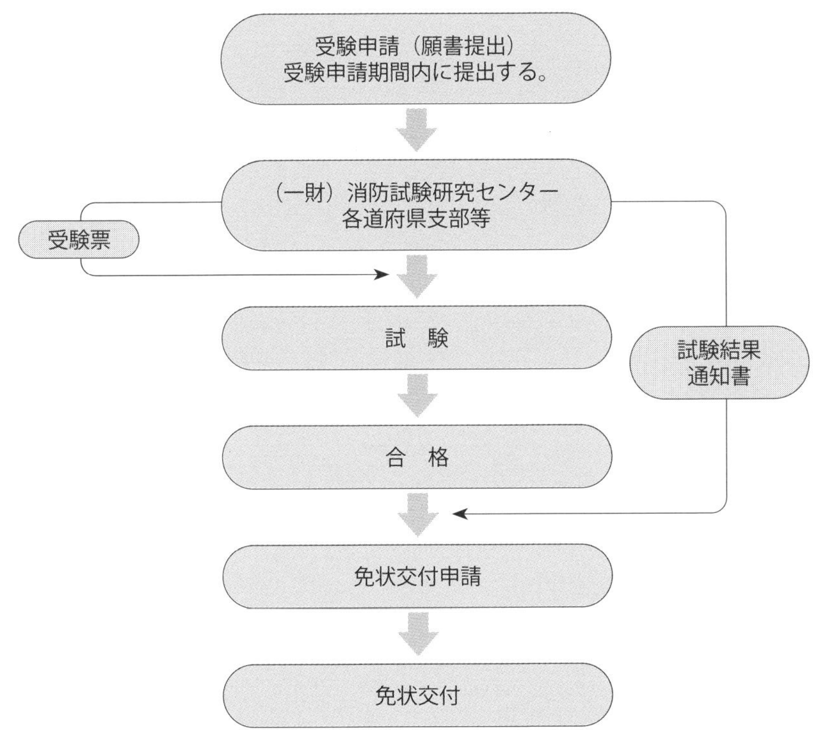

◆試験科目及び問題数

試験は、マーク・カードでの筆記試験（四肢択一式）と実技試験（写真・イラスト・図面等を用いた記述式）で行われ、試験時間は甲種が3時間15分、乙種が1時間45分です。

消防設備士4類〈甲種・乙種〉試験の試験科目、問題数は次のとおりです。

<table>
<tr><th>種類</th><th colspan="3">試験科目</th><th>問題数</th></tr>
<tr><td rowspan="7">甲種</td><td rowspan="5">筆記</td><td rowspan="2">消防関係法令</td><td>法令共通</td><td>8</td></tr>
<tr><td>法令類別</td><td>7</td></tr>
<tr><td>基礎的知識</td><td>電気に関する部分</td><td>10</td></tr>
<tr><td rowspan="2">消防用設備等の構造、機能及び工事又は整備の方法</td><td>電気に関する部分</td><td>12</td></tr>
<tr><td>規格に関する部分</td><td>8</td></tr>
<tr><td rowspan="2">実技</td><td colspan="2">鑑別等</td><td>5</td></tr>
<tr><td colspan="2">製　図</td><td>2</td></tr>
<tr><td rowspan="6">乙種</td><td rowspan="5">筆記</td><td rowspan="2">消防関係法令</td><td>法令共通</td><td>6</td></tr>
<tr><td>法令類別</td><td>4</td></tr>
<tr><td>基礎的知識</td><td>電気に関する部分</td><td>5</td></tr>
<tr><td rowspan="2">消防用設備等の構造、機能及び整備の方法</td><td>電気に関する部分</td><td>9</td></tr>
<tr><td>規格に関する部分</td><td>6</td></tr>
<tr><td>実技</td><td colspan="2">鑑別等</td><td>5</td></tr>
</table>

※一部免除について

既に取得している消防設備士、電気工事士、電気主任技術者、技術士等の資格取得者は、試験科目の一部免除を受けることができる場合があります。詳細は受験案内、または、一般財団法人 消防試験研究センターのホームページ内の「一部免除（https://www.shoubo-shiken.or.jp/shoubou/annai/subject.html）」で確認するか、消防試験研究センター（TEL：03-3597-0220）へ直接お問い合わせください。

◆合格基準

甲種・乙種ともに、筆記試験で各科目ごとに40%以上の正解率、さらに全体出題数では60%以上であること。かつ、実技試験でも60%以上の成績を修めると合格となります。試験の一部免除がある場合は、免除を受けた以外の問題で上記の成績を修めれば合格となります。

◆合格発表

合格発表については、受験者に合否結果をハガキで郵送するほか、一般財団法人 消防試験研究センターの支部別にも、合格者の受験番号が公示されます。また、合格者については一般財団法人 消防試験研究センターのホームページでも確認することができます。

◆注意事項

- 願書に、既得免状の写し等の添付等不備がないか、提出前に充分確認してください。
- 願書に、虚偽の記載又は虚偽の証明書等を添付した場合、受験することはできません。
- 受験のため、いったん提出した願書及び試験手数料は、返却及び返金はされません。
- 各回試験の締切日以降は、提出が済んでいる願書の「試験日」、「試験種類」の変更はできません。
- 受験票は、試験実施日の1週間から10日前までに郵送される予定です。到着しない場合は、受験願書を提出した支部等に照会してください。
- 試験当日は、写真を貼付した受験票、鉛筆（ＨＢまたはB）、消しゴムを必ず持参してください。会場では、電卓、定規類及び携帯電話その他機器の使用は禁止されています。

試験に関する情報は変更される場合があります。受験する際には、試験実施団体の発表する最新情報を事前に必ずご自身でご確認ください。

消防設備士試験の出題ポイントはここだ！

◆筆記試験の出題ポイントとその対策

消防関係法令（法令共通）➡1章 Lesson 01 ～ 14

甲種8問
乙種6問

この科目では、主に消防設備士として必要な法令知識が問われます。

出題ポイント

- 消防設備士とはどのようなものか問われる。義務や役割は必ず覚えること。
- 消令別表第1から問われる。防火対象物について知ること。
- 消防設備士と関係者について問われる。両者の関係性を把握すること。

科目対策

消令別表第1を覚えておかないと答えられない問題が出題されますので、必ず覚えましょう。消防設備士については、義務や役割だけでなく、甲種と乙種の違いや、免状の規定をおさえておきましょう。

消防関係法令（法令類別）➡1章 Lesson 15 ～ 16

甲種7問
乙種4問

この科目では、第4類消防設備士として必要な法令知識が問われます。

出題ポイント

- 火災報知設備について問われる。設置基準を覚えること。
- 感知器について問われる。設置基準を覚えること。
- 警報設備について問われる。設置すべき場所を覚えること。

科目対策

第4類消防設備士が行う、自動火災報知設備、ガス漏れ火災警報設備等の規定を、消令別表第1とあわせてしっかり覚えることが大切です。

基礎的知識（電気に関する部分）➡ 2 章

甲種 10 問
乙種 5 問

この科目では、電気回路の計算を中心に問われます。

出題ポイント

- 電流と電圧と抵抗について問われる。オームの法則を理解すること。
- 電気と磁界について問われる。フレミングの左手の法則を理解すること。
- 指示電気計器等について問われる。種類や特徴を把握しておくこと。

科目対策

電流や抵抗の求め方等は、例年、問われます。いろいろなパターンの問題に対応できるよう、公式は必ず覚えましょう。

消防用設備等の構造、機能及び工事又は整備の方法（電気に関する部分）➡ 3 章、4 章、5 章

甲種 12 問
乙種 9 問

この科目では、感知方式や受信機の試験について問われます。

出題ポイント

- 感知方式について問われる。名称と内容をあわせて覚えること。
- 受信機等について問われる。各試験の特徴を把握し混合しないよう注意する。

科目対策

感知方式や各試験等の、名称を覚えることが多い科目ですので、繰り返し問題を解きながら覚えるようにしましょう。

消防用設備等の構造、機能及び工事又は整備の方法（規格に関する部分）➡ 3 章

甲種 8 問
乙種 6 問

この科目では、感知器の作動原理や、受信機の規格について問われます。

出題ポイント

- 受信機等について問われる。規格は数値を正確に覚えること。
- 感知器について問われる。作動原理をおさえて理解するとよい。
- 予備電源について問われる。よく出題される規格は把握しておくこと。

科目対策

受信機や発信機などの構造、機能、規格を覚えることが重要です。実際に用いる場面を考えながら、問題を解くようにしましょう。

◆実技試験の出題ポイントとその対策

鑑別等 ➡ 6 章

甲種 5 問
乙種 5 問

鑑別等は、工具、試験器等の名称や用途を答える問題や、ある条件下における受信機に関する問題等が出題されます。

出題ポイント

- 工具等の名称や用途について問われる。写真をみて特徴をつかんでおくこと。
- 受信機の機能について問われる。P 型 1 級と P 型 2 級等、各機能を比較して覚える。
- 受信機について、試験器と試験内容をあわせて理解すること。
- 感知器について問われる。作動原理や設置基準を把握しておくこと。

科目対策

鑑別等では、工具等の写真が用いられ、用途等を答える問題が出題されます。例えば、圧着ペンチといってもその種類はたくさんありますので、複数のものを確認し、特徴をつかんでおきましょう。

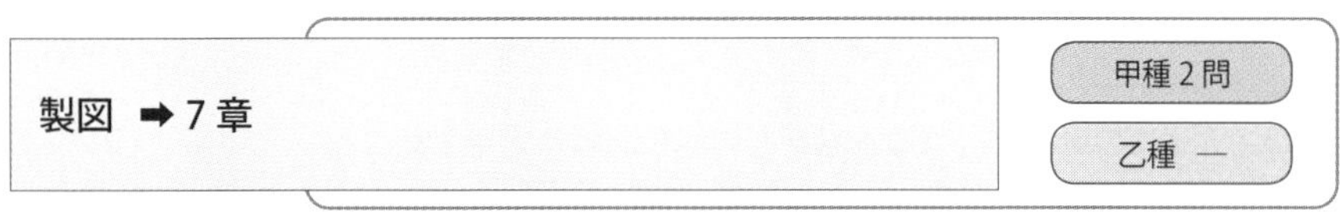

製図は、解答用紙に感知器や配線を記入して設計図を完成させる問題や、設計図上で誤っている箇所を指摘し、正しくなおす問題等が出題されます。

出題ポイント

- 設置する感知器の個数等について問われる。設置基準を理解しておくこと。
- 設計図について問われる。設計図を完成させる問題は、設計図内の数値等を見落とさないようにする。設計図の誤りを指摘する問題では、どのように誤りを書き入れるのかなど、問題文をよく読み、問題にそって解答する。

科目対策

製図は、消防設備士が実際にかかわる平面図や設計図に関する、実践的な問題です。規則等をおさらいしながら多くの問題を解き、いろいろなパターンに慣れておきましょう。設計図に用いる記号には似たものもありますので、記入する際には、はっきりとわかりやすく書きましょう。

なお、製図は乙種試験には出題されません。

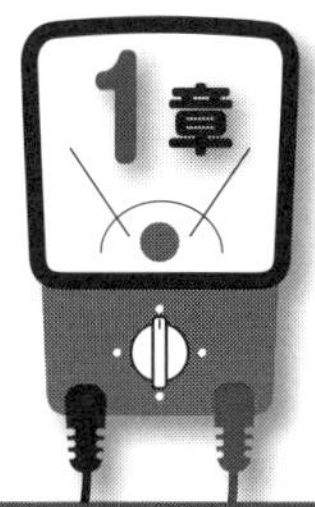

消防関係法令

1章のレッスンの前に

まず、これだけ覚えよう！

① 法令用語の特徴を知ろう

消防や消防設備に関することがらは、「消防法」をはじめとするさまざまな法令により規定されている。その中でも、ごく基本的で重要な規定についてしっかり覚えることが、この章の目的だ。

ところで、法令に使われる言葉には、日常的に使われる言葉とはやや異なる面がある。一般的には同じような意味に使われている言葉が、法令用語としては、はっきり使い分けられていることもある。

法令用語の特徴を知っておくと、法令で定められたことがらについて、より理解しやすくなるよ。

② 「及び」と「並びに」の使い分け

一般には、「及び」も「並びに」も、英語の“and”に相当する接続詞として、特に区別されることなく用いられているが、法令用語としては、この両者は次のように明確に使い分けられている。

●いくつかのものを同列につなげるときは「及び」を用いる

AとBを単に結びつけるときは、「A及びB」という。A、B、C、D…のように対象の数が増えても、それらがすべて同列の関係である場合は、「及び」を用いる。この場合、「A、B、C及びD」のように、途中は読点で区切り、最後の2つの語句だけを「及び」で結ぶのが普通である。

●段階があるときは、上位の結合に「並びに」を用いる

A、B、C、D…のように、結びつける対象がたくさんあり、しかも、その関係がすべて同列ではなく、結合に上位、下位の関係があるときは、下位の結合に「及び」を用い、上位の結合に「並びに」を用いる。

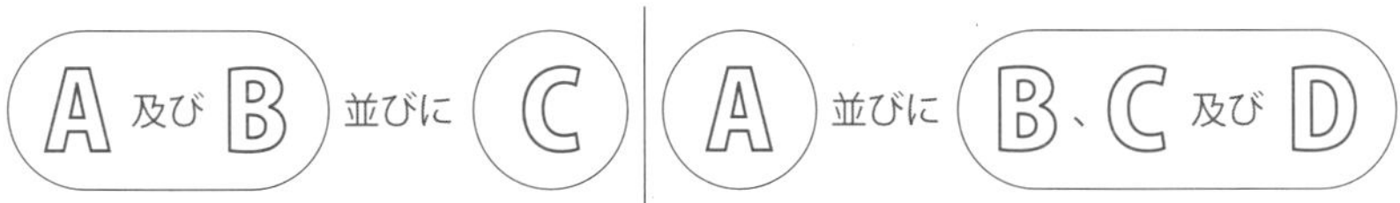

③「または」と「もしくは」の使い分け

「または（又は）」も「もしくは（若しくは）」も、英語の“or”に相当する接続詞だが、法令用語としては、次のように使い分けられる。

●いくつかのものを同列に並べるときは「または」を用いる

A、B、C、D を同列に並べる場合は、「A、B、C または D」のように、途中は読点で区切り、最後の２つの語句を「または」で結ぶ。

●段階があるときは、上位の関係に「または」を用いる

最も上位の関係に「または」を、下位の関係には「もしくは」を用いる。

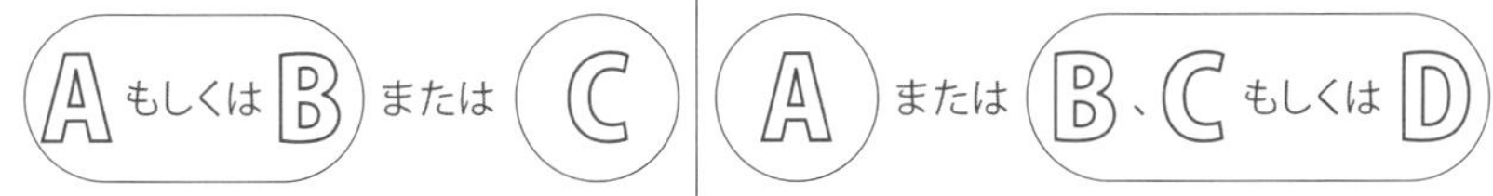

④「その他」と「その他の」の使い分け

「A、B、C その他 D」と書かれている場合は、A、B、C と D はそれぞれ独立していて、並列（へいれつ）の関係にある（並列的例示）。

「A、B、C その他の D」と書かれている場合は、A、B、C も D の中に含まれる（包括（ほうかつ）的例示）。

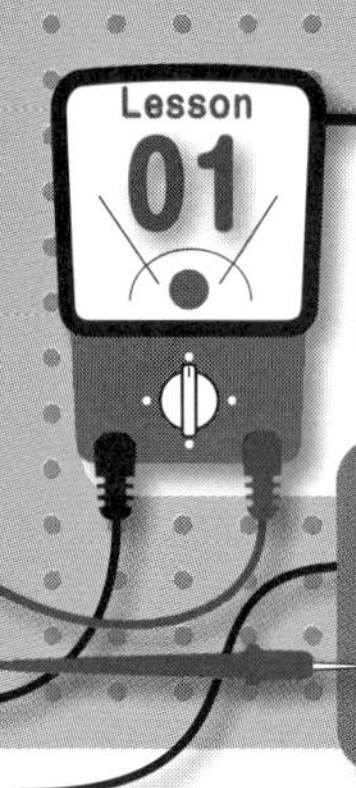

消防の組織

レッスンの Point

重要度 ★★☆

消防の組織のしくみや、組織の長の名称、消防の業務に従事する者の呼称などを覚えよう。

必ず覚える基礎知識はこれだ！

消防組織法という法律により、地域の消防の責任を負い、その費用を負担するのは、市町村の役割とされている。市町村の消防を管理するのは、市町村長だ。多くの場合、市町村には、消防本部が置かれ、その下にいくつかの（あるいは１つの）消防署が設置される。広域消防といって、いくつかの市町村にまたがって１つの消防本部が置かれることもある。消防本部を置かない市町村には、消防団を設けなければならない。

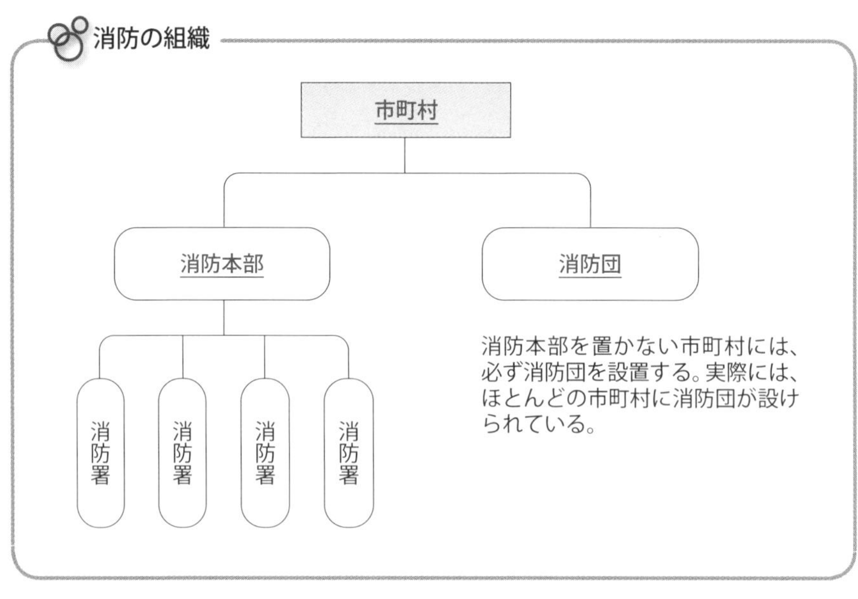

消防本部は、管内にあるいくつかの（あるいは１つの）消防署を統括する役割を担っている。消防署は、実際に火災現場に出動して消火活動を行うほか、消防に関するさまざまな業務を行う。消防団は、地域住民の有志により構成される非常備の消防機関で、有事の際に招集され、消防活動を行う。

火災が起きたら、速やかに現場にかけつけて消火活動を行うのが消防の重要な仕事だけれど、そのほかに、火災の予防や原因調査など、さまざまな活動を行っているんだ。

消防は地域に密着した活動だから、市町村の責任において行われているんですね。

出題されるポイントはここだ！

ポイント◎ 1

地域の消防の責任を負うのは、市町村である。

市町村の消防は、市町村長が管理する。市町村の消防にかかる費用は、その市町村が負担する。

ポイント◎ 2

市町村には、少なくとも、消防本部または消防団のいずれかを設けなければならない。

１つの消防本部が、いくつかの市町村にまたがって設けられることもある。消防本部を置かない市町村には、消防団を設けなければならない。

ポイント○ 3

消防本部の下には、消防署が設置される。

消防本部の下には、いくつかの（あるいは１つの）消防署が設置される。消防本部を設けずに、消防署を単独で設置することはできない。

ポイント◎ 4

消防本部の長は消防長である。

消防本部の長は消防長、消防署の長は消防署長、消防団の長は消防団長である。

ここも覚えて点数UP！

消防職員のうち、消防階級をもつ者を、消防吏員という。

消防本部、消防署に勤務する者を、消防職員といい、そのうち、消防階級をもつ者を、消防吏員（りいん）という。消火、救急、救助などの業務を行うのは消防吏員で、消防吏員でない消防職員は、それ以外の、一般事務などの仕事に従事する。消防職員は地方公務員で、その大部分は消防吏員だ。

消防団の構成員は、消防団員という。消防団員は、非常勤の地方公務員である。

消防吏員は、一般に消防士、消防官などとよばれているよ。

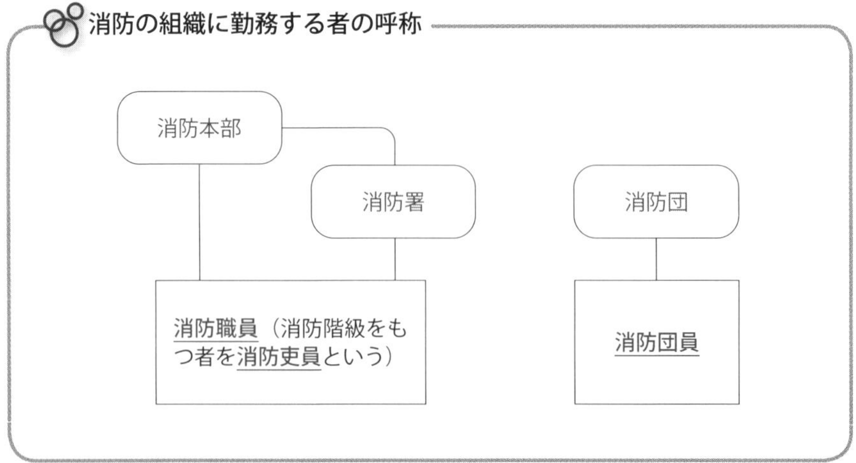

✻　こんな選択肢は誤り！　✻

誤った選択肢の例①

地域の消防の責任を負うのは、~~都道府県~~である。

地域の消防の責任を負うのは、**市町村**である。

誤った選択肢の例②

消防本部の長は、~~市町村長~~である。

消防本部の長は、**消防長**である。

誤った選択肢の例③

消防本部に勤務する者は、消防階級をもつ消防吏員と、それ以外の消防職員と、~~消防団員~~である。

消防団員は、消防団の構成員であり、消防本部に勤務する者には含まれない。

ゴロ合わせで覚えよう！

市町村に設置する消防機関

しょっぱいコンブと、しょっぱいダンゴ。
（消防本部）　（消防団）

どちらにします？　市長さん！
（どちらかを設ける）　（市町村）

➡市町村には、少なくとも、消防本部または消防団のいずれかを設けなければならない。

防火対象物・消防対象物

レッスンの Point　重要度 ★★★

防火対象物と消防対象物の違いや、特定防火対象物、複合用途防火対象物について覚えよう。

必ず覚える基礎知識はこれだ！

消防関係の法令では、防火対象物という用語が非常によく使われる。また、これに似た言葉で、消防対象物という用語もある。この2つの用語は、ともに消防法によって定義されているが、その定義もよく似ている。下の2つの文が、それぞれの定義である。 ゴロ合わせ → p.354

> 防火対象物とは、山林又は舟車（しゅうしゃ）、船（せん）きょ若しくはふ頭に繋留（けいりゅう）された船舶（せんぱく）、建築物その他の工作物若しくはこれらに属する物をいう。（消防法第2条第2項）

> 消防対象物とは、山林又は舟車、船きょ若しくはふ頭に繋留（けいりゅう）された船舶、建築物その他の工作物又は物件をいう。（消防法第2条第3項）

※ 舟車とは、文字通り舟や車のこと。
※ 船きょとは、船舶の建造や修理を行うドックのことで、漢字で書くと「船渠」となる。

2つの文は、大部分が同じですが、「若しくはこれらに属する物」と「又は物件」の部分だけが違うんですね。この違いにはどういう意味があるんだろう？

このように、消防法に記されている、防火対象物と消防対象物の定義の文を見ただけでは、おそらく、ほとんどの人が、両者がどのように違うのかピンとこないだろう。これが、法令の文章の難しいところだ。そこで、p.18 ～ 19 で取り上げた、法令用語の使い分けに関する規則をこれらの文に当てはめてみると、少しわかりやすくなる。

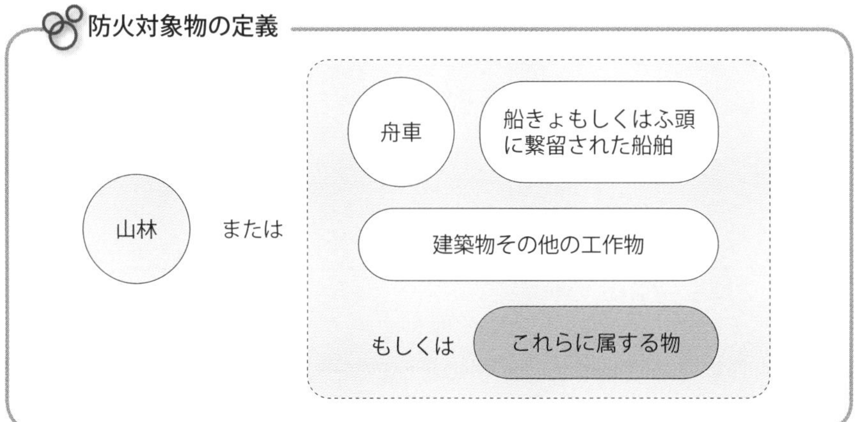

法令用語では、最も上位の関係に「または」を、それより下位の関係に「もしくは」を用いるのでしたね。

その規則にしたがって防火対象物の定義を整理すると、上図のようになるよ。

上の図を見ると、「これらに属する物」とは、舟車、船舶、建築物などに属する何かであることがわかる。実際には、防火対象物の中に具体的にどんなものが含まれるのかは、法令により細かくきめられているから、何が防火対象物と見なされ、何がそうでないかのかははっきりしている（防火対象物の区分等については、p.295 の表参照）。言いかえると、防火対象物とは、火災予防のために、法令による何らかの規制を受ける対象のことなのである。

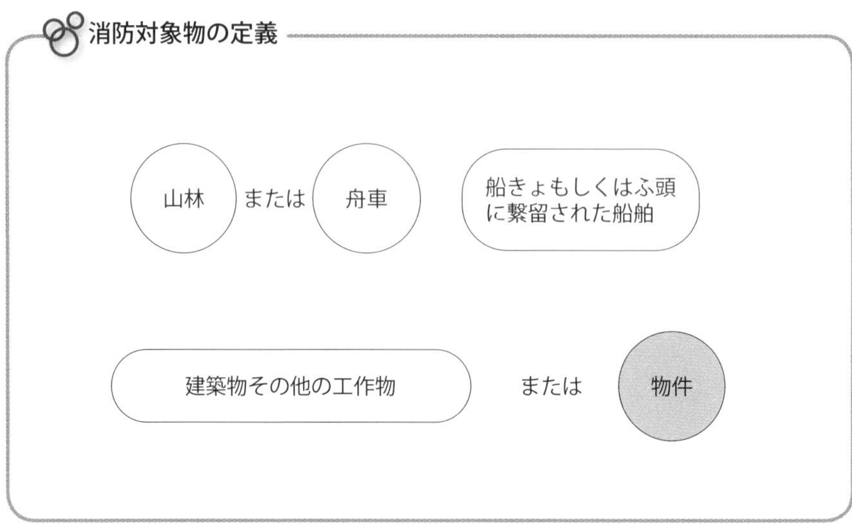

続いて、消防対象物の定義を整理してみる。上図から、「物件」とは、山林でも舟車でも船舶でも建築物でもない、それ以外の何かだということがわかる。単に「物件」といっても、あまりにも漠然とした感じだが、それもそのはず。「物件」の中には、「山林または…建築物その他の工作物」以外の、ほとんどすべてのものが含まれると解釈されている。つまり、消防対象物は、防火対象物よりも範囲が広い、というより、範囲が限定されていない。消防対象物とは、消防の対象になるすべてのものと考えてよい。

出題されるポイントはここだ！

ポイント◎1　防火対象物とは、山林または舟車…（中略）…建築物その他の工作物もしくはこれらに属する物をいう。

定義の文に、「もしくはこれらに属する物」が含まれるのが、防火対象物である。

ポイント◎2　消防対象物とは、山林または舟車…（中略）…建築物その他の工作物または物件をいう。

定義の文に、「または物件」が含まれるのが、消防対象物である。

ポイント◎ 3

消防法において、関係者とは、防火対象物または消防対象物の所有者、管理者、占有者をいう。

関係者とは、防火対象物または消防対象物の所有者、管理者、占有者をいう。また、関係のある場所とは、防火対象物または消防対象物のある場所をいう。

ここも覚えて 点数UP！

特定防火対象物とは、多数の者が出入りするものとして、政令で定められた防火対象物である。

特定防火対象物には、劇場、映画館などのように、不特定多数の人が出入りする施設や、病院、老人福祉施設のように、火災が発生した場合に自力で避難することが困難な人がいる施設などが含まれる。特定防火対象物については、火災予防のための規制が、通常の防火対象物よりも厳しくなっている。

ゴロ合わせ → p.354

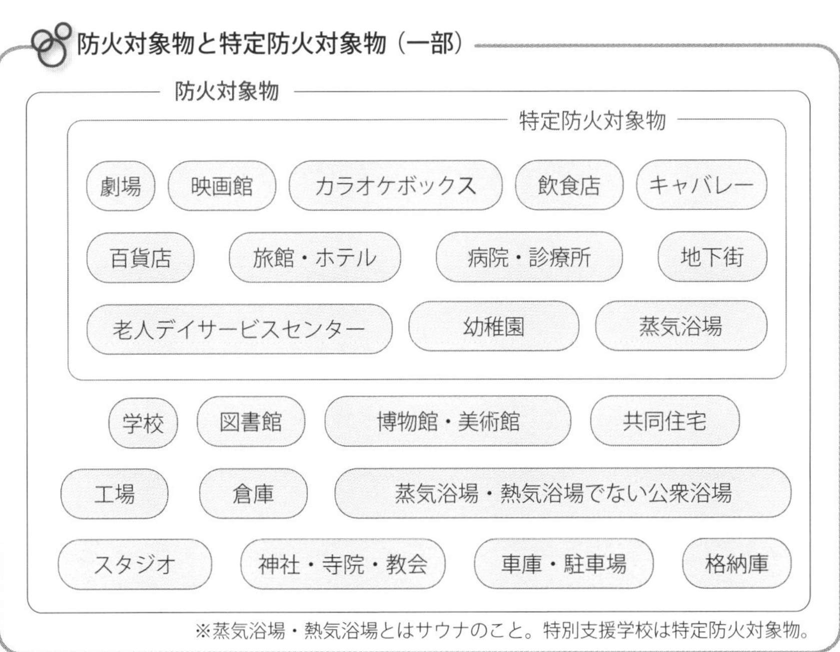

※蒸気浴場・熱気浴場とはサウナのこと。特別支援学校は特定防火対象物。

複合用途防火対象物とは、2つ以上の異なる用途が存在する防火対象物である。

複合用途防火対象物とは、同じ建物の中に、用途の異なる部分が存在する防火対象物である。その用途の中に、特定用途が1つでも含まれる場合、その建物全体が特定防火対象物とみなされる。

複合用途防火対象物の例

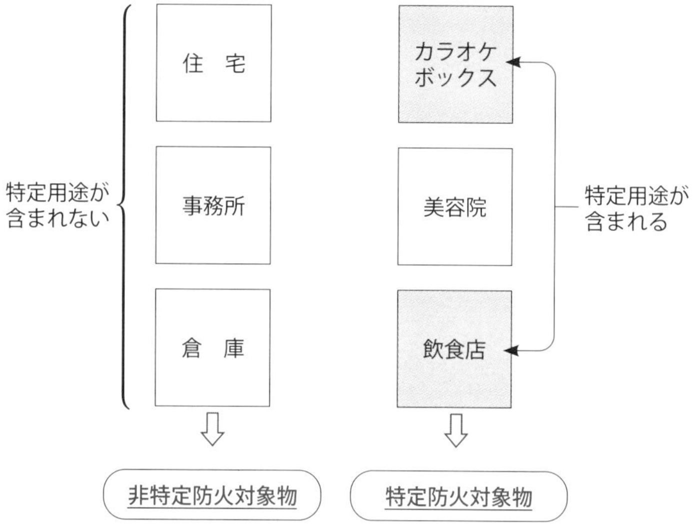

特定用途が含まれない	特定用途が含まれる
住宅	カラオケボックス（特定用途）
事務所	美容院
倉庫	飲食店（特定用途）
⇩	⇩
非特定防火対象物	特定防火対象物

1階が飲食店で、2階より上が住宅や事務所というビルは、よくありますよね。そのような建物は、複合用途防火対象物で、しかも、特定防火対象物とみなされるんですね。

複合用途防火対象物に該当する建物はとてもたくさんあるよ。外出したときによく観察して、その中に特定用途が含まれているかどうかもチェックしてみよう。

こんな選択肢は誤り！

誤った選択肢の例①

防火対象物とは、山林または舟車、船きょもしくはふ頭に繋留された船舶、建築物その他の工作物~~または物件~~をいう。

防火対象物とは、山林または舟車、船きょもしくはふ頭に繋留された船舶、建築物その他の工作物**もしくはこれらに属する物**をいう。

誤った選択肢の例②

消防法において、防火対象物の関係者とは、防火対象物の所有者、占有者、~~設計者~~をいう。

防火対象物の関係者とは、防火対象物の所有者、占有者、**管理者**をいう。

誤った選択肢の例③

小学校、~~幼稚園~~、図書館は、いずれも特定防火対象物ではない。

小学校、図書館は特定防火対象物ではないが、**幼稚園**は特定防火対象物である。

ゴロ合わせで覚えよう！

消防法における用語「関係者」の定義

僕らの関係は、戦友とかそういう感じ

（関係者）（占有者）（所有者）（管理者）

➡消防法において、関係者とは、防火対象物または消防対象物の所有者、管理者、占有者の三者をさす。

措置命令・立入検査等／消防同意

レッスンの Point　重要度 ★★☆

措置命令・立入検査等については、命令をする者と命令を受ける者が、それぞれ誰であるかを覚えることが重要だ。

必ず覚える基礎知識はこれだ！

消防本部の長である消防長や、消防署の長である消防署長など、消防法により定められた者は、屋外における危険な行為の禁止や、消防対象物への立入検査、防火対象物の改修、移転等の、火災予防のために必要な措置などを命じることができる。

火災予防のために必要な措置を命じることを、措置命令というんだ。たとえば、屋外における措置命令には、次のようなものがあるよ。

①火遊び、喫煙、たき火、火を使用する設備もしくは器具、または、使用に際し火災の発生のおそれのある設備もしくは器具の使用、その他これらに類する行為の禁止、停止もしくは制限、またはこれらの行為を行う場合の消火準備
②残火、取灰または火粉の始末
③危険物等の除去その他の処理
④放置された物件の整理または除去

措置命令等の命令を下すことができる者を命令権者といい、命令を受ける者を受命者（じゅめい）という。命令の内容と、命令権者と受命者の関係などをまとめると、下表のようになる。

措置命令等の命令権者と受命者

	命令権者	受命者	命令の内容等
屋外における措置命令等	消防長[※1] 消防署長 消防吏員	火災の予防に危険であると認める行為者、または火災の予防に危険であると認める物件もしくは消火、避難その他の消防の活動に支障になると認める物件の所有者、管理者もしくは占有者で権原[※2]を有する者	p.30 参照
立入検査等	消防長[※1] 消防署長	（防火対象物、消防対象物の）関係者	資料の提出、報告の要求、関係のある場所への立入検査、関係のある者への質問[※3※4]
防火対象物に対する措置命令	消防長[※1] 消防署長	権原[※2]を有する関係者	防火対象物の改修、移転、除去、工事の停止または中止その他の必要な措置
防火対象物の使用禁止等	消防長[※1] 消防署長	権原[※2]を有する関係者	防火対象物の使用の禁止、停止または制限[※5]

ゴロ合わせ → p.355

※1　消防本部を置かない市町村においては市町村長。

※2　権原とは、権利が生じる法律上の原因のこと。

※3　立入検査・質問を行うのは、消防職員（消防本部を置かない市町村においては、消防事務に従事する市町村の職員、または常勤の消防団員）。

※4　個人の住居への立入検査は、関係者の承諾を得た場合、または火災発生のおそれが著しく大であるため、特に緊急の必要がある場合に限られる。

ゴロ合わせ → p.355

※5　防火対象物の使用の禁止、停止または制限を命じることができるのは、①防火対象物に対する措置命令が履行されない場合や、履行されても十分でない場合、期限までに完了する見込みがない場合、②措置命令によっても危険を除去できないと認める場合。

出題されるポイントはここだ！

ポイント◎ 1 **屋外における危険な行為の禁止などを命じることができるのは、消防長、消防署長、消防吏員である。**

消防本部を置かない市町村においては、消防長ではなく、市町村長が命令権者となる。

ポイント◎ 2 **消防職員に立入検査を行うよう命じることができるのは、消防長、消防署長である。**

消防本部を置かない市町村においては、消防長ではなく、市町村長が命令権者となる。

ポイント◎ 3 **防火対象物の改修、移転、除去、工事の停止または中止などを命じることができるのは、消防長、消防署長である。**

消防本部を置かない市町村においては、消防長ではなく、市町村長が命令権者となる。

ポイント◎ 4 **防火対象物の使用の禁止、停止または制限を命じることができるのは、消防長、消防署長である。**

防火対象物に対する措置命令が履行されない場合などに、これらの命令ができる。消防本部を置かない市町村においては、消防長ではなく、市町村長が命令権者となる。

命令権者に消防吏員が含まれるのは、屋外における措置命令等の場合だけですね。

措置命令等に従わなかった者や、立入検査を拒否した者、資料の提出や報告を求められてもそれに応じなかった者、虚偽の資料を提出した者などは、罰金、または拘留に処せられるんだ。

ここも覚えて 点数UP！

建築物の新築等にあたって許可、認可、確認などを行う者は、消防長または消防署長の同意を得なければならない。

一定の規模をもつ建築物の新築、増改築等を行う場合、建築主は、建築主事（または指定確認検査機関）に申請して、その建築物が建築基準法等に適合していることの確認を受けなければならない。この手続きを、建築確認という。

建築確認を行う建築主事等は、その建築物に消防上の問題がないことを確認するため、建築物の工事施工地または所在地を管轄する消防長（消防本部を置かない市町村においては市町村長）または消防署長の同意を得なければならない。この手続きを消防同意といい、消防同意がなされなければ、建築確認を行うことはできない。

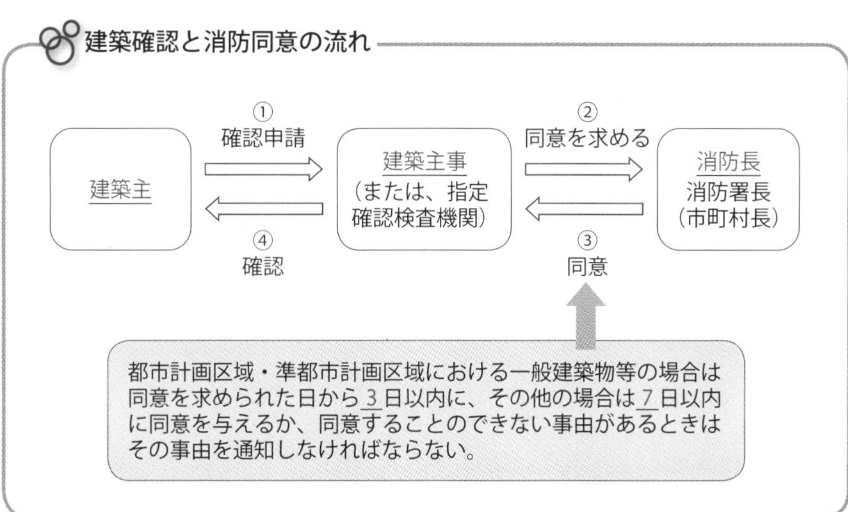

建築確認は建築基準法、消防同意は消防法に基づいて行われる、それぞれ異なる手続きだよ。消防同意を求めるのは建築主ではないことにも注意しよう。

✿ こんな選択肢は誤り！ ✿

誤った選択肢の例①

~~消防団長~~は、屋外における火遊びやたき火などの危険な行為の禁止を命じることができる。

屋外における火遊びやたき火などの危険な行為の禁止を命じることができるのは、**消防長**（消防本部を置かない市町村においては**市町村長**）、**消防署長**、**消防吏員**である。 **ゴロ合わせ → p.355**

誤った選択肢の例②

消防対象物への立入検査を行う者は、~~消防吏員~~に限られる。

立入検査は、消防長（消防本部を置かない市町村においては市町村長）、消防署長が、**消防職員**（消防本部を置かない市町村においては、市町村の職員、または常勤の消防団員）に行わせる。

誤った選択肢の例③

防火対象物に対する措置命令の受命者（命令を受ける者）は、~~消防設備士~~である。

防火対象物に対する措置命令の受命者は、**権原を有する関係者**である。

誤った選択肢の例④

~~建築物を新築しようとする者~~は、消防長または消防署長に申請して、消防同意を得なければならない。

消防同意の申請を行うのは、建築主ではなく、建築確認を行う**建築主事**（または指定確認検査機関）である。

防火管理者

重要度 ★★☆

レッスンの Point

防火管理者の選任が必要な防火対象物と、選任する必要のない防火対象物、甲種防火対象物、乙種防火対象物の違いなどを覚えよう。

必ず覚える基礎知識はこれだ！

法令により定められた一定の防火対象物（p.36 の表参照）の管理について権原（けんげん）を有する者（管理権原者という）は、政令で定める資格を有する者の中から防火管理者を選任し、次の業務を行わせなければならない。

- 消防計画の作成
- 消防計画に基づく、消火、通報及び避難の訓練の実施
- 消防の用に供する設備、消防用水または消火活動上必要な施設の点検及び整備
- 火気の使用または取扱いに関する監督
- 避難または防火上必要な構造及び設備の維持管理並びに収容人員の管理
- その他防火管理上必要な業務

防火対象物の火災予防に努めるとともに、万一火災が起きた場合に備えるのが、防火管理者の役割ですね。

管理権原者は、防火管理者を定めたときは、遅滞なくその旨を所轄消防長または消防署長に届け出なければならない。防火管理者を解任したときも同様だよ。

防火管理者になる資格を満たす要件はいくつかあるが、消防長等が実施する防火管理講習を受講する方法が一般的だ。2日間（おおむね10時間）の講習を修了した者が甲種（こうしゅ）防火管理者、1日間（おおむね5時間）の講習を修了した者が乙種（おつしゅ）防火管理者となる資格を得る。防火対象物の区分により、甲種防火管理者を選任しなければならないものと、甲種、乙種のどちらでもよいものがあり、前者を甲種防火対象物、後者を乙種防火対象物という。

甲種防火対象物・乙種防火対象物の区分

用途	特定防火対象物			非特定防火対象物	
	老人短期入所施設等の避難困難施設を含む	左記以外			
収容人員	10人以上	30人以上		50人以上	
延（の）べ面積	すべて	$300m^2$以上	$300m^2$未満	$500m^2$以上	$500m^2$未満
区分	甲種	甲種	乙種	甲種	乙種

ゴロ合わせ → p.356

出題されるポイントはここだ！

ポイント◎ 1

収容人員30人以上の特定防火対象物（老人短期入所施設等は10人以上）には、防火管理者を選任しなければならない。

収容人員30人以上で、延べ面積$300m^2$以上の特定防火対象物には、甲種防火管理者を選任しなければならない。

ポイント○ 2

収容人員50人以上の非特定防火対象物には、防火管理者を選任しなければならない。

収容人員50人以上で、延べ面積$500m^2$以上の非特定防火対象物には、甲種防火管理者を選任しなければならない。

ポイント◎ 3

準地下街、アーケード、山林、舟車については、防火管理者を選任しなくてよい。

準地下街、アーケード、山林、舟車については、収容人員、面積等にかかわらず、防火管理者を選任する必要はない。

準地下街とは、建物の地階部分にある店舗などが、地下道に連絡しているもののことだよ。

ここも覚えて点数UP！

高層建築物その他政令で定める防火対象物で、その管理について権原が分かれているものについては、統括防火管理者を選任しなければならない。

管理権原が分かれている防火対象物については、従来は共同防火管理という体制がとられていたが、多くの死傷者を伴う雑居ビルの火災が相ついだことや、東日本大震災の際の高層ビルにおける被害などの経験を踏まえて、消防法令が改正され、管理体制が強化された。2014（平成26）年度以降は、下記の防火対象物のうち、管理権原が分かれているものについては、統括防火管理者の選任が義務づけられている。

- 高層建築物（高さ31 mを超える建築物）
- 特定防火対象物のうち、地階を除く階数が3以上で、かつ、収容人員が30人以上のもの（避難困難施設については収容人員10人以上）
- 非特定用途の複合用途の防火対象物のうち、地階を除く階数が5以上で、かつ、収容人員が50人以上のもの
- 地下街のうち、消防長または消防署長が指定するもの
- 準地下街

✽ こんな選択肢は誤り！ ✽

誤った選択肢の例①

特定防火対象物については、~~収容人員にかかわらず、すべて~~防火管理者の選任が必要である。

防火管理者の選任が必要な特定防火対象物は、収容人員 30 人以上（老人短期入所施設等は 10 人以上）のものである。

誤った選択肢の例②

収容人員30人以上の特定防火対象物（老人短期入所施設等を除く）で、延べ面積 ~~500~~m^2 以上のものは、甲種防火対象物とされる。

収容人員30人以上の特定防火対象物（老人短期入所施設等を除く）で、延べ面積 300m^2 以上のものは、甲種防火対象物とされる。

誤った選択肢の例③

延長50m以上のアーケードには、~~防火管理者を置かなければならない~~。

アーケードについては、その大きさにかかわらず、防火管理者の選任は不要である。

ゴロ合わせで覚えよう！

防火管理者を必要としない防火対象物

ジュンちゃん、地下街でアンケート
（準）　（地下街）　（アーケード）

「三輪車、舟、車？ どれも必要ないです」
（山林）　（舟車）　（防火管理者を必要としない）

⇨防火管理者を必要としない防火対象物は、準地下街、アーケード、山林、舟車である。

防災管理制度

重要度 

レッスンのPoint

防災管理制度については、今後出題例が増えてくる可能性もあるので要点をチェックしておこう。

必ず覚える基礎知識はこれだ！

多数の人が利用し、火災以外の災害（地震及び毒性物質の発散その他の特殊な災害）で、円滑な避難誘導が求められる大規模・高層の防火対象物の管理権原者は、防災管理者を選任し、防災管理に係る消防計画の作成など必要な業務を行わせなければならない。

防災管理対象物

防火対象物の用途	規模等
(1)～(4)項、(5)項イ、(6)～(12)項、(13)項イ、(15)項、(17)項	地階を除く階数が11以上 延べ面積10,000 m^2 以上
	地階を除く階数が5以上10以下 延べ面積20,000 m^2 以上
	地階を除く階数が4以下 延べ面積50,000 m^2 以上
複合用途防火対象物で上記用途（対象用途）を含むもの	対象用途が11階以上にあり、対象用途の床面積の合計が10,000 m^2 以上
	対象用途が5階以上10階以下にあり、対象用途の床面積の合計が20,000 m^2 以上
	対象用途が4階以下にあり、対象用途の床面積の合計が50,000 m^2 以上
地下街	延べ面積1,000 m^2 以上

※防火対象物の用途は、消防法施行令別表第一による。

防災管理者の資格要件は、管理的または監督的な地位にある者で、甲種防火管理講習及び防災管理講習を修了した者（または防災管理者として必要な学識経験を有すると認められる者）だよ。

出題されるポイントはここだ！

ポイント◎ 1

防災管理者の選任義務を負うのは、防災管理を要する防火対象物の管理権原者である。

防火管理者を定めている場合でも、防災管理を要する場合は、防災管理者を選任しなければならない。

一般に、防災管理者には、防火管理者と同一の者を選任して、防火管理と一体的に業務を行うよ。

ポイント◎ 2

延べ面積 1,000 m^2 以上の地下街には、防災管理者を選任しなければならない。

対象用途が 11 階以上にある場合は延べ面積 10,000 m^2 以上、5 階以上 10 階以下の場合は 20,000 m^2 以上、4 階以下の場合は 50,000 m^2 以上で防災管理者の選任が必要になる。

防災管理の対象となるのは、自衛消防組織の設置が必要となる防火対象物だよ。

ここも覚えて 点数UP！

防災管理が必要な建築物等で、管理について権原が分かれているものについては、統括防災管理者（権限の付与等は統括防火管理者制度を準用）を選任しなければならない。

統括防災管理者の選任が必要になるのは、防災管理の対象となる防火対象物で、管理権原が分かれているものである。統括防火管理者の選任が必要となる防火対象物とは異なるので注意が必要である（p.37 参照）。

✻ こんな選択肢は誤り！ ✻

誤った選択肢の例①

防災管理を要する災害は~~火災~~である。

防災管理を要する災害は**火災以外の災害**である。

誤った選択肢の例②

~~防火~~管理者を定めた場合、~~防災~~管理者を定める必要はない。

防災管理者を定めた場合、**防火**管理者を定める必要ない。

誤った選択肢の例③

管理権原が分かれた地上 5 階建ての複合用途建築物で、5 階にある防災管理対象用途の延べ面積が ~~10,000 m²~~ のものは、統括防災管理が必要である。

管理権原が分かれた地上 5 階建ての複合用途建築物で、5 階にある防災管理対象用途の延べ面積が **20,000 m² 以上**のものは、統括防災管理が必要である。

防炎規制

レッスンの Point

重要度 

防炎規制の対象になる、防炎防火対象物と、防炎対象物品について覚えよう。

必ず覚える基礎知識はこれだ！

カーテンや、劇場のどん帳などは、万一火災が起きたときに、炎が燃え広がる原因になりやすい。そのため、不特定多数の人が集まる特定防火対象物や、避難が困難な高層建築物などでは、そこで使用される物品の一部が、防炎規制の対象になっている。防炎規制が適用される物品を防炎対象物品といい、それらの使用を義務づけられる防火対象物を、防炎防火対象物という。

どん帳とは、劇場などで使用される厚手の幕で、巻き上げたり下ろしたりして使用するもののことだよ。

防炎防火対象物と防炎対象物品

防炎防火対象物	防炎対象物品
• 高層建築物（高さ 31 mを超える建築物） • 地下街 • 特定防火対象物 • 映画スタジオまたはテレビスタジオ • 工事中の建築物その他の工作物	カーテン、布製ブラインド、暗幕、どん帳、じゅうたん等、展示用の合板、大道具用の合板、工事用シート

防炎対象物品は、政令で定める基準以上の防炎性能を有するものでなければならない。つまり、火災を拡大させない程度に燃えにくい材質にしな

ければならないということだ。その基準を満たした製品には、防炎表示を付することができる。防炎表示が付されていない防炎対象物品やその材料は、防炎物品として販売し、または販売のために陳列してはならない。

住宅などで使用されるカーテンや長めののれんなどにも、赤い字で「防炎」と書かれた表示が付されているものがあるよ。よく観察してみよう。

出題されるポイントはここだ！

ポイント◎ 1

映画館で使用されるどん帳は、防炎規制の対象となる。

映画館は特定防火対象物なので、防炎防火対象物に含まれる。そこで使用されるどん帳は、防炎対象物品なので防炎規制の対象となる。

ポイント◎ 2

老人デイサービスセンターで使用されるカーテンは、防炎規制の対象となる。

老人デイサービスセンターは特定防火対象物なので、防炎防火対象物に含まれる。そこで使用されるカーテンは、防炎対象物品なので防炎規制の対象となる。

ポイント◎ 3

劇場で使用される大道具用の合板は、防炎規制の対象となる。

劇場は特定防火対象物なので、防炎防火対象物に含まれる。そこで使用される大道具用の合板は、防炎対象物品なので、防炎規制の対象となる。

ポイント○ 4

工事中の建築物で使用される工事用のシートは、防炎規制の対象となる。

工事中の建築物は、防炎防火対象物に含まれる。そこで使用される工事用のシートは、防炎対象物品なので、防炎規制の対象となる。

ここも覚えて　点数UP！

消防法において、高層建築物とは、高さ31mを超える建築物をいう。

高さ31mといえば、おおよそ8階から10階建てくらいだから、現代の感覚では、それほど高い建物とはいえないかもしれない。しかし、万一火災が起きた場合、特に、火災現場よりも上階にいる人の避難が困難になるおそれがあり、その危険性はけっして軽視できない。そのため、高層建築物については、火災予防のための規制がより厳しくなっている。

こんな選択肢は誤り！

誤った選択肢の例

高層建築物であっても、建築工事中のものは、~~防炎防火対象物に含まれない~~。

高層建築物であるか否かにかかわらず、工事中の建築物は**防炎防火対象物に含まれ**、そこで使用される工事用シートは防炎対象物品となる。

ゴロ合わせで覚えよう！

防炎規制の対象となる防火対象物

望遠レンズでスタジオ撮影
（防炎）（スタジオ）

特に背の高いイケメンはコージ
（特定）（高層）（工事中）

⇒防炎規制の対象となる防火対象物は、テレビスタジオ、映画スタジオ、特定防火対象物、高層建築物、工事中の建築物。

危険物

レッスンの Point　重要度 ★★★

危険物とはどんなもので、貯蔵・取扱いについてどのような規制が設けられているのかを知ろう。

必ず覚える基礎知識はこれだ！

消防法上の危険物とは、消防法別表第１に掲げられた物品で、第１類から第６類に分類されている（下表参照）。危険物は、常温において液体であるものか、固体であるもののどちらかで、その性質や危険性は物品によって異なるが、同じ類にまとめられた物品には、共通した特徴がある。

消防法により定められた危険物（消防法別表第１による）

類　別	性　質	各類に共通する特徴と主な物品名
第１類	酸化性固体	自らは燃焼しないが、他の物質の燃焼（酸化）を著しく促進する。常温で固体。塩素酸カリウムなど。
第２類	可燃性固体	比較的低温で着火しやすく、燃焼速度が速い。常温で固体。赤りん、硫黄、マグネシウムなど。
第３類	自然発火性物質及び禁水性物質	空気または水と接触すると、直ちに危険性が生じる。常温で固体か液体。カリウム、ナトリウム、黄りん、リチウムなど。
第４類	引火性液体	液面から発生する可燃性の蒸気が空気と混合して燃焼する。常温で液体。ガソリン、灯油、軽油、重油など。
第５類	自己反応性物質	可燃性の物質で、多くのものは自ら酸素を供給して自己燃焼する。常温で固体か液体。ニトログリセリンなど。
第６類	酸化性液体	自らは燃焼しないが、他の物質の燃焼（酸化）を著しく促進する。常温で液体。過酸化水素、硝酸など。

危険物には、品名ごとに指定数量が定められており、指定数量以上の危険物は、原則として、製造所、貯蔵所、取扱所以外の場所で貯蔵や、取扱いをしてはならない。これらの危険物施設をまとめて、製造所等という。

危険物施設の種類

区分	施設	内容
製造所		危険物を製造する施設（石油精製プラントなど）
貯蔵所	屋内貯蔵所	屋内で危険物を貯蔵する施設
	屋外貯蔵所	屋外で容器に入った危険物を貯蔵する施設
	屋内タンク貯蔵所	屋内にあるタンクに危険物を貯蔵する施設
	屋外タンク貯蔵所	屋外にあるタンクに危険物を貯蔵する施設
	地下タンク貯蔵所	地盤面下のタンクで危険物を貯蔵する施設
	簡易タンク貯蔵所	簡易タンクに危険物を貯蔵する施設
	移動タンク貯蔵所	車両に固定されたタンクに危険物を貯蔵する施設（タンクローリー）
取扱所	給油取扱所	固定された給油設備で自動車等に給油する施設（ガソリンスタンド）
	販売取扱所	店舗で容器入りのまま危険物を販売する施設
	移送取扱所	配管、ポンプなどで危険物の移送を行う施設（パイプライン）
	一般取扱所	上記以外の取扱所

危険物取扱者の資格をもつ者は、製造所等で危険物を取り扱うことができる。また、甲種、乙種の危険物取扱者が立ち会えば、危険物取扱者以外の者でも取扱いができるんだ。

製造所等には、必ず危険物取扱者の資格を持つ人がいなければならないということですね。

出題されるポイントはここだ！

ポイント○ 1

指定数量以上の危険物は、製造所等以外の場所で貯蔵し、または取り扱ってはならない。

製造所等とは、製造所、貯蔵所、取扱所である。

ポイント◎ 2

製造所等を設置、または変更しようとする者は、市町村長等の許可を得なければならない。 ゴロ合わせ → p.356

製造所等の設置、変更の許可を与えるのは、消防本部を置く市町村では市町村長、消防本部を置かない市町村では都道府県知事である。

このように、許可権者や命令権者が市町村長の場合も、都道府県知事の場合もあるけれど、消防法では、それらをまとめて市町村長等と呼んでいるよ。

ポイント○ 3

市町村長等は、緊急の必要があると認めるときは、製造所等の使用の一時停止を命じることができる。

市町村長等は、公共の安全の維持または災害の発生の防止のため緊急の必要があると認めるときは、製造所等の使用の一時停止を命じることができる。

ここも覚えて 点数UP！

指定数量の倍数が10倍以上の製造所等には、警報設備を設置しなければならない。 ゴロ合わせ → p.357

指定数量の倍数が10以上の製造所等には、①自動火災報知設備、②拡声装置、③非常ベル装置、④消防機関へ通報できる電話、⑤警鐘（けいしょう）のうち、1種類以上の警報設備を設置しなければならない。なかでも、次ページの表に掲げる製造所等には、自動火災報知設備を設置しなければならない。

自動火災報知設備を設置しなければならない危険物施設の基準（一部）

製造所 一般取扱所	• 延べ面積 500 m^2 以上のもの • 指定数量の倍数が100 以上で、屋内にあるもの（高引火点危険物のみを 100 度未満の温度で取り扱うものを除く）
屋内貯蔵所	• 指定数量の倍数が 100 以上のもの（高引火点危険物のみを貯蔵し、または取り扱うものを除く） • 延べ面積 150 m^2 を超えるもの（150 m^2 以内ごとに不燃材料で区画されているもの、第 2 類もしくは第 4 類の危険物（引火性固体及び引火点が 70 度未満のものを除く）のみを貯蔵し、もしくは取り扱うものにあっては、延べ面積 500 m^2 以上） • 軒高が 6 m 以上の平屋建てのもの
屋外タンク貯蔵所	• 岩盤タンクに係るもの
屋内タンク貯蔵所	• タンク専用室を平屋建て以外の建築物に設けるもので、引火点 40 度以上 70 度未満の危険物に係るもの
給油取扱所	• 1 階の一方のみが開放されているもの • 上部に上階があるもの

✽ こんな選択肢は誤り！ ✽

誤った選択肢の例①

製造所等を設置、または変更しようとする者は、~~消防長または消防署長~~の許可を得なければならない。

製造所等を設置、または変更しようとする者は、**市町村長等**の許可を得なければならない。

誤った選択肢の例②

指定数量の倍数が ~~20~~ 倍以上の製造所等には、警報設備を設置しなければならない。

指定数量の倍数が **10** 倍以上の製造所等には、警報設備を設置しなければならない。

Lesson 08 消防用設備等の設置・維持①〈設置単位〉

レッスンのPoint 重要度 ★★★

消防用設備等の種類や、防火対象物に対する消防用設備等の設置及び維持の技術上の基準の適用のし方について覚えよう。

必ず覚える基礎知識はこれだ！

防火対象物の関係者は、政令で定める技術上の基準に従って、消防用設備等を設置し、維持しなければならない。消防用設備等とは、消防の用に供する設備、消防用水、および消火活動上必要な施設のことである。

消防用設備等の種類

消防の用に供する設備	消火設備	消火器及び簡易消火用具（水バケツ、乾燥砂等）、屋内消火栓設備、スプリンクラー設備、水噴霧消火設備、泡消火設備、不活性ガス消火設備、ハロゲン化物消火設備、粉末消火設備、屋外消火栓設備、動力消防ポンプ設備
	警報設備	自動火災報知設備、ガス漏れ火災警報設備、漏電火災警報器、消防機関へ通報する火災報知設備、警鐘、携帯用拡声器、手動式サイレンその他の非常警報器具及び非常警報設備（非常ベル、自動式サイレン、放送設備）
	避難設備	すべり台、避難はしご、救助袋、緩降機、避難橋その他の避難器具、誘導灯及び誘導標識
消防用水		防火水槽またはこれに代わる貯水池その他の用水
消火活動上必要な施設		排煙設備、連結散水設備、連結送水管、非常コンセント設備及び無線通信補助設備

※ 消防長または消防署長が、通常用いられる消防用設備等の防火安全性能と同等以上であると認めるもので、通常用いられる消防用設備等に代えて用いることができるものを、「必要とされる防火安全性能を有する消防の用に供する設備等」という。これには、パッケージ型消火設備等が含まれる。

消防用設備等のうち、消防の用に供する設備は、消火設備、警報設備、避難設備からなる。したがって、消防用水と消火活動上必要な施設は、「消防の用に供する設備」には含まれない。

消防用設備等には、このようにさまざまなものがあるが、この本で勉強する内容は、自動火災報知設備に関することがらが中心になる。

自動火災報知設備は、消防の用に供する設備の中の、警報設備に含まれていますね。

出題されるポイントはここだ！

ポイント◎ 1

消防用設備等とは、消防の用に供する設備、消防用水、および消火活動上必要な施設である。

防火対象物の関係者は、政令で定める技術上の基準に従って、消防用設備等を設置し、維持しなければならない。

ポイント◎ 2

消防の用に供する設備は、消火設備、警報設備、避難設備からなる。

自動火災報知設備は、警報設備に含まれる。

ポイント◎ 3

消防用設備等は、原則として1棟の防火対象物を1単位として設置する。

原則として、1棟の防火対象物を1単位とし、その防火対象物が一定の規模に達する場合に、消防用設備等の設置が義務づけられる。

ポイント○4 **市町村条例により、政令で定める消防用設備等の設置及び維持の技術上の基準と異なる規定を設けることができる。**

地方の気候または風土の特殊性により、政令で定める基準やこれに基づく命令だけでは防火の目的を十分に達し難いと認めるときは、市町村条例により、政令で定めるものとは異なる規定を設けることができる。

ただし、市町村条例により、政令で定める基準よりもさらに厳しい基準を設ける場合にかぎられる。政令で定める基準を緩めてはいけないんだ。

ここも覚えて 点数UP！

防火対象物が開口部のない耐火構造の床または壁で区画されているときは、区画された部分をそれぞれ別の防火対象物とみなして、消防用設備の設置及び維持の技術上の基準を適用する。 ゴロ合わせ → p.357

消防用設備等の設置単位（例）

耐火構造の壁で区画されていない場合

500m²

⇨ 延べ面積 500 m² の1つの防火対象物とみなされる。

耐火構造の壁で区画されている場合

300m² | 200m²

⇨ それぞれ、延べ面積300 m²、200 m² の2つの防火対象物とみなされる。

↑ 開口部のない耐火構造の壁

複合用途防火対象物は、原則として、それぞれの用途部分を１つの防火対象物とみなして、消防用設備等の設置および維持の技術上の基準を適用する。

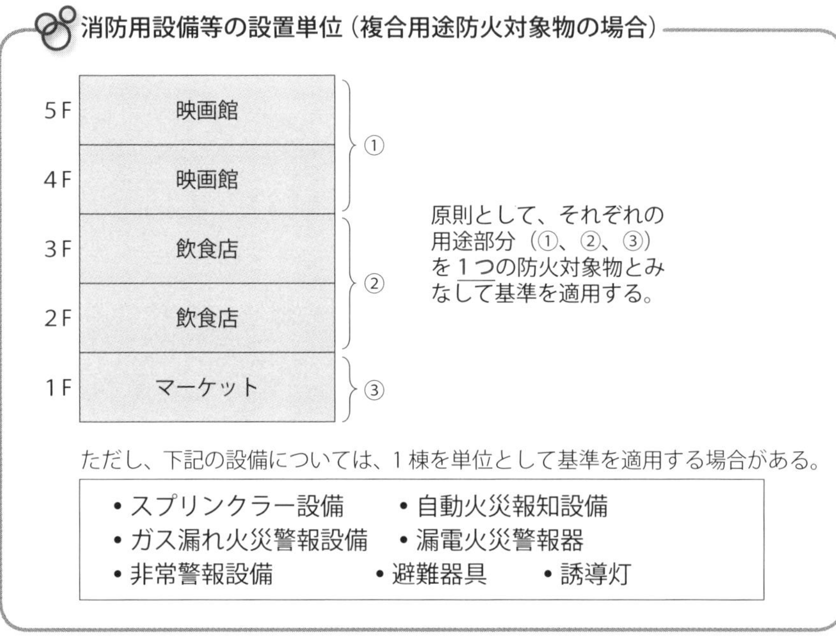

地下街は、いくつかの用途に使われている場合も、全体として１つの防火対象物とみなす。また、特定防火対象物の地階で、地下街と一体をなすものとして消防長または消防署長が認めたものは、下記の設備については、地下街の一部とみなして基準を適用する。

- スプリンクラー設備
- 自動火災報知設備
- ガス漏れ火災警報設備
- 非常警報設備

全体を１つの防火対象物とみなすと、それだけ規模の大きい防火対象物とみなされることになりますね。

✼ こんな選択肢は誤り！ ✼

誤った選択肢の例①

消防の用に供する設備とは、消火設備、警報設備、~~防火水槽~~のことである。

消防の用に供する設備とは、消火設備、警報設備、**避難設備**のことである。

誤った選択肢の例②

~~都道府県条例~~により、政令で定める消防用設備等の設置及び維持の技術上の基準と異なる規定を設けることができる。

市町村条例により、政令で定める消防用設備等の設置及び維持の技術上の基準と異なる規定を設けることができる。

誤った選択肢の例③

複合用途防火対象物においては、それぞれの用途部分を１つの防火対象物とみなして、~~すべての~~消防用設備等を設置しなければならない。

スプリンクラー設備、自動火災報知設備などいくつかの設備については、**１棟**を単位として設置および維持の技術上の基準を適用する。

ゴロ合わせで覚えよう！

消防の用に供する設備に含まれるもの

「今日する用は何だっけ？」
（供する）（消防の用に）

「そうか、敬老の日なんだ！」
（消火）　（警報）（避難）

⇨消防の用に供する設備とは、消火設備、警報設備、避難設備である。

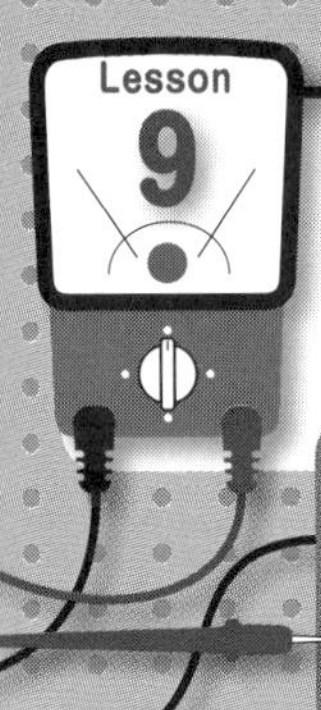

消防用設備等の設置・維持②〈既存防火対象物の適用除外〉

重要度 ★★★

レッスンの Point

法令が改正されたときに、新しい基準に合わせて消防用設備等を設置、維持しなければならない場合と、そうでない場合を覚えよう。

必ず覚える基礎知識はこれだ！

消防用設備等の設置および維持の技術上の基準は、法令の改正によって変更される場合がある。しかし、設置基準が変更されるたびに、消防用設備等を新しい基準に適合させなければならないのでは、防火対象物の関係者に大きな経済的負担を強いることになる。そのため、原則として、既存の防火対象物に対しては、改正後の基準は適用されない。

ただし、特定防火対象物の場合は、改正後の基準は適用除外とされず、既存の特定防火対象物（新築等の工事中のものも含む）に対しても、常に現行の基準が適用される。また、下記の消防用設備等については、既存の防火対象物に対しても、常に現行の基準が適用される。

① 消火器
② 簡易消火用具
③ 二酸化炭素消火設備（全域放出方式のものに関する所定の基準）
④ 自動火災報知設備（特定防火対象物と重要文化財等に設置されるもの）
⑤ ガス漏れ火災警報設備（特定防火対象物と温泉設備のある防火対象物に設置されるもの）
⑥ 漏電火災警報器
⑦ 非常警報設備及び非常警報器具
⑧ 避難器具
⑨ 誘導灯及び誘導標識
⑩ 必要とされる防火安全性能を有する消防の用に供する設備であって、消防庁長官が定めるもの

法令を過去にさかのぼって適用することを、遡及適用というんだ。

消防用設備等の設置基準が改正された場合、既存の防火対象物に対しては原則として遡及適用されないけれど、遡及適用される場合もあるということですね。

出題されるポイントはここだ！

ポイント◎ 1

消防用設備等の設置基準が改正されても、原則として、既存の防火対象物に対しては、改正後の基準は適用されない。

原則として、既存の防火対象物には、改正後の基準は適用されない。したがって、既存の防火対象物は、改正前の基準を満たしていればよい。

ポイント◎ 2

特定防火対象物に対しては、既存のものであっても、常に現行の基準が適用される。

既存の特定防火対象物（新築等の工事中のものも含む）に対しては、改正後の基準は適用除外とされず、常に現行の基準が適用される。

ポイント◎ 3

消火器、避難器具などの消防用設備等については、常に現行の基準が適用される。

p.54の①～⑩に掲げる消防用設備等については、改正後の基準は適用除外とされず、常に現行の基準が適用される。

ポイント◎ 4

改正前の基準にも適合していない場合は、既存の防火対象物であっても、改正後の基準が適用される。

既存の防火対象物の消防用設備等が、改正前の基準にも適合していないのならば、すでに法令による規定に違反していたことになる。このような場合は、改正後の新しい基準に適合させなければならない。

ポイント◎ 5

改正後に大規模な増改築や修繕、模様替えを行った場合は、既存の防火対象物であっても、改正後の基準が適用される。

消防用設備等の設置基準が改正されてから、床面積の合計1000㎡以上、または元の延べ面積の2分の1以上の増改築を行ったときや、大規模な修繕、模様替えを行ったときは、改正後の基準に適合させなければならない。

ポイント◎ 6

防火対象物に設置された消防用設備等が、改正後の基準に適合しているときは、改正後の基準が適用される。

防火対象物に設置された消防用設備等が、すでに改正後の基準に適合しているときや、関係者が自主的に設置したり、変更したりして改正後の基準に適合するようになったときは、改正後の基準が適用される。

この場合は、適用除外とはならないので、改正後の基準に適合した消防用設備等を維持しなければならないんだ。

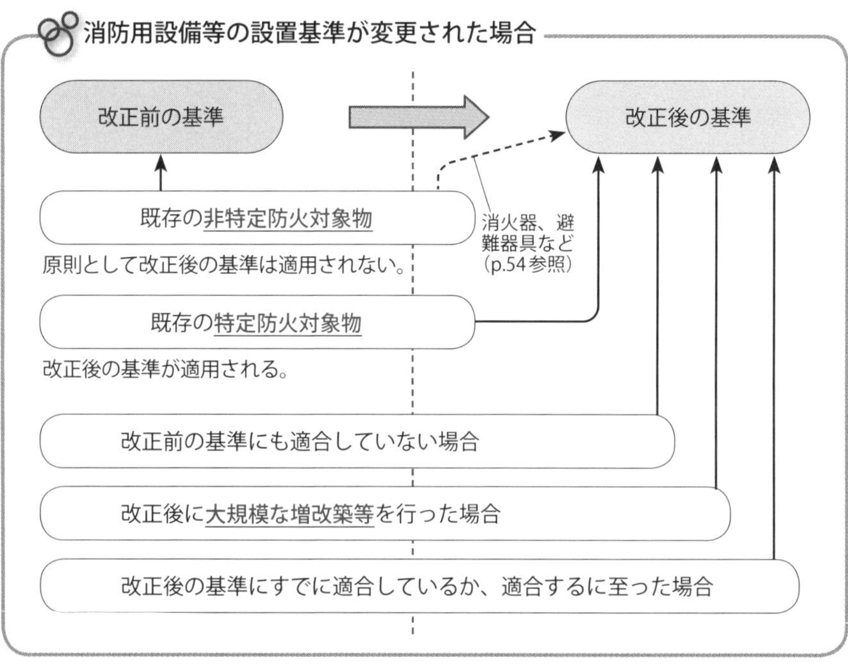

ここも覚えて 点数UP！

防火対象物の用途を変更した結果、消防用設備等の設置基準に適合しなくなった場合も、原則として、変更前の設備のままでよい。

消防用設備等の設置および維持の技術上の基準は、防火対象物の用途によって細かく規定されているため、用途を変更すると、設置基準に適合しなくなることがある。このような場合は、原則として、変更後の用途についての基準は適用されず、用途が変更される前の基準に適合していればよいことになっている。ただし、下記の場合は変更後の用途についての基準が適用される。

- 用途を変更したことにより、特定防火対象物となった場合
- 用途が変更される前の基準にも適合していなかった場合
- 用途の変更後に、大規模な増改築や修繕、模様替えを行った場合
- 関係者が自主的に消防用設備等を設置、変更したことにより、変更後の用途についての基準に適合するようになったとき

法令の改正によって基準が変更された場合の規定と、ほぼ同じですね。

こんな選択肢は誤り！

誤った選択肢の例①

消防用設備等の設置基準が改正されても、既存の特定防火対象物に対しては、改正後の基準は~~適用されない~~。

消防用設備等の設置基準が改正されても、既存の防火対象物に対しては、原則として改正後の基準は適用されないが、**特定防火対象物**に対しては、改正後の基準が適用される。

誤った選択肢の例②

消防用設備等の設置基準が改正されても、消火器、漏電火災警報器については、既存の防火対象物に対して改正後の基準は~~適用されない~~。

消防用設備等の設置基準が改正されても、既存の防火対象物に対しては、原則として改正後の基準は適用されないが、**消火器**、**漏電火災警報器**など（p.54 の①～⑩参照）については、改正後の基準が適用される。

誤った選択肢の例③

消防用設備等の設置基準が改正された後で、増改築を行った床面積の合計が ~~1200~~ m^2 以上となる場合は、改正後の基準が適用される。

消防用設備等の設置基準が改正された後で、増改築を行った床面積の合計が **1000** m^2 以上、または元の延べ面積の２分の１以上となる場合は、改正後の基準が適用される。

ゴロ合わせで覚えよう！

常に現行の基準が適用される消防用設備等

小学生は、勘がいい。
（消火器）（簡）（易消火用具）

兄さんから
（二酸化炭素消火設備）

秘密の情報 すぐ漏れて、
（非）（常）（警報）（漏電火災警報器）

非難をあびる 優等生
（避難器具）（誘導灯・誘導標識）

⇨消火器、簡易消火用具、二酸化炭素消火設備、非常警報設備及び非常警報器具、漏電火災警報器、避難器具、誘導灯及び誘導標識については、常に現行の設置基準が適用される。

消防用設備等の設置・維持③〈届出と検査〉

レッスンのPoint　重要度 ★★★

消防用設備等を設置した場合に、届出を行い、検査を受けることが必要になるのはどんな場合かを覚えよう。

必ず覚える基礎知識はこれだ！

下記の防火対象物の関係者は、消防用設備等を設置したときは、設置工事が完了した日から4日以内に、その旨を消防長（消防本部を置かない市町村においては市町村長）または消防署長に届け出て、検査を受けなければならない。

ゴロ合わせ → p.358

①カラオケボックス等、旅館・ホテル等、入院施設を有する病院・診療所・助産所、老人短期入所施設等

②利用者を入居・宿泊させる高齢者施設・生活保護者施設・児童施設・障害者（児）施設

③複合用途防火対象物（その一部に特定防火対象物の用途に供されているもの）、地下街、準地下街（上記①、②の用途に供される部分が含まれるもの）

④上記①～③を除く特定防火対象物で、延べ面積300m^{2}以上のもの

⑤延べ面積300m^{2}以上の非特定防火対象物で、消防長または消防署長の指定を受けたもの

⑥特定1階段等防火対象物

特定1階段等防火対象物とは、特定用途の部分が地階または3階以上に存在し、地上への直通階段が1つしかないものをいう。ただし、その階段が屋外階段か特別避難階段である場合は除く。

なお、これらの防火対象物においても、簡易消火用具、非常警報器具については、届出、検査は不要である。

出題されるポイントはここだ！

ポイント◎ 1

延べ面積 300m^2 以上の特定防火対象物に消防用設備等を設置した場合は、届け出て検査を受けなければならない。

自力避難困難者入所施設等や、その用途部分を含む複合用途防火対象物、地下街、準地下街については、延べ面積にかかわらず届出が必要である。

届け出るのは関係者、届出先は、消防長または消防署長でしたね。

ポイント◎ 2

延べ面積 300m^2 以上の非特定防火対象物で、指定を受けたものは、消防用設備等を設置した旨の届出が必要である。

非特定防火対象物でも、延べ面積 300m^2 以上で、消防長または消防署長の指定を受けたものについては、消防用設備等を設置した場合、届出が必要である。

ポイント○ 3

特定 1 階段等防火対象物については、延べ面積にかかわらず、消防用設備等を設置した旨の届出が必要である。

特定 1 階段等防火対象物（p.59 参照）については、延べ面積にかかわらず、消防用設備等を設置した場合、届出が必要である。

ポイント○ 4

簡易消火用具、非常警報器具を設置した場合は、届出の必要はない。

簡易消火用具、非常警報器具を設置した場合は、防火対象物の用途や延べ面積などにかかわらず、届出は不要である。

ポイント◎ 5

消防用設備等の設置届は、工事完了の日から 4 日以内に提出しなければならない。

消防用設備等を設置した際に届出が必要な場合は、設置工事が完了した日から 4 日以内に、その旨を消防長または消防署長に届け出なければならない。

ここも覚えて　点数UP！

消防用設備等を設置する場合は、設置工事に着手する日の10日前までに、必要な事項を届け出なければならない。この届出を行うのは、甲種消防設備士である。

消防用設備等を設置する場合、設置後に提出する設置届とは別に、設置工事の着工（ちゃっこう）前にも届出が必要である。着工届には、設置する消防用設備等の種類や設置場所などを明記し、工事に着手しようとする日の10日前までに、消防長または消防署長に提出しなければならない。着工届の提出は、甲種消防設備士（p.71参照）が行う。

✻ こんな選択肢は誤り！ ✻

誤った選択肢の例①

特定防火対象物については、~~延べ面積等にかかわらず~~、消防用設備等を設置した際に届出が必要である。

延べ面積300m² 以上の特定防火対象物については、消防用設備等を設置した際に届出が必要である。ただし、老人短期入所施設等のように、延べ面積にかかわらず届出が必要なものもある。

誤った選択肢の例②

消防用設備等の設置届は、工事完了の日から~~10~~日以内に提出しなければならない。

消防用設備等の設置届の提出期限は、工事完了の日から4日以内である。

消防用設備等の設置・維持④〈点検と報告〉

レッスンの Point　重要度 ★★★

消防用設備等の定期点検を行わなければならない場合とその時期、点検結果の報告などについて覚えよう。

必ず覚える基礎知識はこれだ！

防火対象物に設置した消防用設備等は、定期的に点検を行わなければならない。消防用設備等の設置が義務づけられている防火対象物の関係者は、下記の防火対象物に設置されている消防用設備等については、消防設備士または消防設備点検資格者に定期的に点検させ、その他の消防用設備等については、自ら点検しなければならない。

①延べ面積 1000 m^2 以上の特定防火対象物
②延べ面積 1000 m^2 以上で、消防長または消防署長の指定を受けた非特定防火対象物
③特定 1 階段等防火対象物
④全域放出方式の二酸化炭素消火設備が設けられている防火対象物

消防用設備等の定期点検

点検の種類	点検の期間	点検の内容
機器点検	6 か月に 1 回	消防用設備等の適正な配置、損傷の有無、機能について、外観または簡易な操作により確認する。
総合点検	1 年に 1 回	消防用設備等の全部または一部を作動させ、総合的な機能を確認する。

防火対象物の関係者は、消防用設備等の定期点検の結果を記録し、消防長（消防本部を置かない市町村においては市町村長）または消防署長に報告しなければならない。点検結果の報告は、原則として下記の期間ごとに行う。

- 特定防火対象物：1 年に 1 回
- 非特定防火対象物：3 年に 1 回

出題されるポイントはここだ！

ポイント◎1　延べ面積 1000m² 以上の特定防火対象物の消防用設備等の点検は、有資格者に行わせなければならない。

延べ面積 1000m² 以上の特定防火対象物の消防用設備等は、消防設備士または消防設備点検資格者に点検させなければならない。

ポイント◎2　延べ面積 1000m² 以上の、指定を受けた防火対象物の消防用設備等の点検は、有資格者に行わせなければならない。

非特定防火対象物でも、延べ面積 1000m² 以上で、消防長または消防署長の指定を受けたものについては、消防用設備等の点検を、消防設備士または消防設備点検資格者に行わせなければならない。

設置届の場合は、延べ面積 300m² が区切りになっていましたが、点検の場合は 1000m² なんですね。

ポイント◎3　特定防火対象物の消防用設備等の定期点検の結果は、1 年に 1 回報告しなければならない。

特定防火対象物の消防用設備等の定期点検の結果は 1 年に 1 回、非特定防火対象物の消防用設備等の定期点検の結果は 3 年に 1 回、消防長または消防署長に報告しなければならない。

ポイント○ 4	**任意に設置した消防用設備等については、点検及び報告の義務はない。**

設置の義務がなく、防火対象物の関係者が任意に設置した消防用設備等については、点検及び報告を行う義務はない。

ここも覚えて 点数UP！

消防長または消防署長は、消防用設備等の設置、維持のために必要な措置を命じることができる。

消防長（消防本部を置かない市町村においては市町村長）または消防署長は、消防用設備等の設置が義務づけられている防火対象物に、消防用設備等が技術上の基準に従って設置され、または維持されていないと認めるときは、防火対象物の関係者で権原を有するものに対して、消防用設備等を設置すべきこと、または、その維持のために必要な措置を行うことを命じることができる。

消防用設備等の設置・維持命令

消防長・消防署長

設置を命じる → 消防用設備等が技術上の基準に従って設置されていない防火対象物の関係者で、権原を有する者

維持のために必要な措置を命じる → 消防用設備等が技術上の基準に従って維持されていない防火対象物の関係者で、権原を有する者

設置命令に違反した場合、関係者は、1年以下の懲役または100万円以下の罰金、維持命令に違反した場合は30万円以下の罰金または拘留に処せられるよ。

✲　こんな選択肢は誤り！　✲

誤った選択肢の例①

~~延べ面積 2,000m²の共同住宅~~に設置するよう義務づけられている消防用設備等は、消防設備士または消防設備点検資格者に点検させなければならない（消防長または消防署長の指定はないものとする）。

共同住宅は**特定防火対象物**ではないので、延べ面積 1,000m²以上であっても、消防設備士または消防設備点検資格者に点検させる必要はなく、防火対象物の関係者が自ら点検すればよい。

誤った選択肢の例②

小学校に設置するよう義務づけられている消防用設備等の点検結果は、~~1~~年に１回報告しなければならない。

小学校は**特定防火対象物**ではないので、点検結果の報告期間は **3** 年に１回である。

ゴロ合わせで覚えよう！

消防用設備等の定期点検

特別なせんべいだから、
（特定）　（1,000 平米）

自分で食べちゃだめ！
（関係者が自ら行うのでなく、有資格者に）

➡延べ面積 1,000 m² 以上の特定防火対象物については、消防用設備等の点検を関係者が自ら行うのでなく、消防設備士または消防設備点検資格者に点検させなければならない。

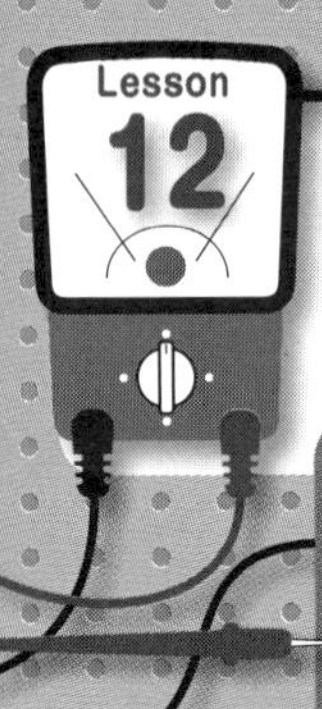

消防用機械器具等の検定制度

レッスンの Point　重要度 ★★★

消防用機械器具等の検定制度である、型式承認と型式適合検定について覚えよう。

必ず覚える基礎知識はこれだ！

消防用機械器具等のうち、政令で定められたものについては、検定制度が実施されており、検定に合格したものでなければ、販売したり、設置したりできないことになっている。検定の対象となる機械器具等は、下記の12品目である。

①消火器
②消火器用消火薬剤（二酸化炭素を除く）
③泡消火薬剤（水溶性液体用のものを除く）
④火災報知設備の感知器または発信機
⑤火災報知設備またはガス漏れ火災警報設備に使用する中継器
⑥火災報知設備またはガス漏れ火災警報設備に使用する受信機
⑦住宅用防災警報器
⑧閉鎖型スプリンクラーヘッド
⑨スプリンクラー設備等に使用する流水検知装置
⑩スプリンクラー設備等に使用する一斉開放弁（配管との接続部の内径が 300mm を超えるものを除く）
⑪金属製避難はしご
⑫緩降機

消防用機械器具等の検定制度は、型式承認と型式適合検定の２段階に分かれているんだ。

型式承認（かたしき）とは、検定対象機械器具等の型式に係る形状、材質、成分及び性能が、総務省令で定める技術上の規格に適合していることを、見本や書類などで確認し、承認することをいう。型式承認を行うのは総務大臣だが、承認を申請するには、あらかじめ日本消防検定協会（または登録検定機関）が行う型式試験を受けなければならない。

型式適合検定とは、個々の検定対象機械器具等の形状等が、型式承認を受けた検定対象機械器具等の型式に係る形状等に適合しているかどうかについて行う検定をいう。型式適合検定を行うのは、日本消防検定協会（または登録検定機関）である。

まず型式承認を受けなければ、型式適合検定を受けることができないんですね。

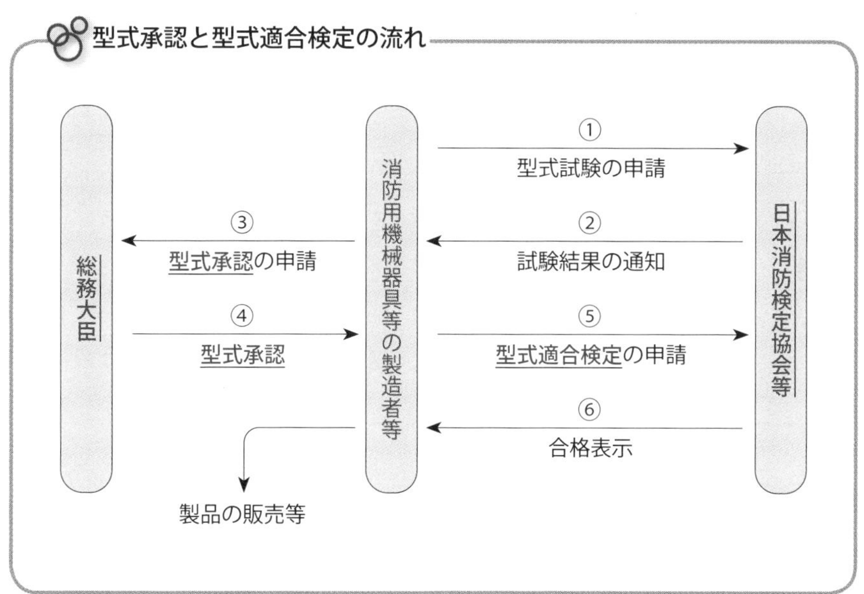

出題されるポイントはここだ！

ポイント◎ 1

消防用機械器具等の検定制度は、型式承認と型式適合検定の２段階に分かれている。

まず、型式承認を受けなければ、型式適合検定の申請をすることができない。

ポイント◎ 2

型式承認は総務大臣が、型式適合検定は日本消防検定協会等が行う。

型式承認は総務大臣が行うが、承認を申請するには、あらかじめ日本消防検定協会（または登録検定機関）が行う型式試験を受けなければならない。

ポイント○ 3

型式適合検定に合格した消防用機械器具等には、検定に合格したものである旨の表示が付される。

型式適合検定を行った機関は、検定に合格した消防用機械器具等に、その器具等が型式承認を受けたものであり、かつ、型式適合検定に合格したものである旨の表示を付さなければならない。

ポイント○ 4

検定に合格したものである旨の表示が付されていない消防用機械器具等を販売してはならない。

検定に合格したものである旨の表示のない消防用機械器具は、販売、または販売の目的で陳列してはならない。また、設置、変更、修理などの工事に使用してはならない。

自宅や学校、職場などに設置されている消火器をよく見てみよう。検定に合格したものであることを示す表示がどこかにあるはずだよ。

身近なところに実例があると、理解しやすくなりますね。

ここも覚えて 点数UP！

型式承認の効力が失われたときは、型式適合検定の合格の効力も失われる。

総務大臣は、検定対象機械器具等に係る技術上の規格が変更されたために、すでに型式承認を受けた消防用機械器具等の形状等が、技術上の規格に適合しないと認めるときは、型式承認の効力を失わせ、または、一定の期間が経過した後に型式承認の効力が失われることとする。型式承認の効力が失われたときは、その型式承認に係る消防用機械器具等で、すでに型式適合検定に合格したものについても、合格の効力が失われる。

✻ こんな選択肢は誤り！ ✻

誤った選択肢の例①

~~型式承認を受けていない~~検定対象機械器具等については、型式適合検定を受けなければならない。

検定対象機械器具等は、まず型式承認を受け、さらに型式適合検定に合格しなければ、販売、設置などができない。

誤った選択肢の例②

検定に合格した旨の表示が付されていない検定対象機械器具等は、~~販売の目的で陳列することはできる~~が、販売することはできない。

検定に合格した旨の表示が付されていない検定対象機械器具等は、販売することも、販売の目的で陳列することも**できない**。

誤った選択肢の例③

型式適合検定に合格した消防用機械器具等に、検定に合格した旨の表示を付するのは、~~総務大臣~~である。

型式適合検定に合格した消防用機械器具等に、検定に合格した旨の表示を付するのは、**日本消防検定協会**（または登録検定機関）である。

誤った選択肢の例④

型式適合検定を受けようとする者は、~~総務大臣~~に申請しなければならない。

型式適合検定を受けようとする場合の申請先は、**日本消防検定協会**（または登録検定機関）である。

誤った選択肢の例⑤

型式承認の効力が失われた場合も、すでに型式適合検定に合格した消防用機械器具等については、合格の効力は~~失われない~~。

型式承認の効力が失われた場合は、その型式承認に係る消防用機械器具等で、すでに型式適合検定に合格したものについても、合格の効力が**失われる**。

ゴロ合わせで覚えよう！

型式承認

堅苦しいのは 性に合わない
（**型式**）（**承認**）

そう、昔から！
（**総**）（**務大臣**）

⇨型式承認を行うのは、総務大臣。

消防設備士①〈消防設備士の業務独占〉

重要度 ★★★

レッスンのPoint

消防設備士でなければ行うことができない業務と、甲種、乙種の消防用設備士の違いについて覚えよう。

必ず覚える基礎知識はこれだ！

消防法により、消防用設備等、特殊消防用設備等の設置に係る工事または整備のうち、政令で定めるものは、消防設備士免状(めんじょう)の交付(こうふ)を受けた者でなければ行ってはならないこととされている。このことを、消防設備士の業務独占という。

消防設備士免状には、甲種と乙種があり、消防用設備等、特殊消防用設備等の工事は、甲種消防設備士でなければ行うことができない。つまり、甲種消防設備士は工事と整備を、乙種消防設備士は整備のみを行える資格である。

なお、特殊消防用設備等とは、現行の法令では想定されていない、新しい技術によって開発された設備で、通常の消防用設備等と同等以上の性能をもち、総務大臣の認定を受けたものをいう。

甲種消防設備士免状には、特類、第１類～第５類の計６種類が、乙種消防設備士免状には、第１類～第７類の計７種類があるよ。

工事または整備を行う消防用設備等の種類によって、免状の種類が分けられているんですね。

消防設備士免状の種類と業務範囲

工事整備対象設備等	消防設備士免状の種類		業務範囲	
			工事	整備
特殊消防用設備等	特類	甲	○	○
屋内消火栓設備、屋外消火栓設備、スプリンクラー設備、水噴霧消火設備等	1類	甲	○	○
		乙	×	○
泡消火設備等	2類	甲	○	○
		乙	×	○
不活性ガス消火設備、ハロゲン化物消火設備、粉末消火設備等	3類	甲	○	○
		乙	×	○
自動火災報知設備、ガス漏れ火災警報設備、消防機関へ通報する火災報知設備等	4類	甲	○	○
		乙	×	○
金属製避難はしご（固定式）、救助袋、緩降機	5類	甲	○	○
		乙	×	○
消火器	6類	乙	—	○
漏電火災警報器	7類	乙	×	○

上の表をよく見ると、特類には甲種の、第６類と第７類には乙種の免状しかないことがわかる。特殊消防用設備等を扱う特類には、整備のみを行える乙種の免状はなく、甲種の免状を取得しなければ、工事も整備もできないということである。

一方、第６類と第７類には、工事と整備を行うことができる甲種の免状がない。その理由は、第６類の消火器については、設置が容易で、資格を必要としないからである。また、第７類の漏電火災警報器については、設置工事を行うためには電気工事士の資格が必要なので、甲種消防設備士の免状が存在しない。

出題されるポイントはここだ！

ポイント◎ 1

甲種消防設備士は、消防用設備等の工事と整備を行うことができる。

甲種消防設備士は、免状に指定された消防用設備等の工事と整備を行うことができる資格である。

ポイント◎ 2

乙種消防設備士は、消防用設備等の整備のみを行うことができる。

乙種消防設備士は、免状に指定された消防用設備等の整備のみを行うことができる資格である。

ポイント○ 3

軽微な整備は、消防設備士でなくとも行うことができる。

屋内消火栓設備の表示灯の交換その他総務省令で定める軽微な整備は、消防設備士でなくとも行うことができる。

上記の総務省令で定める軽微な整備とは、「屋内消火栓設備または屋外消火栓設備のホースまたはノズル、ヒューズ類、ネジ類等部品の交換、消火栓箱、ホース格納(かくのう)箱等の補修その他これらに類するもの」とされている。

ここも覚えて点数UP！

消防用設備等の電源、水源、配管の部分は、消防設備士でなくとも工事、整備を行うことができる。

次の消防用設備等の電源、水源、配管の部分は、消防設備士でなくとも工事、整備を行うことができる。

- 屋内消火栓設備
- スプリンクラー設備

- 水噴霧（ふんむ）消火設備
- 屋外消火栓設備
- 必要とされる防火安全性能を有する消防の用に供する設備等のうち、消防庁長官が定めるもの
- 特殊消防用設備等のうち、消防庁長官が定めるもの

次の消防用設備等の電源の部分は、消防設備士でなくとも工事、整備を行うことができる。

- 泡消火設備
- 不活性ガス消火設備
- ハロゲン化物消火設備
- 粉末消火設備
- 自動火災報知設備
- ガス漏れ火災警報設備
- 消防機関へ通報する火災報知設備

❊ こんな選択肢は誤り！ ❊

誤った選択肢の例①

甲種消防設備士は、~~すべての~~消防用設備等の工事と整備を行うことができる。

甲種消防設備士は、**免状に指定された**消防用設備等の工事と整備を行うことができる。

誤った選択肢の例②

消火器の整備は、~~消防設備士でなくとも~~行うことができる。

消火器の整備は、**乙種第6類**の消防設備士免状の交付を受けている者でなければ、行うことができない。

誤った選択肢の例③

~~甲種第４類~~の消防設備士免状の交付を受けている者は、スプリンクラー設備の整備を行うことができる。

スプリンクラー設備の整備は、甲種または乙種の**第１類**の消防設備士免状の交付を受けているものでなければ、行うことができない。

誤った選択肢の例④

~~甲種第４類~~の消防設備士免状の交付を受けている者は、固定式の金属製避難はしごの設置工事を行うことができる。

固定式の金属製避難はしごの設置工事は、**甲種第５類**の消防設備士免状の交付を受けているものでなければ、行うことができない。

誤った選択肢の例⑤

~~乙種第４類~~の消防設備士免状の交付を受けている者は、粉末消火設備の整備を行うことができる。

粉末消火設備の整備は、甲種または乙種の**第３類**の消防設備士免状の交付を受けているものでなければ、行うことができない。

ゴロ合わせで覚えよう！

消防設備士の業務

おっと、待った！
（乙種）

こうしちゃだめ。こうしないと！
（工事をしてはいけない）（甲種の免状がないと）

⇨甲種消防設備士は、免状に指定された消防用設備等の工事と整備ができるが、乙種消防設備士ができるのは整備のみで、工事はできない。

消防設備士②〈免状〉

レッスンの Point

重要度 

消防設備士免状の書換えや再交付、免状の携帯義務、講習の受講義務などについて覚えよう。

必ず覚える基礎知識はこれだ！

消防設備士免状は、消防設備士試験に合格した者に対し、都道府県知事が交付する。免状は、交付を受けた都道府県だけでなく、全国どこでも有効である。

甲種消防設備士試験を受験するには、学歴、国家資格等により定められた受験資格のいずれかを満たしていることが必要である。国家資格、実務経験による受験資格の一部を下記に挙げる。乙種消防設備士試験には、特に受験資格はなく、誰でも受験できる。

○特類を除く甲種消防設備士試験の受験資格（一部）

- 受験する類以外の甲種消防設備士免状の交付を受けている者 ※
- 乙種消防設備士免状の交付を受けた後 2 年以上、工事整備対象設備等の整備の経験を有する者
- 電気工事士免状の交付を受けている者 ※
- 第 1 種、第 2 種または第 3 種電気主任技術者免状の交付を受けている者 ※
- 消防用設備等の工事の補助者として、5 年以上の実務経験を有する者
- 1 級建築士または 2 級建築士

上記のうち、※を付した受験資格をもつ者は、試験の一部が免除される。なお、甲種特類を受験するには、甲種第 1 類から第 3 類までのいずれか 1 つと、甲種第 4 類、甲種第 5 類を含む 3 種類以上の免状の交付を受けていることが必要である。

出題されるポイントはここだ！

ポイント◎ 1

消防設備士は、業務に従事するときは、免状を携帯しなければならない。

また、消防設備士は、その業務を誠実に行い、工事整備対象設備等の質の向上に努めなければならない。

ポイント◎ 2

免状の記載事項に変更を生じたときは、免状の書換えを申請しなければならない。

免状の交付を受けている者は、記載事項に変更を生じたときは、遅滞なく、免状を交付した都道府県知事または居住地もしくは勤務地を管轄する都道府県知事に、免状の書換えを申請しなければならない。 ゴロ合わせ → p.358

ポイント◎ 3

免状を亡失、滅失、汚損、破損した場合は、再交付を申請することができる。

免状の交付を受けている者は、免状を亡失し、滅失し、汚損し、又は破損した場合には、総務省令で定めるところにより、免状の交付または書換えをした都道府県知事に、免状の再交付を申請することができる。 ゴロ合わせ → p.358

免状の書換えは、「申請しなければならない」だから義務。再交付は、「申請することができる」だから義務ではないことに注意しよう。

ポイント◎ 4

免状の再交付を受けたのちに、亡失した免状を発見した場合には、10日以内に提出しなければならない。

免状を亡失して再交付を受けた者は、亡失した免状を発見した場合には、これを10日以内に免状の再交付をした都道府県知事に提出しなければならない。

この場合は、「提出しなければならない」だから、義務ですね。

ポイント◎ 5 **消防設備士は、都道府県知事が行う工事整備対象設備等の工事または整備に関する講習を受けなければならない。**

講習は、免状の交付を受けた日以後における最初の4月1日から2年以内に受けなければならない。その後は、講習を受けた日以後における最初の4月1日から5年以内に講習を受けなければならない。 ゴロ合わせ → p.359

消防設備士の免状の交付を受けた者は、消防用設備等に関係する実務に就いているかどうかにかかわらず、講習を受けなければならないんだ。

ここも覚えて 点数UP！

都道府県知事は、消防設備士が、消防法に基づく規定に違反しているときは、免状の返納を命ずることができる。

消防設備士が消防法または消防法に基づく命令の規定に違反しているときは、消防設備士免状を交付した都道府県知事は、免状の返納(へんのう)を命ずることができる。消防設備士の義務には次のようなものがある。

- 業務を誠実に遂行する義務
- 免状を携帯する義務
- 消防用設備等の着工届の提出義務（甲種消防設備士のみ。p.61 参照）
- 講習を受講する義務

都道府県知事は、免状の返納を命じられてから1年を経過しない者には、免状を交付しないことができる。

都道府県知事は、下記の者に対しては、消防設備士免状を交付しないことができる。

- 免状の返納を命じられた日から1年を経過しない者
- 消防法令に違反して罰金以上の刑に処せられ、その執行を終わり、または執行を受けることがなくなった日から2年を経過しない者

✿ こんな選択肢は誤り！ ✿

誤った選択肢の例①

消防設備士免状を亡失した場合、~~10日以内に免状の交付を受けた都道府県知事に届け出なければならない~~。

免状を亡失した場合は再交付の申請を行うことができるが、申請は義務ではなく、期限も定められていない。申請をしなくとも、免状が失効することはない。

誤った選択肢の例②

免状の再交付を受けたのちに、亡失した免状を発見した場合には、~~4~~日以内に提出しなければならない。

免状の再交付を受けたのちに、亡失した免状を発見した場合には、10日以内に免状の再交付をした都道府県知事に提出しなければならない。

誤った選択肢の例③

消防設備士は、~~免状の交付を受けた日から5年以内~~に最初の講習を受けなければならない。

免状の交付を受けた日以後における最初の4月1日から2年以内に最初の講習を受けなければならない。その後は、講習を受けた日以後における最初の4月1日から5年以内に講習を受けなければならない。

誤った選択肢の例④

消防設備士は、免状の交付を受けた都道府県以外で業務に従事する場合は、~~免状の書換えを申請しなければならない~~。

消防設備士免状は、交付を受けた都道府県だけでなく、全国どこでも有効である。

自動火災報知設備の設置義務

レッスンの Point　重要度 ★☆☆

防火対象物に自動火災報知設備の設置が義務づけられるのはどんな場合かを知ろう。

必ず覚える基礎知識はこれだ！

第４類消防設備士の工事整備対象設備となっている自動火災報知設備は、火災により発生した熱や煙を感知器により自動的に感知し、受信機に火災信号を送り、警報を発するなどして火災の発生をしらせる設備である。そのしくみについては第３章でくわしく取り上げるとして、ここでは、法令上、自動火災報知設備を設置しなければならない防火対象物とはどのようなものかを覚える。

自動火災報知設備の設置が必要かどうかは、防火対象物の種類と延べ面積によってきめられているんだ。まずは、次の数字を覚えておこう。　ゴロ合わせ → p.359

- 特定防火対象物は、延べ面積 300m² 以上
- 非特定防火対象物は、延べ面積 500m² 以上（アーケード、山林、舟車を除く）

原則として、上記の条件に当てはまる防火対象物には、自動火災報知設備の設置が必要である。しかし、これはあくまで原則で、例外がたくさんある。防火対象物の種類によって、上記の条件よりも厳しくなる場合も、条件が緩和される場合もある（次ページの図参照）。万一火災が発生した場合に避難が困難で、人命にかかわる危険性が高い防火対象物については、条件がより厳しくなっている。

自動火災報知設備の設置義務（延べ面積による規定の例外となるもの）

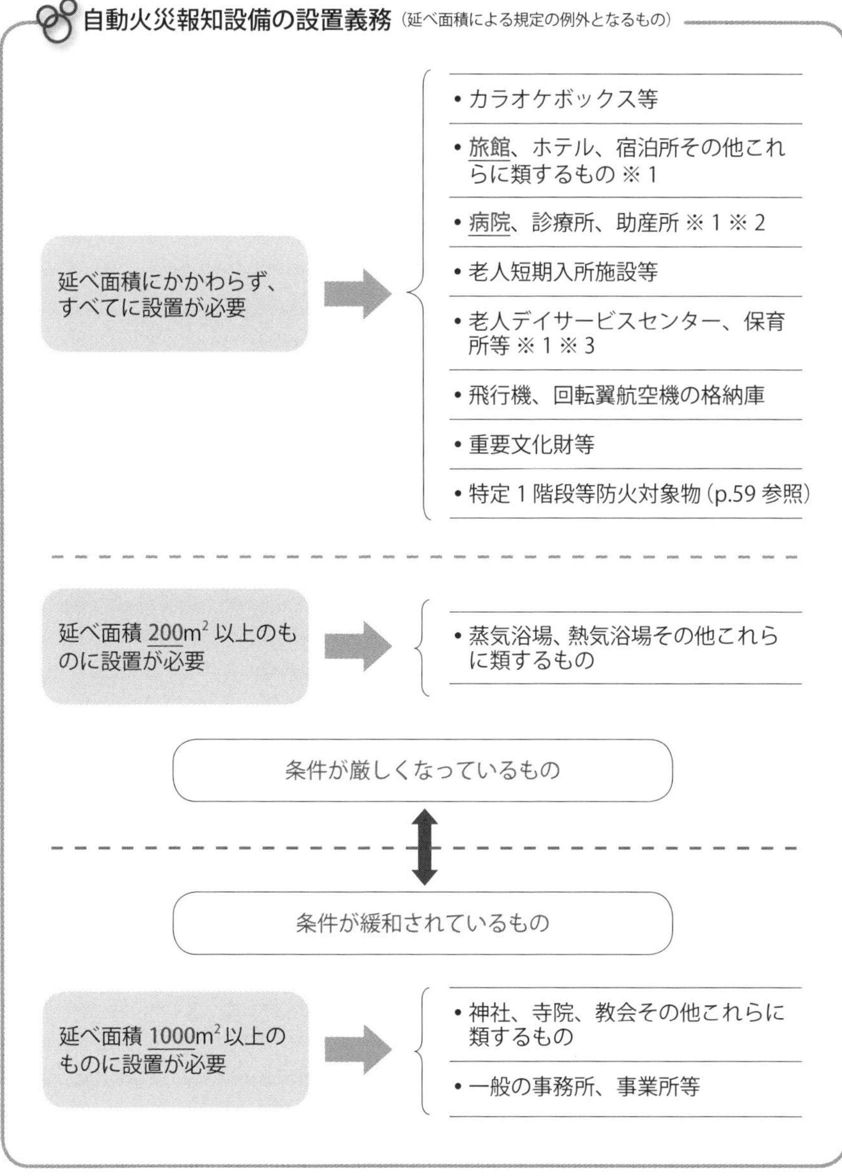

※1　これらの特定防火対象物は、消防法の改正により、2015 年度から延べ面積にかかわらず、すべてのものに自動火災報知設備の設置が必要になった。

※2　無床診療所・無床助産所を除く。無床診療所・無床助産所については、延べ面積 300m² 以上のものに自動火災報知設備の設置が必要。

※3　利用者を入居または宿泊させるものに限る。それ以外のものについては、300m² 以上のもののみ自動火災報知設備の設置が必要。

自動火災報知設備の設置義務については、延べ面積による規定のほかに、階数による規定がある（下図参照）。この規定により、防火対象物の建物全体としては自動火災報知設備の設置義務がないが、ある階にだけ部分的に設置義務が生じる場合もある。

自動火災報知設備の設置義務（階数による規定）

ゴロ合わせ → p.360

階	設置義務
地階または無窓（むそう）階※	下記の防火対象物については、床面積 100m²以上の階に設置が必要 ・キャバレー、ナイトクラブ等 ・遊技場、ダンスホール ・性風俗関連特殊営業店舗等 ・待合、料理店等 ・飲食店
地階または無窓階、3階以上の階	床面積300m²以上の階に設置が必要
11階以上の階	床面積にかかわらず、すべての階に設置が必要
地階または2階以上で、床面積200m²以上の駐車場がある階	すべての階に設置が必要

※ 無窓階とは、避難上または消火活動上有効な開口部を有しない階をいう。窓のない階のことではなく、窓を有していても無窓階とみなされる場合がある。

防火対象物の種類、延べ面積、階段による規定はしっかり覚えよう。

出題されるポイントはここだ！

ポイント◎ 1

特定防火対象物については、原則として、延べ面積300m²以上のものに自動火災報知設備の設置義務がある。

非特定防火対象物については、原則として、延べ面積500m²以上のものに自動火災報知設備の設置義務がある。

ポイント◎ 2

カラオケボックス等、老人短期入所施設等には、延べ面積にかかわらず自動火災報知設備を設置しなければならない。

上記のほか、旅館、ホテル、宿泊所その他これらに類するもの、病院、診療所、助産所、老人デイサービスセンター、保育所等、飛行機、回転翼航空機の格納庫、重要文化財等、特定１階段等防火対象物についても同様である。

ポイント◎ 3

蒸気浴場、熱気浴場については、延べ面積200m²以上のものに自動火災報知設備を設置しなければならない。

蒸気浴場、熱気浴場とは、いわゆるサウナのことである。これらについては、通常の特定防火対象物よりも基準が厳しくなっている。

ポイント◎ 4

神社、寺院、教会、事務所等は、延べ面積1000m²以上のものに自動火災報知設備を設置しなければならない。

これらについては、通常の非特定防火対象物よりも基準が緩和されている。

ポイント○ 5

特定用途を含む複合用途防火対象物は、延べ面積300m²以上のものに自動火災報知設備を設置しなければならない。

通常の特定防火対象物と同じ条件であるが、延べ面積は、特定用途部分だけでなく、防火対象物全体の面積であることに注意する。

特定用途を含まない複合用途防火対象物については、それぞれの用途部分ごとに基準を適用するんだ。

ポイント◎ 6

地階、無窓階、3階以上の階には、床面積 300m² 以上の場合に自動火災報知設備を設置しなければならない。

地階、無窓階に飲食店等があるときは、床面積100m²以上の場合に自動火災報知設備を設置しなければならない。

ポイント◎ 7

11 階以上の階には、床面積にかかわらず、すべての階に自動火災報知設備を設置しなければならない。

防火対象物の用途や床面積にかかわらず、11 階以上の階には、必ず自動火災報知設備を設置しなければならない。

危険物施設に自動火災報知設備を設置しなければならない場合については、p.48 の表を見よう。

危険物施設は、延べ面積のほかに指定数量もかかわっているんでしたね。

ここも覚えて 点数UP！

スプリンクラー設備等を設置したときは、自動火災報知設備を省略できる場合がある。

防火対象物またはその部分に、下記のいずれかの設備を設置したときは、その設備の有効範囲内の部分について、自動火災報知設備を省略することができる。

- スプリンクラー設備
- 水噴霧消火設備
- 泡消火設備

（いずれも、閉鎖型スプリンクラーヘッドを備えているものに限る）

ただし、次の場所においては、前記の設備が設置されていても、自動火災報知設備を省略できない。

- 特定防火対象物
- 地階、無窓階、11 階以上の階
- 煙感知器等の設置義務がある場所（p.211 参照）

上記の煙感知器等とは、煙感知器、熱煙複合式スポット型感知器、または炎感知器である。

特定防火対象物は、スプリンクラー設備を備えていても、自動火災報知設備を省略できない。これだけは覚えておこう。

こんな選択肢は誤り！

誤った選択肢の例①

カラオケボックス等については、~~延べ面積 300m^2 以上のもの~~に自動火災報知設備を設置しなければならない。

カラオケボックス等については、**延べ面積にかかわらず**、すべてのものに自動火災報知設備を設置しなければならない。

誤った選択肢の例②

映画館については、~~延べ面積 500m^2 以上のもの~~に自動火災報知設備を設置しなければならない。

映画館は**特定防火対象物**なので、延べ面積 **300**m^2 以上のものに自動火災報知設備を設置しなければならない。

誤った選択肢の例③

延べ面積 350m² の工場には、自動火災報知設備を~~設けなければならない~~。

工場は**非特定防火対象物**なので、延べ面積 **500**m² 以上の場合に、自動火災報知設備の設置義務が生じる。

誤った選択肢の例④

延べ面積 200m² の蒸気浴場には、自動火災報知設備を~~設けなくてもよい~~。

蒸気浴場については、延べ面積 **200**m² 以上のものに自動火災報知設備を設置しなければならない。

誤った選択肢の例⑤

病院に閉鎖型スプリンクラーヘッドを備えたスプリンクラー設備を設置した場合は、自動火災報知設備を~~省略できる~~。

病院は特定防火対象物なので、閉鎖型スプリンクラーヘッドを備えたスプリンクラー設備を設置した場合も、自動火災報知設備を省略**できない**。

ゴロ合わせで覚えよう！

階数による自動火災報知設備の設置基準

小学生のサッカーチームは、

11 人全員が児童

(11 階以上はすべて) (自動火災報知設備を設置)

➡防火対象物の 11 階以上の階については、床面積にかかわらず、すべてに自動火災報知設備を設置しなければならない。

ガス漏れ火災警報設備の設置義務

重要度 ★☆☆

レッスンのPoint

防火対象物にガス漏れ火災警報設備の設置が義務づけられるのはどんな場合かを知ろう。

必ず覚える基礎知識はこれだ！

自動火災報知設備とともに、第４類消防設備士の工事整備対象設備となっているガス漏れ火災警報設備を設置しなければならない防火対象物は、下表のとおりである。

ガス漏れ火災警報設備を設置しなければならない防火対象物の基準

地下街	• 延べ面積 1000 m² 以上のもの
特定防火対象物の地階	• 床面積の合計 1000 m² 以上のもの
準地下街	• 延べ面積 1000 m² 以上で、かつ、特定用途部分の床面積の合計が 500 m² 以上のもの
特定用途を含む複合用途防火対象物の地階	（同上）
内部に温泉の採取のための設備が設置されている建築物または工作物	• 面積にかかわらず、すべてに設置

ゴロ合わせ → p.360

ガス漏れ火災警報設備の設置が義務づけられている防火対象物は、ガスが滞留しやすい地下にあるものが中心になっているよ。

プロパンガスのように空気よりも重いガスは、特に低所に滞留しやすいですね。

出題されるポイントはここだ！

ポイント◎ 1

延べ面積1,000 m^2以上の地下街には、ガス漏れ火災警報設備を設置しなければならない。

準地下街の場合は、延べ面積1,000m^2以上で、かつ、特定用途の部分の床面積の合計が500 m^2以上のものにガス漏れ火災警報設備を設置しなければならない。

ポイント◎ 2

特定防火対象物の地階で、床面積1,000 m^2以上のものには、ガス漏れ火災警報設備を設置しなければならない。

特定用途部分を含む複合用途防火対象物の地階は、床面積の合計1,000m^2以上で、かつ、特定用途の部分の床面積の合計が500m^2以上のものにガス漏れ火災警報設備を設置しなければならない。

ただし、防火対象物にガス漏れ火災警報設備の設置義務が生じるのは、次の場合に限られる。

- 燃料用ガスを使用するもの
- 可燃性ガスが自然発生するおそれがあるとして、消防長または消防署長が指定するもの
- 温泉の採取のための設備が設置されているもの

上記のいずれにも該当しない防火対象物は、延べ面積等の条件にかかわらず、ガス漏れ火災警報設備を設置しなくてよい。

ここも覚えて 点数UP！

老人短期入所施設等、病院・診療所・助産所（無床診療所・無床助産所は延べ面積500㎡以上）、延べ面積500m^2以上の旅館、ホテル、宿泊所、老人デイサービスセンター等には、消防機関へ通報する火災報知設備を設置しなければならない。

自動火災報知設備、ガス漏れ火災警報設備とともに、第４類消防設備士の工事整備対象設備となっているものに、消防機関へ通報する火災報知

設備がある。消防機関へ通報する火災報知設備として現在使用されているものは火災通報装置で、手動起動装置（押しボタン）を操作することによって、または、連動している自動火災報知設備からの火災信号により自動的に、消防機関に通報する装置である。

次の場合は、消防機関へ通報する火災報知設備を省略することができる。

- 防火対象物が消防機関から著しく離れているとき
- 防火対象物が消防機関からの歩行距離 500 m 以下の場所にあるとき
- 消防機関に常時通報することができる電話を設置したとき

このような緩和規定があるので、電話が普及している現在では、消防機関へ通報する火災報知設備が設置される例は少なくなっている。ただし、下記の防火対象物は、上記の条件に当てはまる場合でも、消防機関へ通報する火災報知設備を省略できない。

- 老人短期入所施設等（面積にかかわらず、すべて）
- 旅館、ホテル、宿泊所等（延べ面積 500 m^2 以上）
- 病院、診療所、助産所（面積にかかわらず、すべて）
- 無床診療所、無床助産所（延べ面積 500 m^2 以上）
- 老人デイサービスセンター等（延べ面積 500 m^2 以上）

なお、2015 年度からは、老人短期入所施設等に設置する消防機関へ通報する火災報知設備は、自動火災報知設備の感知器の作動と連動して自動的に起動するようにすることが義務づけられた。

✼　こんな選択肢は誤り！　✼

誤った選択肢の例

地階にある、床面積が 1,000 m^2 の倉庫には、ガス漏れ火災警報設備を~~設置しなければならない~~。

倉庫は**特定防火対象物**ではないので、床面積にかかわらず、ガス漏れ火災警報設備の設置義務**はない**。

練習問題にチャレンジ！

問　題

解答と解説は p.98 ～ 104

問題 01

消防に関する記述で、正しいものは次のうちのどれか。

1　地域の消防の責任を負うのは、都道府県である。
2　市町村の消防を管理するのは、市町村長である。
3　市町村には、消防本部または消防署のうち、少なくともどちらかを設けなければならない。
4　消防本部の長は、消防署長である。

➡ Lesson 01

問題 02

消防法令により定められた用語に関する記述で、正しいものは次のうちのどれか。

1　関係者とは、防火対象物または消防対象物の所有者、管理者、防火管理者をいう。
2　防火対象物とは、山林又は舟車、船きょ若しくはふ頭に繋留された船舶、建築物その他の工作物または物件をいう。
3　複合用途防火対象物とは、多数の人が出入りする防火対象物をいう
4　関係のある場所とは、防火対象物または消防対象物のある場所をいう。

➡ Lesson 02

問題 03

特定防火対象物に該当しないものの組み合わせとして、正しいものは次のうちのどれか。

1　工場　倉庫　テレビスタジオ
2　小学校　幼稚園　図書館
3　ホテル　蒸気浴場　飲食店
4　神社　寺院　カラオケボックス

➡ Lesson 02

問題 04

消防本部を置く市町村において、屋外における火遊びやたき火などの危険な行為の禁止を命じることができる者として、誤っているものは次のうちのどれか。

1　消防署長
2　消防長
3　消防団長
4　消防吏員

➡ Lesson 03

問題 05

防火管理者を選任しなければならない防火対象物は、次のうちのどれか。

1　収容人員 30 名の図書館
2　収容人員 40 名の工場
3　延長 50m のアーケード
4　収容人員 30 名の飲食店

➡ Lesson 04

問題 06

管理について権原が分かれている次の防火対象物のうち、統括防火管理者を選任しなければならないものはどれか。

1　百貨店と映画館からなる複合用途防火対象物で、地階を除く階数が 2、収容人員が 500 人のもの
2　共同住宅と車庫からなる複合用途防火対象物で、地階を除く階数が 4、収容人員が 60 人のもの
3　消防長または消防署長の指定のない地下街
4　消防長または消防署長の指定のない準地下街

➡ Lesson 04

問題 07

防災管理の対象とならない建築物等は、次のうちどれか。

1　地上 6 階建の百貨店で、延べ面積 20,000 m^2 の建築物
2　地上 11 階建の複合用途防火対象物で、対象用途が 6 階と 7 階にある対象用途の延べ床面積 20,000 m^2 の建築物
3　地上 3 階建の養護老人ホームで、収容人員 50 人かつ延べ面積 600 m^2 の建築物
4　地下街で延べ面積 1,000 m^2 の建築物

➡ Lesson 05

問題 08

防炎規制の対象にならない物品は、次のうちのどれか。

1　高さ 45m のオフィスビルで使用されるカーテン
2　工事中の建築物で使用されるロープ
3　診療所で使用される布製ブラインド
4　劇場で使用されるどん帳

➡ Lesson 06

問題 09

次の文中の □ に当てはまる数値として、正しいものは次のうちのどれか。

危険物の指定数量の倍数が □ 以上の製造所等には、警報設備を設置しなければならない。

1　2倍
2　5倍
3　10倍
4　100倍

➡ Lesson 07

問題 10

消防法令により定められた用語に関する記述で、誤っているものは次のうちのどれか。

1　消防の用に供する設備とは、消火設備、警報設備、消防用水をいう。
2　消火活動上必要な施設には、排煙設備などが含まれる。
3　消火設備には、屋外消火栓設備が含まれる。
4　警報設備には、自動火災報知設備が含まれる。

➡ Lesson 08

問題 11

1棟の建物であっても、区画された部分がそれぞれ別の防火対象物とみなされるのは、次のうちのどの部分か。

1　耐火構造の床で区画され、かつ、階が異なる部分。
2　開口部がある耐火構造の床または壁で区画されている部分。
3　開口部のない耐火構造の床または壁で区画されている部分。
4　開口部が特定防火設備であり、耐火構造の床または壁で区画されている部分。

➡ Lesson 08

問題 12

消防用設備等の技術上の基準が改正された場合の、既存の防火対象物への適用に関する記述で、正しいものは次のうち のどれか。

1　改正後に増改築を行った部分の床面積の合計が 500㎡以上となる場合は、消防用設備等を改正後の基準に適合させなければならない。

2　改正前の基準にも違反していた場合は、消防用設備等を改正前の基準に適合させなければならない。

3　避難器具については、既存の防火対象物であっても、常に現行の基準に適合させなければならない。

4　特定防火対象物の場合、延べ面積 1,000㎡以上のものは、消防用設備等を常に現行の基準に適合させなければならない。

➡ Lesson 09

問題 13

防火対象物に消防用設備等を設置した場合の届出と検査に関する記述で、誤っているものは次のうちのどれか。

1　特定防火対象物の場合、延べ面積にかかわらず、消防用設備等を設置した際は届出を行い、検査を受けなければならない。

2　特定防火対象物であっても、簡易消火用具を設置した場合は、届出及び検査は不要である。

3　特定 1 階段等防火対象物については、延べ面積にかかわらず、消防用設備等を設置した際は届出を行い、検査を受けなければならない。

4　届出が必要な場合は、設置工事が完了した日から 4 日以内に、その旨を消防長または消防署長に届け出なければならない。

➡ Lesson 10

問題 14

消防用設備等の定期点検を、消防設備士または消防設備点検資格者に行わせなければならない防火対象物は、次のうちのどれか。ただし、消防長または消防署長の指定はないものとする。

1　延べ面積 1,000m^2 の小学校
2　延べ面積 500m^2 の幼稚園
3　延べ面積 2,000m^2 の工場
4　延べ面積 1,000m^2 のホテル

➡ Lesson 11

問題 15

消防用機械器具等の検定に関する記述で、誤っているものは次のうちのどれか。

1　型式承認を受けなければ、型式適合検定を受けることができない。
2　検定に合格した旨の表示が付されていない検定対象機械器具等は、販売する目的で陳列してもよいが、型式適合検定に合格するまで販売はできない。
3　型式承認の効力が失われた場合は、型式適合検定の効力も失われる。
4　住宅用防災警報器は、検定対象機械器具等に含まれる。

➡ Lesson 12

問題 16

消防設備士が行うことのできる業務に関する記述で、正しいものは次のうちのどれか。

1　乙種消防設備士は、すべての消防用設備等の整備を行うことができるが、消防用設備等の工事を行うことはできない。
2　甲種消防設備士は、免状に指定された類の消防用設備等の工事と、すべての消防用設備等の整備を行うことができる。
3　乙種第 4 類の消防設備士は、自動火災報知設備の設置工事を行うことができる。
4　甲種第 4 類の消防設備士は、自動火災報知設備の整備を行うことができる。

➡ Lesson 13

問題 17

消防設備士の免状に関する記述で、誤っているものは次のうちのどれか。

1　消防設備士は、業務に従事するときは、免状を携帯しなければならない。
2　免状を亡失した場合、10 日以内に免状の交付を受けた都道府県知事に届け出ないと、消防設備士の資格を失う。
3　免状は、交付を受けた都道府県だけでなく、全国どこでも有効である。
4　免状の交付を受けた日以後における最初の 4 月 1 日から 2 年以内に講習を受けなければならない。

➡ Lesson 14

問題 18

自動火災報知設備を設置しなければならない防火対象物は、次のうちのどれか。ただし、これらの防火対象物は、地階、無窓階、3階以上の階、特定1階段等防火対象物には該当しないものとする。

1　延べ面積 150 m^2 の蒸気浴場
2　延べ面積 200 m^2 のキャバレー
3　延べ面積 150 m^2 のカラオケボックス
4　延べ面積 800 m^2 の神社

➡ Lesson 15

問題 19

次の複合用途防火対象物のうち、法令上、自動火災報知設備を設置しなければならない部分がないものはどれか。

1　地階に床面積 100 m^2 の飲食店があり、無窓階はなく、延べ面積 280 m^2 の2階建てのビル
2　無窓階、特定用途部分のない、12 階建てのビル
3　地階、無窓階、特定用途部分がなく、各階の床面積が 300 m^2 の3階建てのビル
4　地階に床面積 100 m^2 の駐車場があり、無窓階、特定用途部分はなく、延べ面積 300 m^2 の2階建てのビル

➡ Lesson 15

問題 20

次の防火対象物のうち、閉鎖型スプリンクラーヘッドを備えたスプリンクラー設備を設置した場合も、その有効範囲内の部分について、自動火災報知設備を省略できないものはどれか。

1　病院
2　博物館
3　工場
4　倉庫

➡ Lesson 15

解答と解説　問題は p.90 ～ 97

問題 01　正解　2

1　×　地域の消防の責任を負うのは、市町村である。
2　○　市町村の消防を管理するのは、市町村長である。
3　×　市町村には、少なくとも消防本部または消防団のいずれかを設けなければならない。
4　×　消防本部の長は、消防長である。

➡ 間違えた人は、Lesson 01 を復習しよう。

問題 02　正解　4

1　×　関係者とは、防火対象物または消防対象物の所有者、管理者、占有者をいう。
2　×　防火対象物とは、山林又は舟車、船きょ若しくはふ頭に繋留された船舶、建築物その他の工作物若しくはこれらに属する物をいう。
3　×　複合用途防火対象物とは、政令で定める 2 以上の用途に供される防火対象物をいう。
4　○　関係のある場所とは、防火対象物または消防対象物のある場所をいう。

➡ 間違えた人は、Lesson 02 を復習しよう。

問題 03　正解　1

1　○　工場、倉庫、テレビスタジオは、すべて非特定防火対象物である。
2　×　選択肢に挙げられたもののうち、幼稚園は特定防火対象物である。
3　×　ホテル、蒸気浴場、飲食店は、すべて特定防火対象物である。
4　×　選択肢に挙げられたもののうち、カラオケボックスは特定防火対象物である。

➡ 間違えた人は、Lesson 02 を復習しよう。

問題 04　**正解　3**

消防本部を置く市町村において、屋外における火遊びやたき火などの危険な行為の禁止を命じることができるのは、消防長、消防署長、消防吏員で、3の消防団長は命令権者に含まれない。

➡ 間違えた人は、Lesson 03 を復習しよう。

問題 05　**正解　4**

1　×　図書館は非特定防火対象物なので、収容人員が 50 人以上の場合に防火管理者の選任が必要となる。

2　×　工場は非特定防火対象物なので、収容人員が 50 人以上の場合に防火管理者の選任が必要となる。

3　×　アーケードについては、収容人員、面積等にかかわらず、防火管理者を選任する必要はない。

4　○　飲食店は特定防火対象物なので、収容人員が 30 人以上の場合に防火管理者の選任が必要となる。

➡ 間違えた人は、Lesson 04 を復習しよう。

問題 06　**正解　4**

1　×　百貨店と映画館からなる複合用途防火対象物は、特定防火対象物なので、地階を除く階数が 3 以上で、かつ、収容人員が 30 人以上の場合に統括防火管理者の選任が必要となる。

2　×　共同住宅と車庫からなる複合用途防火対象物は、特定用途を含まないので、地階を除く階数が 5 以上で、かつ、収容人員が 50 人以上の場合に統括防火管理者の選任が必要となる。

3　×　地下街は、消防長または消防署長が指定するものについてのみ、統括防火管理者の選任が必要となる。

4　○　準地下街については、すべてのものに統括防火管理者の選任が必要である。

➡ 間違えた人は、Lesson 04 を復習しよう。

問題 07　**正解　3**

1　○　地上5階以上10階以下の百貨店は、延べ面積20,000 m² 以上で防災管理の対象となる。
2　○　対象用途が5階以上10階以下にある複合用途防火対象物は、対象用途の延べ床面積20,000 m² 以上で防災管理の対象となる。
3　×　地上4階以下の養護老人ホームは、延べ面積50,000 m² 以上で防災管理の対象となる。なお、収容人員は、防火管理の対象要件である。
4　○　地下街は、延べ面積1,000 m² 以上で防災管理の対象となる。

➡ 間違えた人は、Lesson 05 を復習しよう。

問題 08　**正解　2**

1　○　高さ31m を超える高層建築物は、用途にかかわらず、防炎防火対象物に含まれる。そこで使用されるカーテンは、防炎対象物品なので、防炎規制の対象となる。
2　×　工事中の建築物は防炎防火対象物に含まれるが、ロープは防炎対象物品ではないので、防炎規制の対象とならない。
3　○　診療所は特定防火対象物なので、防炎防火対象物に含まれる。そこで使用される布製ブラインドは、防炎対象物品なので、防炎規制の対象となる。
4　○　劇場は特定防火対象物なので、防炎防火対象物に含まれる。そこで使用されるどん帳は、防炎対象物品なので、防炎規制の対象となる。

➡ 間違えた人は、Lesson 06 を復習しよう。

問題 09　**正解　3**

危険物の指定数量の倍数が10倍以上の製造所等には、警報設備を設置しなければならない。

➡ 間違えた人は、Lesson 07 を復習しよう。

問題 10　**正解　1**

1　×　消防の用に供する設備とは、消火設備、警報設備、避難設備をいう。
2　○　消火活動上必要な施設には、排煙設備などが含まれる。
3　○　消火設備には、屋外消火栓設備が含まれる。
4　○　警報設備には、自動火災報知設備が含まれる。

➡ 間違えた人は、Lesson 08 を復習しよう。

問題 11　**正解　3**

1棟の建物であっても、区画された部分がそれぞれ別の防火対象物とみなされるのは、開口部のない耐火構造の床または壁で区画されている部分である。

➡ 間違えた人は、Lesson 08 を復習しよう。

問題 12　**正解　3**

1　×　改正後に増改築を行った部分の床面積の合計が 1,000 m^2 以上となる場合は、消防用設備等を改正後の基準に適合させなければならない。
2　×　改正前の基準にも違反していた場合は、消防用設備等を改正後の基準に適合させなければならない。
3　○　避難器具については、既存の防火対象物であっても、常に現行の基準に適合させなければならない。
4　×　特定防火対象物の場合、延べ面積等にかかわらずすべて、消防用設備等を常に現行の基準に適合させなければならない。

➡ 間違えた人は、Lesson 09 を復習しよう。

問題 13　**正解　1**

1　×　特定防火対象物の場合、消防用設備等を設置した際に届出を行い、検査を受けなければならないのは、延べ面積 300m² 以上のものである（自力避難困難者入所施設等や、その用途部分を含む複合用途防火対象物を除く）。

2　○　特定防火対象物であっても、簡易消火用具を設置した場合は、届出及び検査は不要である。

3　○　特定 1 階段等防火対象物については、延べ面積にかかわらず、消防用設備等を設置した際は届出を行い、検査を受けなければならない。

4　○　届出が必要な場合は、設置工事が完了した日から 4 日以内に、その旨を消防長または消防署長に届け出なければならない。

➡ 間違えた人は、Lesson 10 を復習しよう。

問題 14　**正解　4**

消防用設備等の定期点検を、消防設備士または消防設備点検資格者に行わせなければならないのは、次の防火対象物である。

①延べ面積 1,000m² 以上の特定防火対象物
②延べ面積 1,000m² 以上で、消防長または消防署長の指定を受けた非特定防火対象物
③特定 1 階段等防火対象物
④全域放出方式の二酸化炭素消火設備が設けられている防火対象物

選択肢のうち、1 の小学校、3 の工場は非特定防火対象物であり、「消防長または消防署長の指定はないものとする」との断りがあるので、上記に該当しない。2 の幼稚園は、特定防火対象物だが、1,000m² 未満なので、やはり該当しない。4 のホテルは、特定防火対象物で 1,000m² 以上なので、これが正解である。

➡ 間違えた人は、Lesson 11 を復習しよう。

問題 15　**正解　2**

1　○　型式承認を受けなければ、型式適合検定を受けることができない。
2　×　検定に合格した旨の表示が付されていない検定対象機械器具等は、販売することも、販売する目的で陳列することもできない。
3　○　型式承認の効力が失われた場合は、型式適合検定の効力も失われる。
4　○　住宅用防災警報器は、検定対象機械器具等に含まれる。

➡ 間違えた人は、Lesson 12 を復習しよう。

問題 16　**正解　4**

1　×　乙種消防設備士は、免状に指定された類の消防用設備等の整備のみを行うことができる。
2　×　甲種消防設備士は、免状に指定された類の消防用設備等の工事と整備を行うことができる。免状に指定された類以外の消防用設備等の整備を行うことはできない。
3　×　乙種第 4 類の消防設備士は、自動火災報知設備の整備は行うことができるが、設置工事を行うことはできない。
4　○　甲種第 4 類の消防設備士は、自動火災報知設備の設置工事と整備を行うことができる。

➡ 間違えた人は、Lesson 13 を復習しよう。

問題 17　**正解　2**

1　○　消防設備士は、業務に従事するときは、免状を携帯しなければならない。
2　×　免状を亡失しても、消防設備士の資格を失うことはない。
3　○　免状は、交付を受けた都道府県だけでなく、全国どこでも有効である。
4　○　免状の交付を受けた日以後における最初の 4 月 1 日から 2 年以内に講習を受けなければならない。

➡ 間違えた人は、Lesson 14 を復習しよう。

問題 18　**正解　3**

1　×　蒸気浴場は、延べ面積 200 m² 以上のものに自動火災報知設備の設置義務がある。

2　×　キャバレーは特定防火対象物なので、延べ面積 300 m² 以上のものに自動火災報知設備の設置義務がある。

3　○　カラオケボックスは、延べ面積にかかわらず自動火災報知設備の設置義務がある。

4　×　神社については、延べ面積 1,000 m² 以上のものに自動火災報知設備の設置義務がある。

➡ 間違えた人は、Lesson 15 を復習しよう。

問題 19　**正解　4**

1　○　飲食店という特定用途部分が含まれる複合用途防火対象物なので、延べ面積 300 m² 以上であれば建物全体に自動火災報知設備の設置義務がある。地階にある飲食店は、床面積 100 m² 以上であれば自動火災報知設備を設置しなければならないので、この部分には設置義務がある。

2　○　11 階以上の階には、用途や床面積にかかわらず、自動火災報知設備を設置しなければならない。

3　○　特定用途部分のない複合用途防火対象物なので、それぞれの用途部分について基準が適用される。3 階以上の階には、床面積 300 m² 以上の場合に自動火災報知設備を設置しなければならないので、少なくとも 3 階には自動火災報知設備の設置義務がある。

4　×　地階にある駐車場は、床面積 200 m² 以上の場合に自動火災報知設備の設置義務がある。

➡ 間違えた人は、Lesson 15 を復習しよう。

問題 20　**正解　1**

閉鎖型スプリンクラーヘッドを備えたスプリンクラー設備を設置した場合も、有効範囲内の部分に、自動火災報知設備を省略できないのは、次の場所である。

- 特定防火対象物
- 地階、無窓階、11 階以上の階
- 煙感知器等の設置義務がある場所

選択肢のうち、特定防火対象物は 1 の病院だけなので、1 が正解である。

➡ 間違えた人は、Lesson 15 を復習しよう。

電気に関する基礎知識

2章のレッスンの前に

まず、これだけ覚えよう！

ここでは、まず、電流、電圧、抵抗などの、電気に関する基本的な用語の意味と、それらの単位を覚えよう。

① 電流とは？

電流とは、その名の通り、電気の流れである。少し難しい言葉でいうと、電荷（でんか）が移動する現象を電流という。電荷とは、プラスやマイナスの電気を帯びた何かだと考えればよい。その何かの正体は、電子（でんし）、またはイオンだ。

電子は、物質を構成する原子の中にあるごく小さな粒子で、負の電荷、つまりマイナスの電気を帯びている。金属の内部には、原子から離れて自由に動き回ることができる、自由電子という電子があるので、一般に金属は電気をよく通す。

一方、水が電気を通すのは、電解質（でんかいしつ）と呼ばれる物質が水に溶けて、プラスの電気を帯びた陽イオンと、マイナスの電気を帯びた陰イオンに分かれていることによる。これらのイオンが、水溶液の中を移動したり、他の物質と反応したりすることによって、電気の流れが生じる。

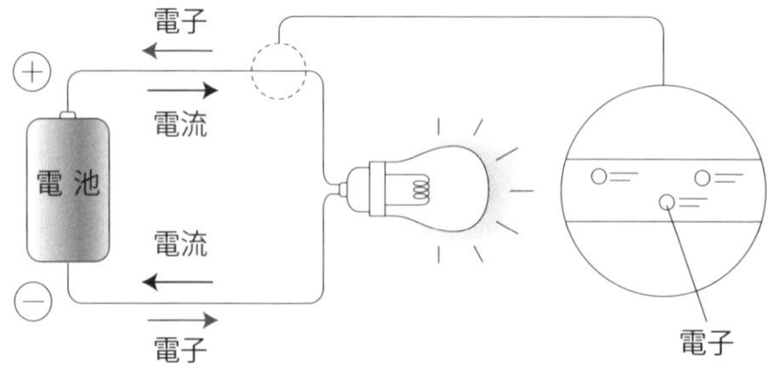

電池の＋極と－極、そして豆電球を導線でつなぐと、電流が流れ、豆電球が点灯する。このとき、導線の内部では自由電子が移動している。

p.106の図をよく見ると、電流の流れと電子が移動する向きは反対になっている。これは、電流の流れる方向が定義されたのが、電子についてまだよくわかっていない時代だったからだ。しかし、電子が負の電荷を帯びていて、電子の移動する向きとは反対に電流が流れると考えれば矛盾は生じないので、現在もそのままになっている。

電流の大きさは、単位時間あたりに導体（電気を通す物質）の断面を通過する電荷の量で表される。電流の単位はアンペア [A] で、1秒間に1クーロン [C] の電荷が通過するときの電流の大きさが 1A とされている。

② 電圧、抵抗とは？

電圧とは、電流を流そうとする働きのことである。ある場所において電荷がもつ電気的なエネルギーを電位（でんい）といい、2点間の電位の差を電位差という。電圧と電位差は同じ意味と考えてよく、導体の2点間に電圧が生じているときに、電流が流れる。

電圧の単位はボルト [V] で、1C の電荷が移動するのに1ジュール [J] の仕事が必要なときの2点間の電圧が 1V である。他の表現に言いかえると、1A の電流が流れる導体の2点間で消費される電力が 1 ワット [W] であるときの2点間の電圧が 1V である。

高低差がある場所では、高い所から低い所に水が流れるよね。電気を水にたとえると、高低差が電圧で、水の流れが電流ということになる。

電気抵抗とは、電流の流れにくさのことで、単に抵抗ともいう。電圧が一定の場合、導体の抵抗が小さいほど、大きい電流が流れる。抵抗は電圧と電流の比で表される。抵抗の単位はオーム [Ω] で、1V の電圧をかけたときに 1A の電流が流れるときの抵抗が 1Ωである。

オームの法則

レッスンの Point

重要度 ★★★

電気の基本であるオームの法則をしっかり覚えて、オームの法則を使った計算ができるようにしよう。

必ず覚える基礎知識はこれだ！

電気回路に関する最も基本的な法則であるオームの法則は、次のように言い表すことができる。

導体を流れる電流は、電圧に比例し、抵抗に反比例する。

電圧を V（*Voltage*）、電流を I（*Intensity of electric current*）、抵抗を R（*Resistance*）とすると、この関係は次の式で表される。

$$V = IR$$

この式は、次のように変形することもできる。

$$I = \frac{V}{R} \qquad R = \frac{V}{I}$$

これらの値のうち、抵抗 R は、導体の材質、形状、温度などによってきまり、それらの条件が変わらないならば、R の値も一定である。抵抗 R が一定ならば、電流の大きさ I は、電圧 V によってきまる。つまり、ある導体を電流が流れるとき、電圧が高いほど、その高さに比例して電流が大きくなるのである。

オームの法則の式の覚え方

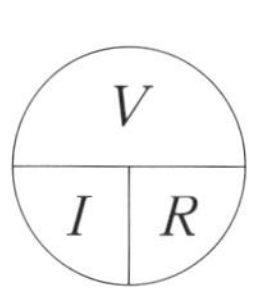

上の図を p.111 の
ゴロ合わせで覚える。

V は電圧、
I は電流、
R は抵抗を表す。

電圧 V を求める式は　$V = IR$

電流 I を求める式は

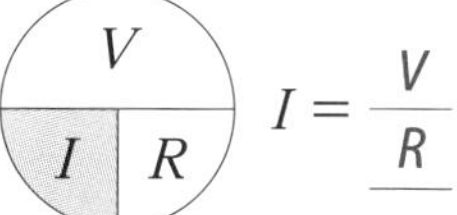

$I = \frac{V}{R}$

抵抗 R を求める式は

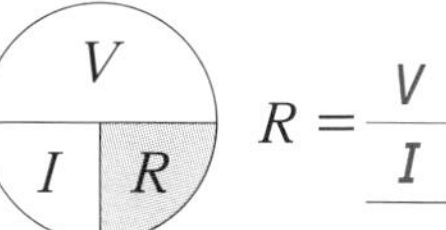

$R = \frac{V}{I}$

なるほど！ これなら覚えやすそうですね。

この３つの式を見ると明らかなように、電圧、電流、抵抗の３つの値のうちの２つがわかっていれば、残りの１つの値も、オームの法則によって求められるんだ。

〈例 1〉　3 Ωの抵抗に 0.5A の電流が流れたときの電圧は？

$V = IR$　なので、0.5 × 3 = 1.5 ［V］

〈例 2〉　4 Ωの抵抗に 8Vの電圧をかけたときに流れる電流は？

$I = \frac{V}{R}$　なので、8 ÷ 4 = 2 ［A］

〈例 3〉　6Vの電圧をかけると2Aの電流が流れたときの抵抗は？

$R = \frac{V}{I}$　なので、6 ÷ 2 = 3 ［Ω］

出題されるポイントはここだ！

ポイント1 **電流は電圧に比例し、抵抗に反比例する（オームの法則）。**

抵抗 R に電圧 V を加えたときに電流 I が流れたとすると、次の関係が成り立つ。
$V = IR$

ポイント2 **オームの法則は、3 通りの式で表すことができる。**

$V = IR$ という式は、 $I = \frac{V}{R}$、 $R = \frac{V}{I}$ のように変形できる。

ポイント3 **電流、電圧、抵抗の 3 つの値のうちの 2 つがわかれば、残りの 1 つの値もわかる。**

電流、電圧、抵抗の 3 つの値のうちの 2 つがわかっていれば、残りの 1 つの値も、オームの法則により求めることができる。

ここも覚えて 点数 UP！

電力を求める式も、オームの法則を当てはめることにより 3 通りに表すことができる。

電力とは、電流が単位時間当たりにする仕事のことで、単位はワット［W］である。電力は、電圧と電流の積で表される。1V の電圧がかかり、1A の電流が流れたときに、消費される電力が 1W である。

電力を P（*Power*）、電圧を V、電流を I とすると、次の式が成り立つ。

$P = VI$

この式に、オームの法則の式を当てはめると、次のように変形できる。

$$P = I^2R \qquad P = \frac{V^2}{R}$$

✲ こんな選択肢は誤り！ ✲

誤った選択肢の例①

5 Ωの抵抗に 0.5A の電流が流れているときの電圧は、~~10V~~ である。

電流をI、電圧をV、抵抗をRとすると、$V = IR$ なので、5 Ωの抵抗に 0.5A の電流が流れているときの電圧は、**2.5**V である。

誤った選択肢の例②

10 Ωの抵抗に 5V の電圧をかけたときに流れる電流は、~~2A~~ である

電流をI、電圧をV、抵抗をRとすると、$I = \frac{V}{R}$ なので、10 Ωの抵抗に 5V の電圧をかけたときに流れる電流は、**0.5**A である。

まずは、上のような簡単な問題の例で、オームの法則をしっかり身に付けよう。

ゴロ合わせで覚えよう！

オームの法則の式の覚え方

勝利を支える 愛があ～る
（V）　（の下に）（I）　（R）

➡円の上半分に V、下半分に I と R を書いた図で、オームの法則を表す 3 つの式を覚えることができる（p.109 参照）。

直流回路①〈直列回路と並列回路の合成抵抗〉

レッスンの Point　重要度 ★★★

直列回路、並列回路、それらを組み合わせた回路の合成抵抗の求め方は、試験にもよく出題されるので、しっかり覚えよう。

必ず覚える基礎知識はこれだ！

電気回路とは、電流が流れる通路で、電源や負荷などの素子が導線で結ばれ、全体として、終端のない閉じた輪のようになっているものをいう。素子とは、電気回路の中で何かの働きをする部品のことで、導線以外の部分はすべて素子と考えてよい。電源は、回路に電圧を与え、電流を流す役目をする。負荷とは、電流が流れることにより何かの仕事をし、エネルギー（電力）を消費する部分で、抵抗とも呼ばれる。

あれっ…。抵抗とは電気抵抗、つまり、「電気の流れにくさ」を表す数値のことでしたよね？

その通りだが、その電気抵抗をもつ素子のことも抵抗というんだ。少しややこしいけれど、そのような呼び方に慣れてほしい。数値のほうは、抵抗値ともいうよ。

電気回路には、直流回路と交流回路があるが、交流回路は少し複雑なので、後でくわしく扱うことにして（Lesson 25 参照）、ここでは直流回路について取り上げる。直流とは、電流の向きが常に一定で変わらない電気のことで、直流電流が流れる回路が直流回路だ。最も簡単な直流回路は、次の図のようなものである。

簡単な直流回路の例

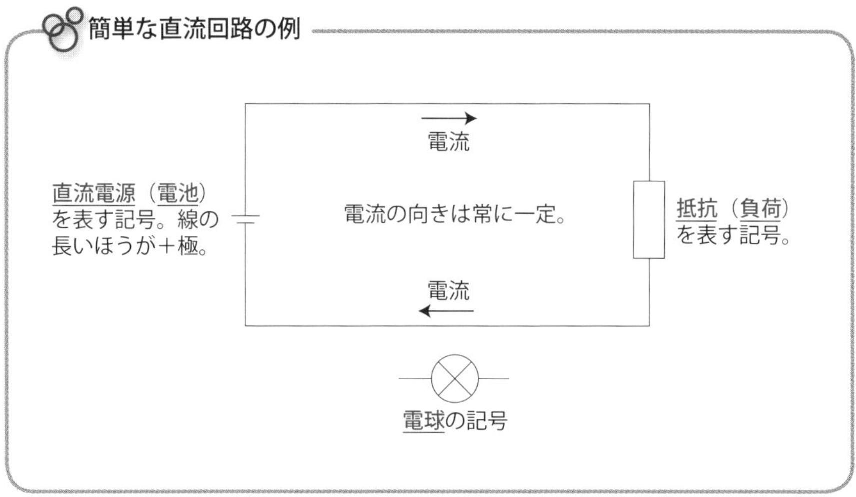

上図は、電源に１つの抵抗をつないだだけの、ごく単純な直列回路の例だ。ここで、p.106 の、電池と豆電球が導線でつながれた図を、もう一度見てみよう。これも、実は直流回路の単純なもので、図記号で表すと上図とまったく同じものである。ただし、この場合は負荷が豆電球とわかっているので、上図にある電球の記号を使うと、より正確になる。

次に、１つの回路に２つ以上の抵抗をつなぐ場合を考えてみよう。下図のように、抵抗のつなぎ方によって、直列回路と並列回路がある。

直列回路と並列回路

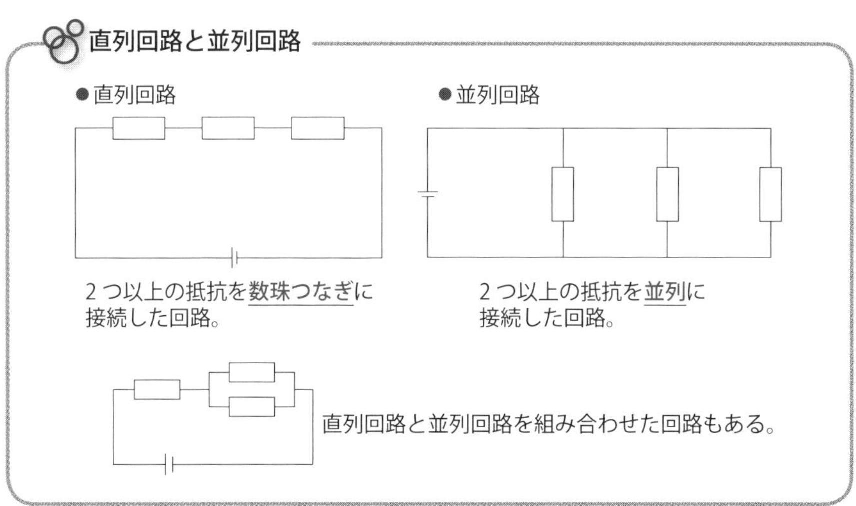

出題されるポイントはここだ！

ポイント◎ 1

抵抗を直列に接続した場合、それぞれの抵抗値の和が、回路全体の合成抵抗になる。

R_1、R_2、R_3 という抵抗値をもつ抵抗を直列に接続した場合、回路全体の合成抵抗 R は、$R = R_1 + R_2 + R_3$ となる（下図参照）。

ポイント◎ 2

抵抗を並列に接続した場合、それぞれの抵抗値の逆数の和の逆数が、回路全体の合成抵抗になる。

R_1、R_2、R_3 という抵抗値をもつ抵抗を並列に接続した場合、回路全体の合成抵抗 R は、$R = \dfrac{1}{\dfrac{1}{R_1} + \dfrac{1}{R_2} + \dfrac{1}{R_3}}$ となる（下図参照）。

直列回路と並列回路の合成抵抗

●直列回路の合成抵抗

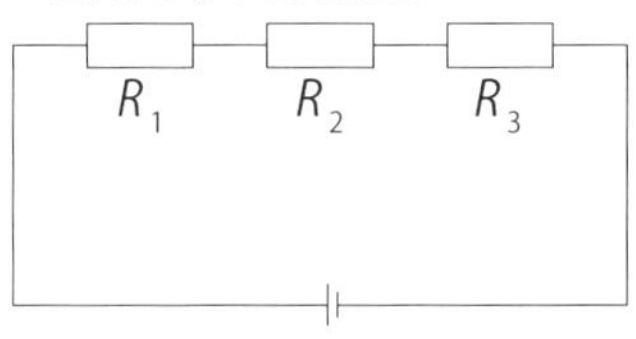

$$R = R_1 + R_2 + R_3 \ [\Omega]$$

●並列回路の合成抵抗

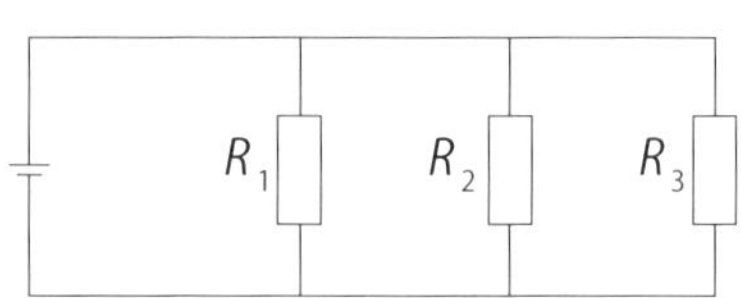

$$R = \frac{1}{\dfrac{1}{R_1} + \dfrac{1}{R_2} + \dfrac{1}{R_3}} \ [\Omega]$$

直列回路では、抵抗の数を増やすと合成抵抗が大きくなり、並列回路では、抵抗の数を増やすと合成抵抗が小さくなるんだ。

ポイント◎ 3

2個の抵抗を並列に接続した場合、抵抗値の積÷抵抗値の和が合成抵抗になる。

2個の抵抗を並列に接続した場合の合成抵抗 R を表す式は、次のように変形できる。

$$\frac{1}{\frac{1}{R_1}+\frac{1}{R_2}}=\frac{1}{\frac{R_1+R_2}{R_1R_2}}=\frac{R_1R_2}{R_1+R_2}$$

抵抗値の「逆数の和の逆数」を求めるかわりに、抵抗値の積を抵抗値の和で割ればいいんですね。こっちのほうが計算が楽そう。

分母が和、分子が積なので、この計算法を「和分の積」というんだ。抵抗が3個以上の場合は、「和分の積」の式は成り立たないので注意しよう。　ゴロ合わせ → p.361

ここも覚えて 点数UP！

複雑な回路の合成抵抗は、直列接続の部分と並列接続の部分に分けて計算する。

一見複雑そうに見える回路も、すべて、直列接続と並列接続を組み合わせたものである。その場合の合成抵抗を求めるには、下図のように、直列接続の部分と並列接続の部分ごとに計算していけばよい。

複雑な回路の合成抵抗

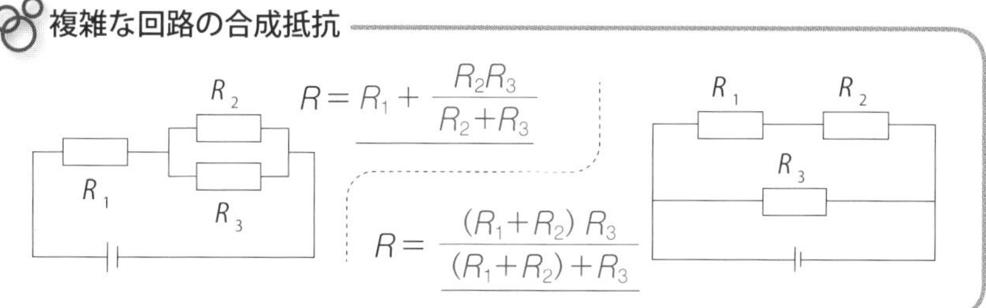

✼ こんな選択肢は誤り！ ✼

誤った選択肢の例①

2 Ω、3 Ω、6 Ωの抵抗がすべて直列に接続されている回路の合成抵抗は、それらの抵抗がすべて並列に接続されている回路の合成抵抗の~~2~~倍である。

直列接続の場合、合成抵抗は抵抗値の和なので、11 Ωである。並列接続の場合、合成抵抗は抵抗値の逆数の和の逆数なので、

$$\frac{1}{\frac{1}{2}+\frac{1}{3}+\frac{1}{6}}=\underline{1}\,[\Omega]$$

合成抵抗は1 Ωである。
したがって、直列接続の場合の合成抵抗は、並列接続の場合の合成抵抗の11倍である。

誤った選択肢の例②

右図の回路の合成抵抗は、~~8~~ Ωである。

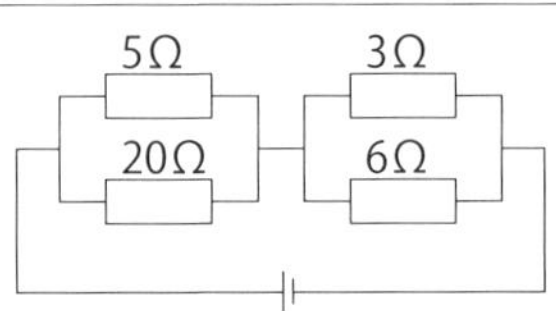

まず、互いに並列に接続されている、左側の5 Ωと10 Ωの抵抗の合成抵抗と、右側の10 Ωと20 Ωの抵抗の合成抵抗を、それぞれ求める。

$$\frac{5\times 20}{5+20}=\frac{100}{25}=\underline{4}\,[\Omega] \qquad \frac{3\times 6}{3+6}=\frac{18}{9}=\underline{2}\,[\Omega]$$

これらが直列に接続されているのだから、和を求めればよい。

$\underline{4+2}=\underline{6}\ [\Omega]$　　回路全体の合成抵抗は、6 Ωである。

直流回路②〈オームの法則の応用〉

レッスンのPoint 重要度 ★★★

直列回路、並列回路にどのように電流が流れるかを知り、オームの法則を応用して、未知の値を求められるようになろう。

必ず覚える基礎知識はこれだ！

前のレッスンでは、直列回路と並列回路の合成抵抗の求め方を取り上げたが、今度は、それらの回路に実際に電圧をかけたときに、どのように電流が流れるのかを知ろう。基本的には、次の２つのことを覚えればよい。

- 直列回路では、どの抵抗にも同じ大きさの電流が流れ、電圧が分配される。
- 並列回路では、どの抵抗にも同じ電圧がかかり、電流が分配される。

これだけでは何のことかわかりにくいだろうから、順番にくわしく説明していこう。まずは、直列回路からだ。

抵抗 R_1、R_2 を直列に接続した下図のような回路では、電流 I の大きさは、回路のどの部分でも一定である。

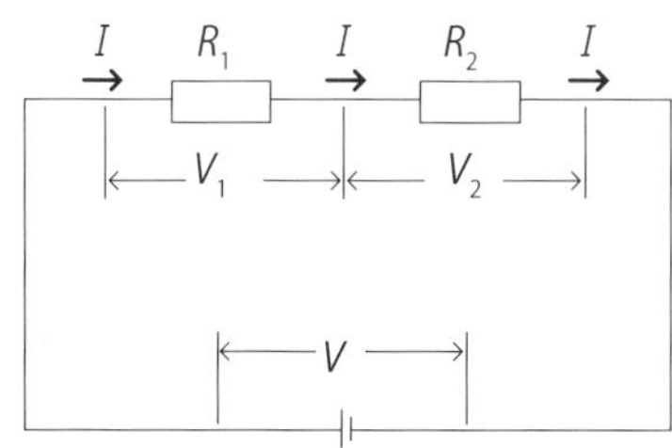

前図の回路において、それぞれの抵抗にかかる電圧 V_1、V_2 は、

$V = IR \quad I = \dfrac{V}{R}$（オームの法則）

$R = R_1 + R_2$（直列回路の合成抵抗）

を当てはめることにより、次の式で求められる。

$$V_1 = IR_1 = \frac{R_1}{R_1 + R_2}V \qquad V_2 = IR_2 = \frac{R_2}{R_1 + R_2}V$$

つまり、直列回路では、電圧は抵抗の比にしたがって分配される。このとき、次の式が成り立つ。 **ゴロ合わせ → p.361**

$V = V_1 + V_2$

なるほど、「電圧が分配される」とは、こういう意味だったんですね。

ここまでは理解できたかな？ 次は並列回路の場合について説明するよ。

抵抗 R_1、R_2 を並列に接続した下図のような回路では、R_1、R_2 にかかる電圧はどちらも同じで、電源の電圧 V に等しい。

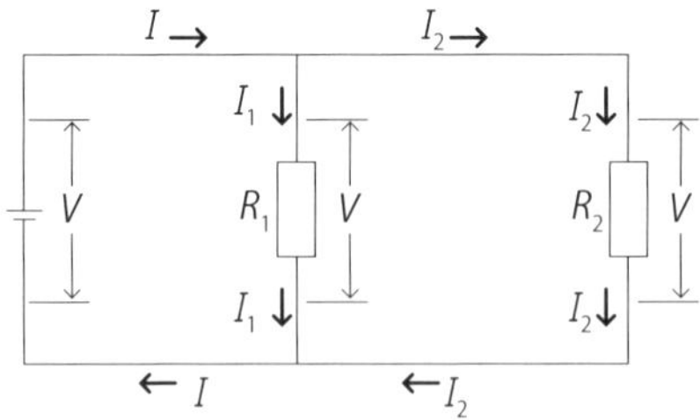

上図の回路において、それぞれの抵抗に流れる電流 I_1、I_2 は、

$I = \dfrac{V}{R} \qquad V = IR$（オームの法則）

$$R=\frac{R_1 R_2}{R_1+R_2}$$（並列回路の合成抵抗）

を当てはめることにより、次の式で求められる。

$$I_1=\frac{V}{R_1}=\frac{R_2}{R_1+R_2}I \qquad I_2=\frac{V}{R_2}=\frac{R_1}{R_1+R_2}I$$

つまり、並列回路では、電流は抵抗の逆比にしたがって分配される。このとき、次の式が成り立つ。 ゴロ合わせ → p.361

$$I=I_1+I_2$$

直列接続と並列接続を組み合わせた回路の場合も、回路が直列になっている部分、並列になっている部分のそれぞれについて、これまで述べてきたような関係が成り立っていると考えればよい。

回路全体についても、回路の一部分についても、オームの法則は成り立つ。そのことを知っていれば､未知の値があっても、簡単な計算ですぐに求められるよ。

出題されるポイントはここだ！

ポイント◎ 1

直列回路では、回路のどの部分でも、電流の大きさは同じである。

直列回路では、どの抵抗にも同じ大きさの電流が流れ、電圧は抵抗の比にしたがって分配される。

ポイント◎ 2

並列回路では、回路のどの部分でも、電圧は同じである。

並列回路では、どの抵抗にも同じ電圧がかかり、電流は抵抗の逆比にしたがって分配される。

ここも覚えて 点数 UP！

ブリッジ回路の平衡条件を利用して、未知の抵抗の値を知ることができる。

右図のように、4つの抵抗をつないだ並列回路の途中に橋をかけたような回路を、ブリッジ回路という。正確には、右図はホイートストンブリッジと名付けられている、ブリッジ回路の一種である。

この回路において、抵抗 P、Q、R、S の値について、次の式が成り立っているとする。

$$PQ = RS$$

このとき、ab 間には電流が流れず、検流計 G が示す値は 0 である。この状態をブリッジ回路の平衡（へいこう）状態といい、上の式を平衡条件という。

ある抵抗について抵抗値がわかっていないときは、次のように、ブリッジ回路の平衡条件を利用して知ることができるんだ。

上図のブリッジ回路で、抵抗 P、Q、R、S のうち、P の抵抗値だけがわかっていないとする。そのとき、検流計 G に電流が流れていないならば、平衡条件が成り立っていることになるので、P の値は、次の式により求められる。

$$P = \frac{RS}{Q}$$

ブリッジ回路の抵抗のうちの 1 つを未知の抵抗、2 つを既知の抵抗、1 つを可変抵抗として平衡状態をつくることにより、未知の抵抗値を測定することができる。

✼ こんな選択肢は誤り！ ✼

誤った選択肢の例①

右図の回路に 100V の電圧を加えたときに、抵抗 R_1 に流れる電流は、~~10~~A である。

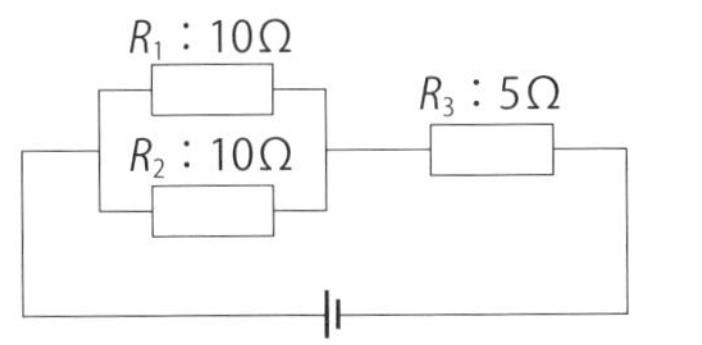

右図の回路に 100V の電圧を加えたときに、抵抗 R_1 に流れる電流は、<u>5</u>A である。

○上の問題の解き方

まず、回路全体の合成抵抗を求める。R_1 と R_2 は並列接続なので、この部分の合成抵抗は、$\frac{10\times10}{10+10}=\underline{5}$ ［Ω］となる。この部分と R_3 とは直列接続になっているので、5＋5＝<u>10</u> ［Ω］。これが回路全体の合成抵抗であるから、オームの法則により、100［V］÷10［Ω］＝<u>10</u>［A］。回路全体に流れる電流は <u>10</u>A である。並列接続の部分では、電流は抵抗の逆比にしたがって分配されるが、この場合、R_1 と R_2 の値は同じなので、電流は均等に分配される。つまり、R_1 に流れる電流は、<u>10</u>A の半分の <u>5</u>A である。

誤った選択肢の例②

右図のブリッジ回路に電圧をかけたときに、検流計 G の指示が 0 になったとすると、抵抗 X の値は ~~1~~ Ωである。

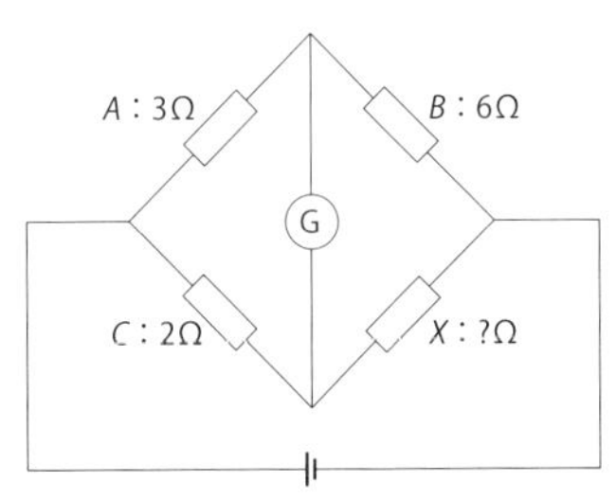

抵抗 X の値は <u>4</u> Ωである。ブリッジ回路の平衡条件が成り立っていることから、3X＝<u>2×6</u>＝<u>12</u>　X＝<u>4</u>［Ω］となる。

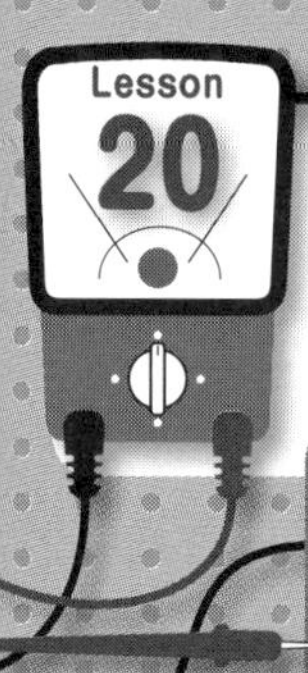

コンデンサーと静電容量

レッスンの Point　　重要度 ★★☆

コンデンサーを直列につないだ場合と、並列につないだ場合、それぞれの合成静電容量の求め方を覚えよう。

必ず覚える基礎知識はこれだ！

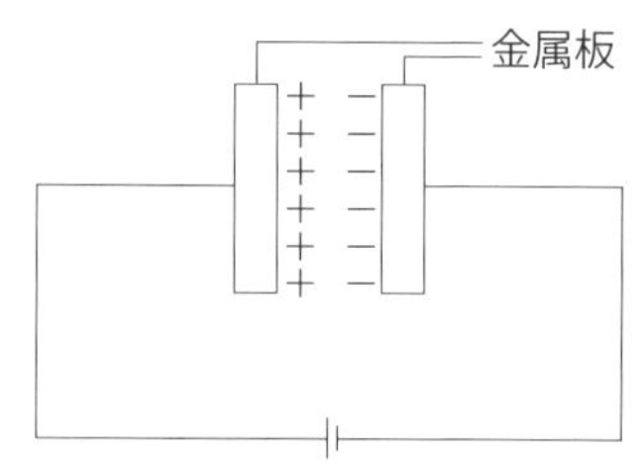

コンデンサーは、静電気（p.133 参照）を利用して電荷を蓄える装置である。右図のように、2 枚の金属板を少しだけ離して平行に向かい合わせ、電圧をかけると、一方の金属板にプラスの、もう一方にマイナスの電荷が蓄えられる。このような装置を、平行板コンデンサーという。

上図の回路では、コンデンサーの 2 つの平行板の電位差が電源（電池）の電圧と同じになると、それ以上電流は流れなくなる。つまり、コンデンサーは直流電流を通さない（交流回路におけるコンデンサーの役割については、p.141 参照）。その後、電源とコンデンサーをつなぐ回路を遮断しても、コンデンサーには電荷が蓄えられたままである。

次ページの右図のようにスイッチを切り替えて、コンデンサーと抵抗だけをつなぐと、今度は、コンデンサーに蓄えられた電荷が移動して、回路に一時的に電流が流れ、コンデンサーは電荷を失う。このような性質を利用して、コンデンサーは、多くの電子機器などに使われている。

コンデンサーに電荷を蓄えることを充電、蓄えられた電荷を放出することを放電というんだ。

コンデンサーの充電と放電

〈充電〉

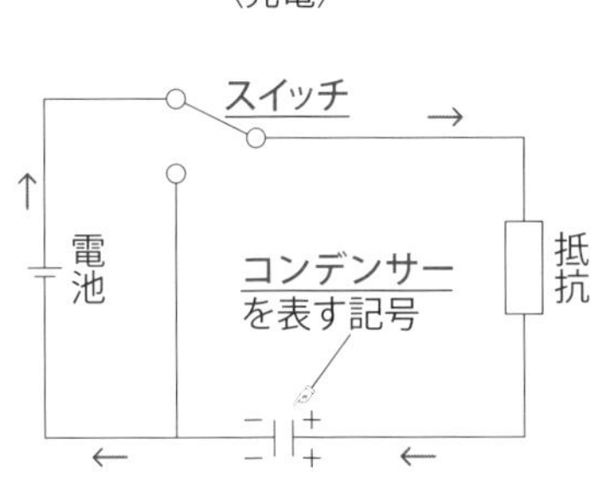

一時的に電流が流れ、コンデンサーに電荷が蓄えられる。

〈放電〉

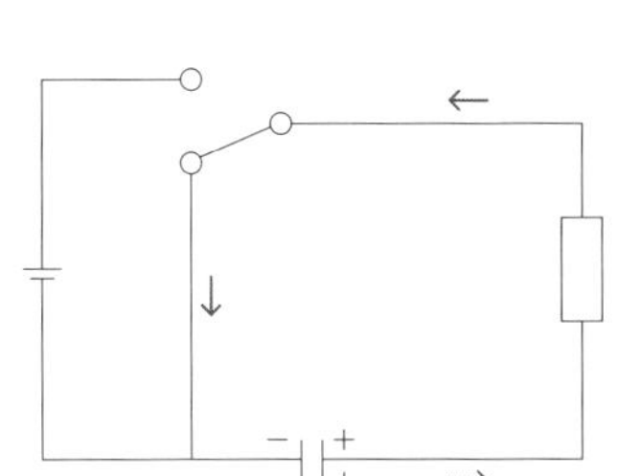

コンデンサーから電荷が放出され、一時的に電流が流れる。

電気を蓄えられるということは、コンデンサーは電池と同じようなものですか？

コンデンサーは、蓄えた電気を一気に放出するので、電池のように長時間にわたって電源として使用することはできないんだ。

コンデンサーに蓄えられる電荷の量は電圧に比例し、その比例定数を静電容量という。蓄えられる電荷の量を Q（*Quantity of electric charge*）、電圧を V、静電容量を C（*electric Capacity*）とすると、次の式が成り立つ。

$$Q = CV \qquad C = \frac{Q}{V}$$

ゴロ合わせ → p.362

静電容量の単位はファラド［F］である。1F は、1V の電圧をかけたときに 1C の電荷が蓄えられることを意味する。ファラドは、通常用いる単位としては大きすぎるので、実際には、ファラドの 100 万分の 1 のマイクロファラド［μF］を使用することが多い。

出題されるポイントはここだ！

ポイント◎ 1

コンデンサーを直列に接続した場合、それぞれの静電容量の逆数の和の逆数が合成静電容量になる。

C_1、C_2、C_3 という静電容量をもつコンデンサーを直列に接続した場合、回路全体の合成静電容量 C は、$C = \dfrac{1}{\dfrac{1}{C_1}+\dfrac{1}{C_2}+\dfrac{1}{C_3}}$ となる（下図参照）。

ポイント◎ 2

コンデンサーを並列に接続した場合、それぞれの静電容量の和が、回路全体の合成静電容量になる。

C_1、C_2、C_3 という静電容量をもつコンデンサーを並列に接続した場合、回路全体の合成静電容量 C は、$C = C_1 + C_2 + C_3$ となる（下図参照）。

直列回路と並列回路の合成静電容量

●直列回路の合成静電容量

$$C = \frac{1}{\dfrac{1}{C_1}+\dfrac{1}{C_2}+\dfrac{1}{C_3}}\ [\mathrm{F}]$$

C_1　C_2　C_3

●並列回路の合成静電容量

$$C = C_1 + C_2 + C_3\ [\mathrm{F}]$$

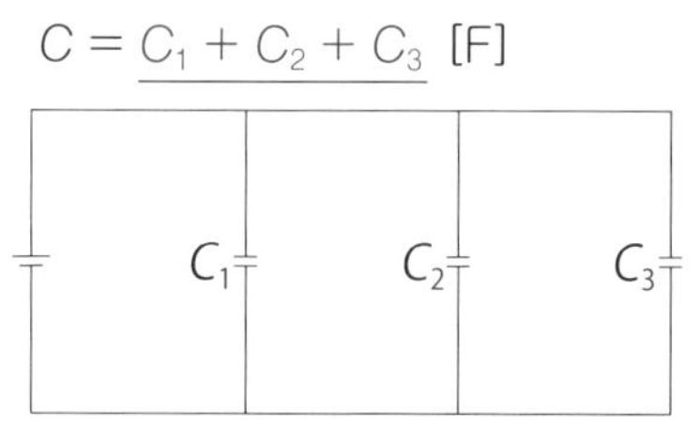

合成抵抗を求める計算とは、直列の場合と並列の場合が逆になっていることに気づいたかな（p.114 参照）。

抵抗値は電気の「通しにくさ」、静電容量は電荷の「蓄えやすさ」の単位なので、値の求め方が逆になる。複数のコンデンサーを直列に接続すると合成静電容量は小さくなり、並列に接続すると合成静電容量は大きくなる。

ここも覚えて 点数UP！

複雑な回路の合成静電容量は、直列接続の部分と並列接続の部分に分けて計算する。

直列接続と並列接続を組み合わせた回路の合成静電容量を求める場合も、合成抵抗を求める場合と同じように、直列接続の部分と並列接続の部分ごとに計算していけばよい。

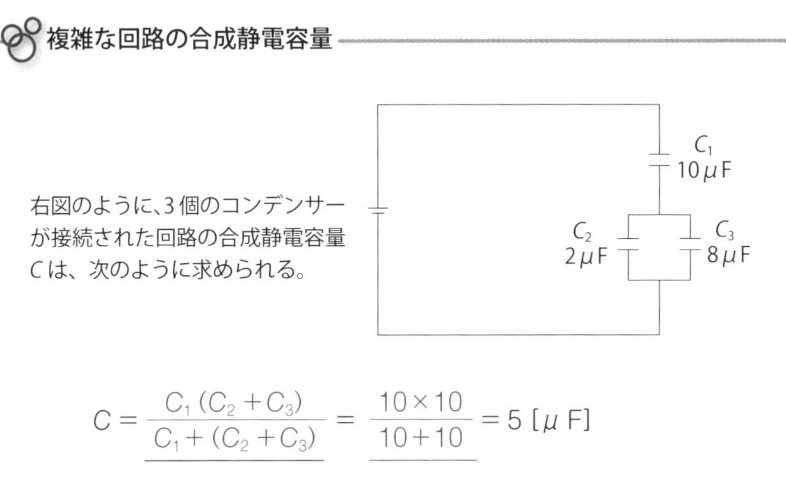

$$C = \frac{C_1(C_2 + C_3)}{C_1 + (C_2 + C_3)} = \frac{10 \times 10}{10 + 10} = 5\ [\mu\mathrm{F}]$$

上図の場合、まず、並列接続の部分の合成静電容量は、それぞれの静電容量の和なので、C_2 の 2 μF と C_3 の 8 μF を足す。この部分の合成静電容量は 10 μF である。この部分と C_1 とは直列接続になっているので、合成静電容量は、それぞれの静電容量の逆数の和の逆数であるが、2 つの値の逆数の和の逆数は、上のように和分（わぶん）の積で求めることができる（p.115 参照）。

ところで、上の例では、和分の積を求める 2 つの値がともに 10 μF で、同じ数である。このような場合は、もっと簡単な計算のし方がある。次の式が示すように、2 つの同じ数の和分の積は、元の値を 2 で割ったものだからである。

$$\frac{X \times X}{X+X} = \frac{X^2}{2X} = \frac{X}{2}$$

したがって、静電容量が同じ 2 個のコンデンサーを直列につないだ場合の合成静電容量は、1 個分のコンデンサーの静電容量の値の半分になる。

この計算のし方は、もちろん、抵抗値が同じ 2 つの抵抗を並列に接続した場合の合成抵抗を求めるときにも用いることができる。便利なのでぜひ覚えておこう。

✼ こんな選択肢は誤り！ ✼

誤った選択肢の例①

静電容量 0.2 μF と 0.3 μF のコンデンサーが直列に接続されている回路の合成静電容量は、~~0.5~~ μF である。

コンデンサーが直列に接続されている場合の合成静電容量は、それぞれの静電容量の逆数の和の逆数であるが、コンデンサーが 2 個の場合は、**和分の積**で求められる。

$$\frac{0.2 \times 0.3}{0.2+0.3} = \frac{0.06}{0.5} = 0.12\,[\mu\mathrm{F}]$$

合成静電容量は **0.12** μF である。

誤った選択肢の例②

静電容量 0.2 μF のコンデンサーが 2 個、直列に接続されている回路の合成静電容量は、~~0.4~~ μF である。

2 個のコンデンサーが直列に接続されている場合の合成静電容量は、それぞれの静電容量の**和分の積**で求められるが、2 個のコンデンサーの静電容量の値が同じなら、和分の積は 1 個分の値の半分である。したがって、この回路の合成静電容量は、**0.1** μF である。

電気材料と抵抗率

レッスンの Point 重要度 ★★☆

導体、絶縁体、半導体の違いや、抵抗率の意味とその単位などを知ろう。

必ず覚える基礎知識はこれだ！

物体の電気抵抗、つまり電流の流れにくさは、その物体の形状、材質、温度によって変化する。まず、物体の形状にのみ注目すると、電気抵抗は、物体の長さに比例し、断面積に反比例する。したがって、長さ l [m]、断面積 S [m^2] の物体の電気抵抗 R は、次の式により求められる。

$$R=\rho\frac{l}{S}\ [\Omega]$$

ゴロ合わせ → p.362

この比例係数 ρ を、抵抗率という。抵抗率は、ある物質の長さ l [m]、断面積 S [m^2] における抵抗値に等しく、形状によらない物質固有の値である（ただし、抵抗率は温度により変化する）。つまり、抵抗率を比較することにより、どんな物質が電気を通しやすく、どんな物質が電気を通しにくいのかを知ることができる。抵抗率の単位は［Ω・m］である。

上の式を変形すると、次のようになる。これが、抵抗率を求める式となる。

$$\rho=\frac{RS}{l}\ [\Omega\cdot\mathrm{m}]$$

抵抗率の逆数を、導電率という。導電率は、物質の電気の通しやすさを表す値だよ。

※ 導電率の単位はジーメンス毎メートル［S/m］。S はΩ^{-1} を表す単位である。

抵抗率が低く、電気を通しやすい物質を導体という。反対に、抵抗率が高く、電気をほとんど通さない物質を絶縁体という。半導体は、導体と絶縁体の中間的な性質を有する。それぞれの代表的な物質は、次のとおりである。

導体　：金属、黒鉛（グラファイト）など
絶縁体：プラスチック、エボナイト、ガラス、ゴムなど
半導体：シリコン、ゲルマニウムなど

一般に、金属は電気をよく通す導体であるが、金属の中にも、抵抗率がきわめて低いものや、抵抗率が比較的高いものがある（下図参照）。

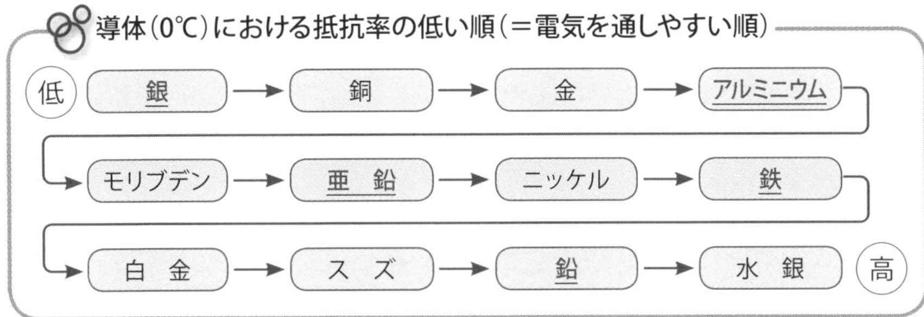

出題されるポイントはここだ！

ポイント◎ 1　電気抵抗は、物体の長さに比例し、断面積に反比例する。

長さ l [m]、断面積 S [m^2] の物体の電気抵抗 R は、$R=\rho\dfrac{l}{S}$ [Ω] と表すことができる。この比例係数 ρ を、抵抗率という。

ポイント◎ 2　抵抗率の単位は、[Ω・m] である。

上記の $R=\rho\dfrac{l}{S}$ [Ω] という式を変形すると、$\rho=\dfrac{RS}{l}$ 。抵抗 R [Ω] と断面積 S [m^2] の積が、長さ l [m] で割られるので、単位は [Ω・m] となる。

ここも覚えて 点数UP！

一般に、導体の抵抗率は、温度が高くなるほど高くなる。ただし、半導体は、温度が高くなるほど抵抗率が低くなる。

半導体は、熱や光、電圧などの条件により電気的性質が大きく変化し、ある条件下では導体として働き、ある条件下では絶縁体として働くという性質を有している。また、一般に、導体は、温度が高くなるほど抵抗率が高くなるのに対し、半導体は、温度が高くなるほど抵抗率が低くなる。これらの特殊な性質から、半導体はIC（集積回路）などの電子部品に広く利用されている。携帯電話やパソコンをはじめとして、今ではほとんどの電気製品に半導体が使われているといってもいい。

半導体という言葉は、非常によく耳にします。それだけ、私たちの生活に欠かせないものになっているということですね。

こんな選択肢は誤り！

誤った選択肢の例①

アルミニウムは、銀よりも電気を通し~~やすい~~。

アルミニウムは、銀よりも電気を通しにくい。

誤った選択肢の例②

抵抗率の単位は、［~~Ω・m²~~］である。

抵抗率の単位は、［Ω・m］である。

電力と電力量／ジュールの法則

レッスンの Point

重要度 

ジュールの法則による熱量の求め方や、ジュール熱と電力量の関係などを覚えよう。

必ず覚える基礎知識はこれだ！

抵抗に電流が流れると、熱が発生する。その熱をジュール熱という。抵抗 R の導体に電圧 V の電源をつなぎ、電流 I を t 秒間流したときに発生するジュール熱 Q は、次の式で表される。

$$Q = VIt\ [\mathrm{J}]$$

この式にオームの法則を当てはめると、次のように変形できる。

$$Q = VIt = I^2Rt = \frac{V^2}{R}t\ [\mathrm{J}]$$

$Q = I^2Rt$ の部分に注目すると、「ジュール熱は、導体の抵抗 R と、電流 I の二乗と電流を流した時間 t の積で表せる」といえる。これをジュールの法則という。

ゴロ合わせ → p.363

ジュールの法則を発見したのは、イギリスの物理学者ジュール。上の式にもでてくる、熱量やエネルギーの単位ジュール［J］は、彼の名にちなんだものだ。

ジュール熱の発生は、電気的エネルギーが熱エネルギーに変わったことを意味する。一般に電気を使う器具はすべてジュール熱を発生させるので、長く使用していると、本体がだんだん熱くなってくる。しかし、多くの場合、その熱は利用されないので、ジュール熱の分はエネルギーの損失になってしまう。一方、電気ストーブ、電気コンロ、アイロンなどのように、ジュール熱を利用することを目的とした電気器具もある。

次に、電力量という値について考えてみる。まず、p.110にでてきた電力という値を思いだそう。電力とは、電流が単位時間当たりにする仕事（消費するエネルギー）のことで、単位はワット［W］。電力Pは、電圧Vと電流Iの積で表されるが、さらに、オームの法則を当てはめることにより、次のように表せる。

$$P = VI = I^2R = \frac{V^2}{R} \ [\mathrm{W}]$$

電力量とは、この電力に時間を掛けた値で、電流がある一定の時間内にする仕事（消費するエネルギー）の総量を表す。単位はワット秒［W･s］、ワット時［W・h］、ジュール［J］などが用いられる。電力量Wは、電力に時間を掛けた値なので、次のように表せる。

$$W = VIt = I^2Rt = \frac{V^2}{R}t \ [\mathrm{W \cdot s}]$$

あっ！ 電力量を表す式は、ジュール熱を表す式とまったく同じなんですね。なぜだろう？

よく気づいたね。実は、電力量とジュール熱は同じもの。というより、電力量の中にジュール熱が含まれるといったほうがより正確だ。

電力量とジュール熱の関係

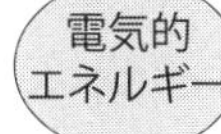

抵抗に電流が流れることにより、電気的エネルギーがすべて熱に変換された場合は、電力量とジュール熱は一致する（この場合に、ジュールの法則が成り立つ）。

電流が、例えばモーターを回すなどの他の仕事をしたときは、電力量とジュール熱は一致しない。

出題されるポイントはここだ！

ポイント◎ 1

抵抗に電流を流したときに発生する熱量は、電流の二乗と抵抗と時間の積で表せる。

抵抗に電流を流したときに発生する熱をジュール熱といい、上記の法則をジュールの法則という。

ここも覚えて 点数UP！

電力量（ジュール熱）は、電流が一定ならば抵抗に比例し、電圧が一定ならば抵抗に反比例する。

ジュールの法則により、ジュール熱は次の式で表される。電力量を表す式も同じである。

$$Q = VIt = I^2Rt = \frac{V^2}{R}t\,[\mathrm{J}]$$

電流 I が一定であれば、I^2 の値も一定なので、電力量（ジュール熱）は抵抗 R に比例する。電圧 V が一定の場合は、V^2 の値も一定なので、電力量（ジュール熱）は抵抗 R に反比例する。

こんな選択肢は誤り！

誤った選択肢の例

5 Ωの抵抗に 2A の電流が 10 秒間流れたときに発生する熱量は、~~100~~ J である。

抵抗に電流を流したときに発生する熱量は、電流の二乗と抵抗と時間の積で表される。5 Ωの抵抗に 2A の電流が 10 秒間流れたときに発生する熱量は、200J である。

Lesson 23

静電気とクーロンの法則

レッスンのPoint　重要度 ★☆☆

静電気とは何かを知り、電荷を帯びた物質どうしの間に働く静電気力が、クーロンの法則にしたがうことを理解しよう。

必ず覚える基礎知識はこれだ！

異なる物質（絶縁体）どうしをこすり合わせると、物質から物質に電子が移動し、電子を失ったほうの物質は正の、電子が増えたほうの物質は負の電荷を帯びる。その後で、物質と物質を離しても、電荷はそれぞれの物質の表面にとどまっている。このように、物質に電荷がとどまっている現象を、静電気という（これに対し、電流のように電荷が移動する現象を動電気という）。

静電気のしくみ

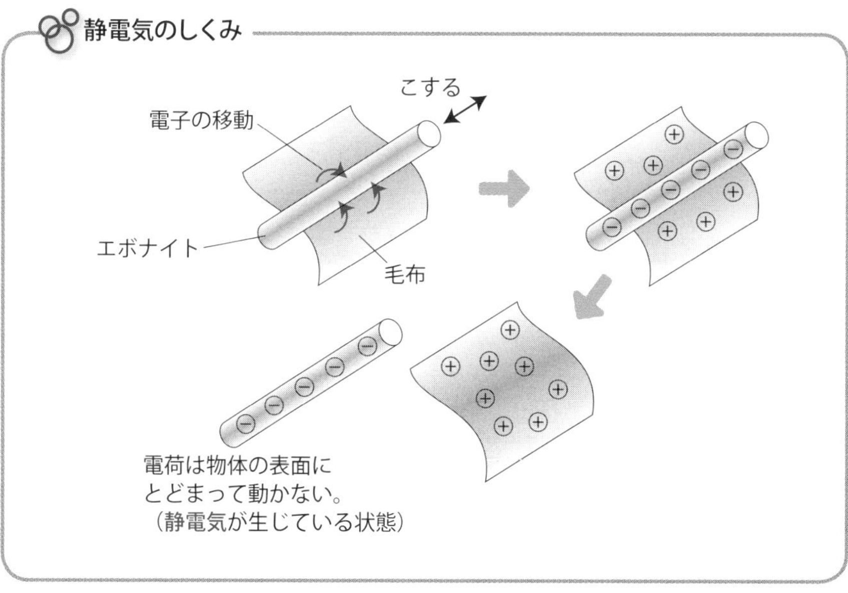

ドアのノブに触れると、バチッとしびれることがあります。あれが静電気ですよね？

正確にいうと、それは、人体に蓄えられていた静電気が金属に触れたことにより放電する現象だよ。

物質が電荷を帯びることを、帯電（たいでん）という。帯電した物質どうしの間には、互いに引き付け合う力や、反発し合う力が生じる。正の電荷と負の電荷は引き付け合い、正の電荷どうし、負の電荷どうしの間には、反発しあう力が働くからである。このような力を、静電気力、またはクーロン力という。2つの帯電体がもつ電荷の量を、それぞれ q_1 [C]、q_2 [C] とし、電荷間の距離を r [m] とすると、静電気力 F は、次の式で表される。

$$F = k\frac{q_1 q_2}{r^2}\ [\mathrm{N}]$$

（単位：ニュートン）
※ k は比例定数で、$k = 9\times10^9$

すなわち、静電気力は、電荷の積に比例し、電荷間の距離の二乗に反比例する。これをクーロンの法則という。

出題されるポイントはここだ！

ポイント◎ 1

帯電した物質どうしの間には、互いに引き付け合う力や、反発し合う力が生じる。

そのような力を、静電気力、またはクーロン力という。

ポイント◎ 2

2つの電荷の間に働く静電気力は、電荷の量の積に比例し、距離の二乗に反比例する。

上記の法則をクーロンの法則という。

ここも覚えて点数UP！

クーロンの法則の式において、静電気力が正の値のときは斥力、負の値のときは引力が働くことを意味する。

クーロンの法則の式を、もう一度見てみよう。

$$F = k\frac{q_1 q_2}{r^2}\ [\mathrm{N}]$$

この式において、正の電荷を＋、負の電荷を－で表すと、q_1、q_2 が同じ符号のとき、静電気力 F は正の値になり、q_1、q_2 の符号が異なるとき、F は負の値になることがわかる。

すなわち、静電気力の値によって働く力が異なり、Fが正の値の場合の静電気力は斥力（せきりょく）、つまり反発し合う力であり、Fが負の値の場合の静電気力は引力、つまり引き付け合う力である。

このように、クーロンの法則の式によって、静電気力の大きさだけでなく、力の働く向きも表現されているんだ。

✲ こんな選択肢は誤り！ ✲

誤った選択肢の例

2つの電荷間に働く静電気力は、電荷の量の和に比例し、電荷間の距離に反比例する。
2つの電荷間に働く静電気力は、電荷の量の**積**に比例し、電荷間の**距離の二乗**に反比例する。

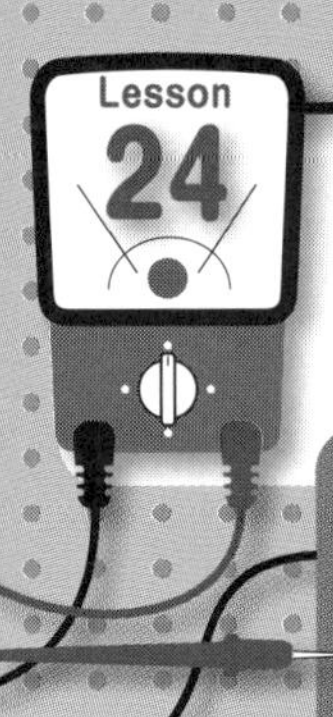

電気と磁気

レッスンの Point　重要度 ★★☆

電気と磁気はお互いに影響し合う密接な関係にあることを理解し、アンペアの右ねじの法則や、フレミングの左手の法則を覚えよう。

必ず覚える基礎知識はこれだ！

よく知られているように、磁石にはN極とS極があり、同じ極どうしには反発し合う力が、異なる極どうしには引き付け合う力が働く。その力を磁力といい、磁力が働く空間を磁界、もしくは磁場という。磁界は、磁石だけでなく、電流によっても生じる。

導体に電流を流すと、周囲に磁界が生じるが、その向きはきまっていて、電流の進む向きに対して右回りの磁界が生じる。一般に使用されるねじは、右に回すと締まる右ねじなので、ねじを締めるときにねじが進む方向を電流の向きとすると、磁界はねじが回る向きに生じる（アンペアの右ねじの法則）。

アンペアの右ねじの法則

右ねじの進む向きに電流を流すと、
右ねじの回る向きの磁界が生じる。

導体
−
＋
←右ねじの進む向き
←右ねじの回る向き
←電流の向き ← 磁界の向き

導線をらせん状に巻いたものを、コイルという。コイルに電流を流すと、コイルの内側では、導線の周囲に生じる磁界が同じ向きに重なるため、コイルの中心を貫く強い磁界が生じる。

コイルの中心に生じる磁界

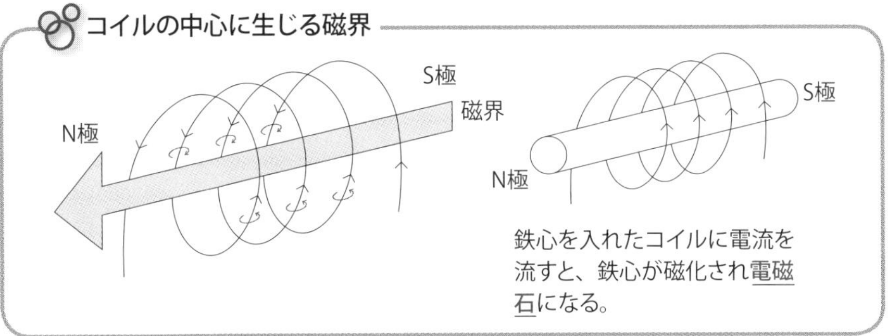

ここまでに説明したのは、電流によって磁界が生じる現象だけれど、その逆の、つまり、磁界の変化によって導体に電流が流れる現象も起きる。それを電磁誘導というんだ。

コイルに磁石を近づけると、コイルに電圧が生じ、電流が流れる。この現象を電磁誘導といい、このときに生じる電圧を誘導起電力、流れる電流を誘導電流という。コイルから磁石を遠ざけると逆向きの電流が流れる。

ゴロ合わせ → p.363

電磁誘導

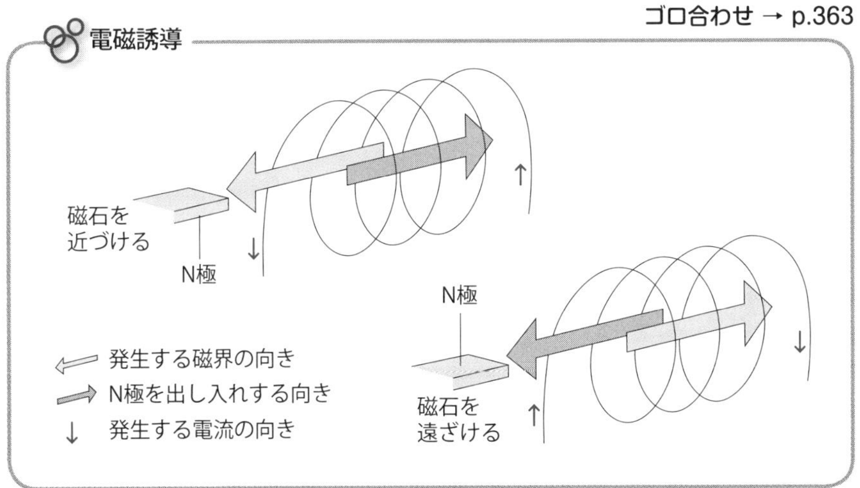

出題されるポイントはここだ！

ポイント◎ 1

電流によって生じる磁界の強さは、電流の大きさに比例する。

コイルを流れる電流によって生じる磁界の強さは、コイルの巻数と電流の大きさに比例する。

ポイント◎ 2

電磁誘導により生じる誘導起電力の大きさは、コイルの巻数と、磁束の変化する速さに比例する。

コイルに磁石を近づけたり、遠ざけたりする速さが速いほど、誘導起電力は大きくなる。

ここも覚えて 点数UP！

磁界の中にある導体に電流を流すと、導体に電磁力が働く。

磁界の中の導体に電流を流すと、導体に力が働く。その力を電磁力という。このとき、磁界の向き、電流の向き、導体が受ける力の向きは、下図のような関係になる（フレミングの左手の法則）。

フレミングの左手の法則

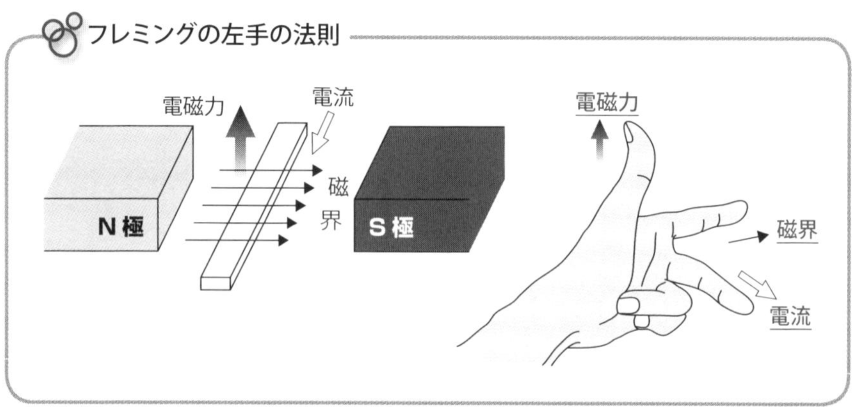

こんな選択肢は誤り！

誤った選択肢の例①

磁石をコイルの中で動かすと、誘導起電力が生じ、コイルに電流が流れる。この場合、磁石をコイルに近づけるときとコイルから遠ざけるときの電流の向きは~~同じ~~である。

磁石をコイルに近づけるときとコイルから遠ざけるときでは、電流の向きは**反対**になる。

誤った選択肢の例②

フレミングの左手の法則において、親指は~~電流~~、人差し指は磁界、中指は~~電磁力~~の向きを示す。

フレミングの左手の法則において、親指は**電磁力**、人差し指は磁界、中指は**電流**の向きを示す。

p.138のイラストを見ながら、実際にフレミングの左手の法則を確認してみよう。

ゴロ合わせで覚えよう！

フレミングの左手の法則

親の力で左うちわ。
（親指が電磁力）（左手）

二次会にも参加する流れ
（2番目の指が磁界）（3番目が電流）

⇨フレミングの左手の法則では、親指が電磁力の向き、人差し指が磁界の向き、中指が電流の向きを表す。

交流回路

レッスンの Point　重要度 ★★★

直流と交流の違いや、交流回路のリアクタンス、インピーダンス、力率などの値の意味を覚えよう。

必ず覚える基礎知識はこれだ！

直流とは､電流の向きが一定で変わらない電気のことであったが（p.112参照）、それに対し、交流は、一定の周期で電流の向きが交互に変化する電気である。直流では、電源（電池）が消耗しないかぎり電圧も一定で、したがって電流の大きさも一定だが、交流では、電圧も電流の大きさも周期的に変化する。1 秒当たりにその周期が繰り返される回数を、周波数という。周波数の単位はヘルツ［Hz］である。

家庭のコンセントから得られる電気は交流だ。周波数は、東日本では 50Hz、西日本では 60Hz になっているよ。

直流と交流

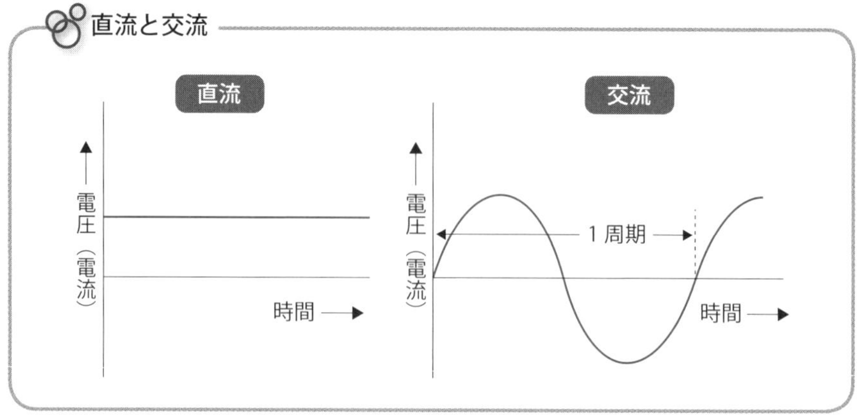

交流では、電圧や電流の大きさが変化するので、電圧と電流の積である電力の値も変化する。電力の平均値 P は、次の式で求められる。

$$P = \frac{1}{2} V_0 I_0 \qquad V_0：電圧の最大値 \quad I_0：電流の最大値$$

この式を変形すると、次のようになる。

$$P = \frac{1}{\sqrt{2}} V_0 \cdot \frac{1}{\sqrt{2}} I_0$$

つまり、交流の電力の平均値は、電圧の最大値の $\frac{1}{\sqrt{2}}$ と、電流の最大値の $\frac{1}{\sqrt{2}}$ の積で表される。$\frac{1}{\sqrt{2}} V_0$ を、交流電圧の実効値、$\frac{1}{\sqrt{2}} I_0$ を、交流電流の実効値という。

ゴロ合わせ → p.364

実効値は、同じ電圧、電流の直流に置き換えたときに電力の値が等しくなるように定められた値である。言いかえると、実効値を用いることにより、交流でも、直流の場合と同じ計算（$P = VI$）により電力を求めることができる。

交流の電圧、電流の値は、通常は実効値で表される。家庭用の電源の電圧は、通常は100Vとされているが、この値も実効値で、最大値はその $\sqrt{2}$ 倍の、約141Vなんだ。

交流回路においては、コンデンサーの働きも、直流回路とは大きく異なる。交流回路では、電流の向きが交互に入れ替わるので、コンデンサーは充電と放電を繰り返し、回路には常に電流が流れていることになる。つまり、コンデンサーは直流電流を通さないが（p.122参照）、交流電流は通す。本当は、電流がコンデンサーを通り抜けるわけではないのだが、結果としては、電流が通り抜けたのと同じことが起きるのである。

また、交流回路では、コイルやコンデンサーも、抵抗と同じように電流を流れにくくする働きをもつ。その働きをリアクタンスといい、コイルによるリアクタンスを誘導リアクタンス、コンデンサーによるリアクタンスを容量リアクタンスという。リアクタンスの単位は、抵抗の単位と同じオーム［Ω］である。

直流回路では、電気の流れにくさをきめるのは抵抗だけだが、交流回路では、抵抗とリアクタンスによって電気の流れにくさがきまる。その値を、インピーダンスという。インピーダンスの単位もオーム［Ω］である。

インピーダンス Z と、電圧 V、電流 I（ともに実効値）の間には、次のような関係が成り立つ。

$$Z=\frac{V}{I} \qquad I=\frac{V}{Z}$$

この式はどこかで見たことがある…。Z を抵抗 R に置きかえると、オームの法則の式と同じですね！

その通り！ つまり、交流回路では、インピーダンス、電圧、電流の関係について、オームの法則が成り立つんだ。

抵抗、コイル、コンデンサーを直列につないだ右図のような交流回路を、RLC 直列回路という。この回路の合成インピーダンス Z は、次の式で求められる。

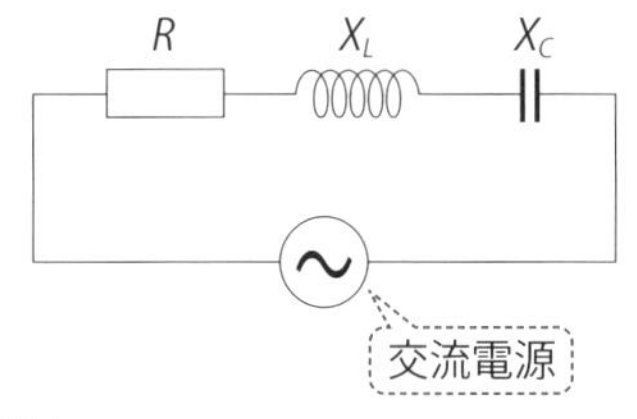

$$Z=\sqrt{R^2+(X_L-X_c)^2}$$

R ：抵抗
X_L ：コイルの誘導リアクタンス
X_c ：コンデンサーの容量リアクタンス

ゴロ合わせ → p.364

抵抗とコイルのみを直列につないだ RL 直列回路の場合は、上の式の X_c に 0 を、抵抗とコンデンサーのみを直列につないだ RC 直列回路の場合は X_L に 0 を代入すればよい。それぞれの合成インピーダンス Z を求める式は次のようになる。

$Z=\sqrt{R^2+X_L{}^2}$ …RL 直列回路の場合

$Z=\sqrt{R^2+X_c{}^2}$ …RC 直列回路の場合

これらの回路においても、もちろん、合成インピーダンス Z と電圧、電流の関係について、オームの法則が成り立つ。

出題されるポイントはここだ！

ポイント◎ 1

交流回路の電圧、電流の実効値は、最大値の $\frac{1}{\sqrt{2}}$ である

交流の電圧、電流の値は、通常は実効値で表される。実効値を用いることにより、直流の場合と同じように、電圧と電流の積により電力の値を求められる。

ポイント◎ 2

交流回路において、コイルやコンデンサーは、電流を流れにくくする働きをもつ。その働きをリアクタンスという。

コイルによるリアクタンスを誘導リアクタンス、コンデンサーによるリアクタンスを容量リアクタンスという。リアクタンスの単位は、オーム［Ω］である。

ポイント◎ 3

交流回路の合成インピーダンスは、抵抗の二乗とリアクタンスの二乗の和の平方根で求められる。

回路につなぐ負荷が抵抗 R と誘導リアクタンス X_L の場合、合成インピーダンス Z は $Z=\sqrt{R^2+X_L{}^2}$ で表せる。

誘導リアクタンスと容量リアクタンスは互いに打ち消し合うので、負荷が抵抗と誘導リアクタンスと容量リアクタンスの 3 つの場合は、$Z=\sqrt{R^2+(X_L-X_c)^2}$ となるんだ。

ここも覚えて 点数 UP！

交流回路において、負荷を誘導リアクタンスとした場合、電流の位相は電圧より 90 度遅れる。

交流回路において、負荷を誘導リアクタンスとした場合（つまり、回路にコイルを接続した場合）、電流の位相（いそう）は、電圧より 90 度（$\frac{\pi}{2}$[rad]、$\frac{1}{4}$周期）遅れる。

コイルに交流を流したときの電流と電圧の位相差

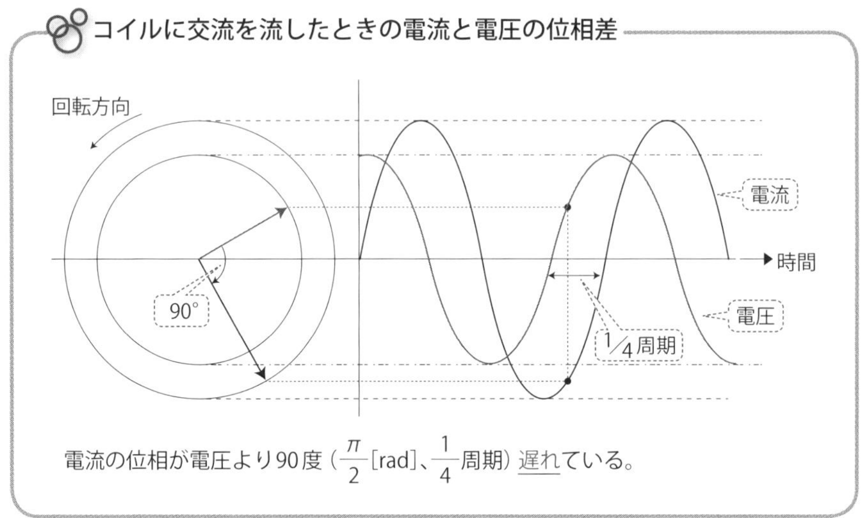

電流の位相が電圧より90度（$\frac{\pi}{2}$[rad]、$\frac{1}{4}$周期）遅れている。

交流回路において、負荷を容量リアクタンスとした場合、電流の位相は電圧より 90 度進む。

交流回路において、負荷を容量リアクタンスとした場合（つまり、回路にコンデンサーを接続した場合）、電流の位相は、電圧より 90 度進む。

コンデンサーに交流を流したときの電流と電圧の位相差

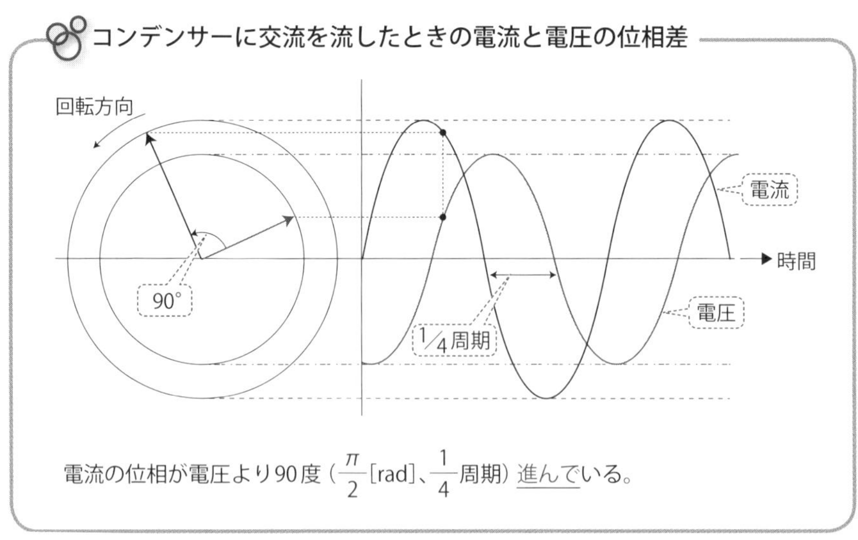

電流の位相が電圧より90度（$\frac{\pi}{2}$[rad]、$\frac{1}{4}$周期）進んでいる。

有効電力と皮相電力の比を、力率（りきりつ）という。

誘導リアクタンスや容量リアクタンスがある、つまり、コイルやコンデンサーが接続されている交流回路では、一般に電流と電圧の位相差があるため、回路に流れる見かけ上の電力（皮相（ひそう）電力）と、実際に消費され、仕事をする電力（有効電力）の値が異なる。位相差がθのとき、皮相電力Sと有効電力Pは、次のように表される。

$$S = VI \quad P = VI\cos\theta$$

この式を変形すると、次のようになる。

$$\cos\theta = \frac{P}{S}$$

この$\cos\theta$を力率という。力率は、有効電力と皮相電力の比である。力率は、次のようにインピーダンスZと抵抗Rから求めることもできる。

$$\cos\theta = \frac{R}{Z}$$

力率$\cos\theta$は0から1までの値をとるが、位相差θが小さいほど力率は大きくなる。

モーターのような誘導性負荷がある回路では、力率を改善するためにコンデンサーを接続するんだ。

✻　こんな選択肢は誤り！　✻

誤った選択肢の例①

交流回路で、電圧の実効値が 200V の場合、電圧の最大値は約 ~~141~~V である。

電圧の実効値は、最大値の $\frac{1}{\sqrt{2}}$ なので、最大値は約 283V である。

誤った選択肢の例②

抵抗とコイルを直列に接続した交流回路で、抵抗が６Ω、コイルの誘導リアクタンスが８Ωの場合、合成インピーダンスは ~~14~~ Ωである。

合成インピーダンスは、抵抗の二乗とリアクタンスの二乗の和の平方根であるから、$Z=\sqrt{6^2+8^2}=\sqrt{100}=$ **10** [Ω] である。

誤った選択肢の例③

４Ωの抵抗、誘導リアクタンス８Ωのコイル、容量リアクタンス５Ωのコンデンサーを直列に接続した回路に交流 100V の電圧をかけた場合、流れる電流は ~~10~~A である（電圧、電流の値はいずれも実効値とする）。

まず、この回路のインピーダンスを求める。RLC 直列回路なので、合成インピーダンスは、$Z=\sqrt{4^2+(8-5)^2}=\sqrt{25}=5$ [Ω] である。オームの法則により電流の値を求めると、$I=\dfrac{100}{5}=$ **20** [A] となる。

交流の場合、オームの法則の抵抗 R をインピーダンス Z に置き換えると、オームの法則により電圧や電流が求められるんでしたね。

ゴロ合わせで覚えよう！

交流回路の電流と電圧の位相差

こういう仕事を今日中に！？
（交流）　（90 度）

要領よく流して、サクサク進めよう
（容量リアクタンス）（電流）　（進む）

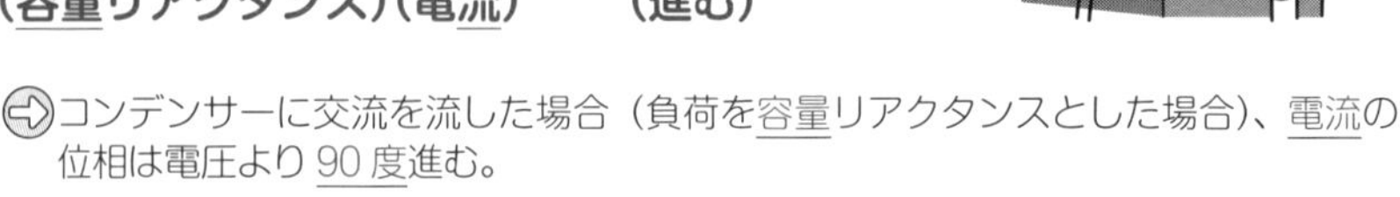
➡コンデンサーに交流を流した場合（負荷を容量リアクタンスとした場合）、電流の位相は電圧より 90 度進む。

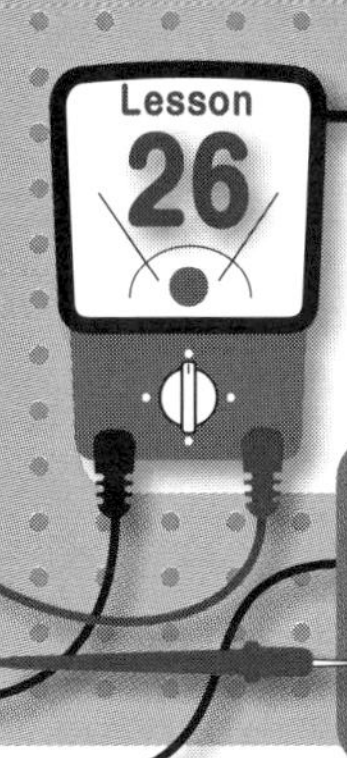

電気計測

重要度 ★★☆

レッスンのPoint

指示電気計器の種類や用途、使用する際の回路への接続のし方、測定範囲を拡大する方法などを覚えよう。

必ず覚える基礎知識はこれだ！

電気計測の目的は、電圧、電流、電力などの電気に関する数値を正確に測定することで、指示電気計器は、それらの値を測定するための器具である。指示電気計器には、直流のみに用いられるもの、交流のみに用いられるもの、直流・交流の両方に使用できるものがある。また、動作原理によってさまざまな種類に分かれる（次ページの表参照）。

指示電気計器を用途によって分類すると、電圧計、電流計、抵抗計などに分かれるが、実際に使用される器具には、いくつかの用途を兼ね備えているものが多い。

指示電気計器として最もよく知られているものは、テスター（アナログテスター）とも呼ばれる回路計（p.288参照）で、ダイヤルスイッチを操作することにより、内部の計測回路を切り替えることができ、1つの計器で直流の電圧、電流、抵抗、交流の電圧などが測定できる。

現在は、測定値を液晶画面に数字で表示する、デジタルマルチメーターという計器も普及しているよ。多用途で小型のものもあり、とても便利なんだ。

アナログ式の計器の場合は、指針が示した値を目盛りで読み取るんですね。

指示電気計器の種類

	種類	記号	動作原理等	主な用途
直流回路用	可動コイル形		永久磁石の磁束と可動コイルに流れる電流により生じる電磁力を利用。電流に対する感度が最も高い。	電圧計・電流計・抵抗計
	可動コイル比率計形		可動コイル間の電磁作用の比により測定。	絶縁抵抗計
交流回路用	整流形		可動コイル形に交流を直流に変換する整流器を組み合わせたものが多く、交流用では電流感度が最も高い。	電圧計・電流計
	誘導形		交番磁束とこれによる誘導電流の電磁力により測定。	電圧計・電流計・電力計・電力量計
	振動片形		交流により振動片を励磁し、その共振作用を利用して測定。	周波数計
	可動鉄片形		可動コイルの磁界内に置いた鉄片に働く電磁力により測定。	電圧計・電流計・抵抗計
交直流両用	電流力計形		固定コイルと可動コイルの間に働く電磁力を利用。	電圧計・電流計・電力計
	静電形		2つの金属板に働く静電気力を利用。	高電圧の電圧計
	熱電形		熱電対に生じる熱起電力を利用。	高周波の電圧計・電流計

ゴロ合わせ → p.365

電圧計・電流計の接続

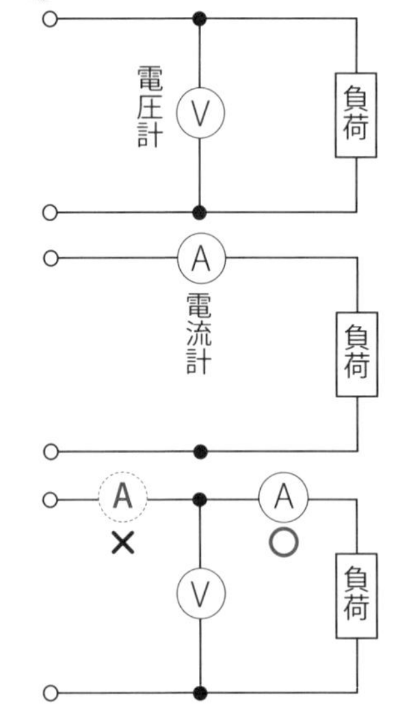

負荷にかかる電圧を測定する場合、電圧計は負荷と並列に接続する（電圧計に負荷と同じ大きさの電圧がかかる）。

負荷に流れる電流を測定する場合、電流計は負荷と直列に接続する（電流計に負荷と同じ大きさの電流が流れる）。

ゴロ合わせ → p.365

電流計は電圧計よりも負荷側に接続する（○の位置では、電流計に負荷と同じ大きさの電流が流れる。×の位置では、電圧計に分配される電流も計測されてしまう）。

出題されるポイントはここだ！

ポイント◎ 1

直流回路に使用できる指示電気計器には、可動コイル形、電流力計形、静電形、熱電形などがある。

上記の指示電気計器のうち、可動コイル形は直流回路のみに使用できる。電流力計形、静電形、熱電形は、交直流両用である。

ポイント◎ 2

交流回路に使用できる指示電気計器には、整流形、誘導形、振動片形、可動鉄片形などがある。

上記の指示電気計器は、交流回路のみに使用できる。このほか、交直流両用の電流力計形、静電形、熱電形も交流回路に使用できる。

ポイント◎ 3

電圧計は、負荷と並列に接続する。

負荷にかかる電圧を測定する場合、電圧計は負荷と並列に接続する。そうすることにより、電圧計に負荷と同じ電圧がかかる。

ポイント◎ 4

電流計は、負荷と直列に接続する。

負荷にかかる電流を測定する場合、電流計は負荷と直列に接続する。そうすることにより、電流計に負荷と同じ大きさの電流が流れる。

直列回路では、どの抵抗にも同じ大きさの電流が流れ、並列回路では、どの抵抗にも同じ電圧がかかるのでしたね。

ここでつまずいた人は、p.117 に戻って復習しよう。

ここも覚えて 点数UP！

抵抗を電圧計と直列に接続することにより、電圧計の測定範囲を拡大できる。その抵抗を倍率器という。

最大目盛り 10V、内部抵抗 100 Ωの電圧計と直列に 200 Ωの抵抗を接続すると、最大 30V まで計測できる（右図）。この回路に 30V の電圧がかかっているとき、実際に電圧計にかかる電圧は 3 分の 1 の 10V なので、電圧計は 10V を示す。その値を 3 倍すれば求める電圧がわかる。

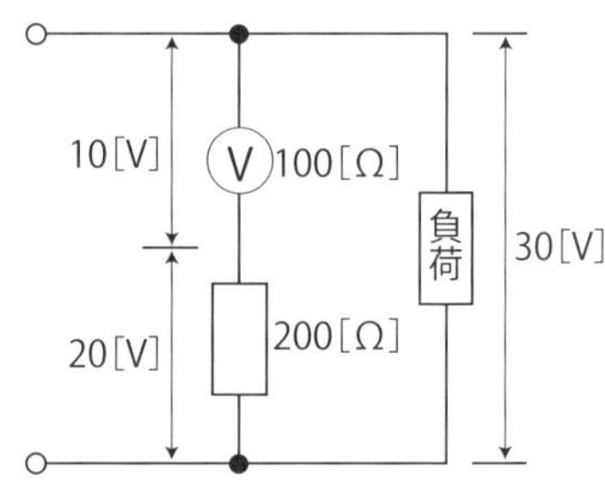

$$\frac{100}{100+200}\times 30 = 10\,[\mathrm{V}]$$ ⇒電圧計には、この値が示される。

電圧計の内部抵抗を r、倍率器の抵抗を R とすると、電圧計の最大目盛りの $1+\dfrac{R}{r}$ 倍まで計測できるようになる。電圧計の測定範囲を m 倍に拡大したい場合は、倍率器の抵抗を $(m-1)\,r$ ［Ω］にすればよい。

抵抗を電流計と並列に接続することにより、電流計の測定範囲を拡大できる。その抵抗を分流器という。

最大目盛り 10A、内部抵抗 2 Ωの電流計と並列に 1 Ωの抵抗を接続すると、最大 30A まで計測できる（右図）。この回路に 30A の電流が流れているとき、実際に電流計に流れる電流は 3 分の 1 の 10A なので、電流計は 10A を示す。その値を 3 倍すれば、求める電流の値がわかる。

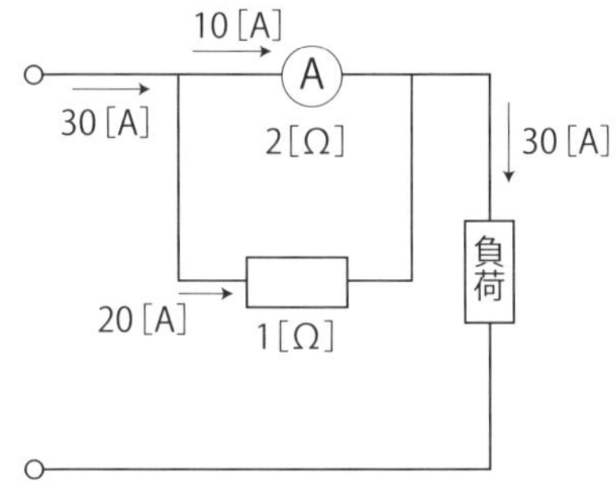

$\frac{1}{2+1} \times 30 = 10\,[\mathrm{A}]$　⇒電流計にはこの値が示される。

電流計の内部抵抗を r、分流器の抵抗を R とすると、電流計の最大目盛りの $1+\frac{r}{R}$ 倍まで計測できるようになる。電流計の測定範囲を m 倍に拡大したい場合は、分流器の抵抗を $\frac{r}{m-1}$ [Ω] にすればよい

✲ こんな選択肢は誤り！ ✲

誤った選択肢の例①

交流回路に使用できる指示電気計器の種類には、~~可動コイル形~~、電流力計形、静電形、熱電形、整流形、誘導形などがある。

上記のうち、**可動コイル**形の指示電気計器は、直流回路にしか使用できない。**電流力計**形、**静電**形、**熱電**形は交直流両用、**整流**形、**誘導**形は交流回路用なので、交流回路に使用できる。

誤った選択肢の例②

電圧を計測するときは、電圧計を負荷と~~直列~~に接続する。

電圧計は、負荷と**並列**に接続する。

誤った選択肢の例③

電圧計の測定範囲を拡大したいときは、抵抗を電圧計と~~並列~~に接続する。その抵抗を、~~分流器~~という。

電圧計の測定範囲を拡大したいときは、抵抗を電圧計と**直列**に接続する。その抵抗を、**倍率器**という。

電気機器

重要度 ★★☆

レッスンの Point

変圧器のしくみを理解し、変圧器の電圧や電流の大きさと、コイルの巻線の巻数との関係を覚えよう。

必ず覚える基礎知識はこれだ！

電気機器にはさまざまなものがあるが、ここでは、試験でもよく出題されている変圧器について取り上げる。変圧器は、電磁誘導（p.137 参照）の作用を利用して交流の電圧を変換させる装置で、トランスともいう。

変圧器の基本的な構造は非常に簡単で、下図のように、1 次巻線、2 次巻線とよばれる 2 つのコイルを鉄心に巻きつけたものである。1 次巻線に交流電圧を加えると、鉄心に磁束が生じ、電磁誘導によって 2 次巻線に起電力が生じる。

変圧器の基本構造

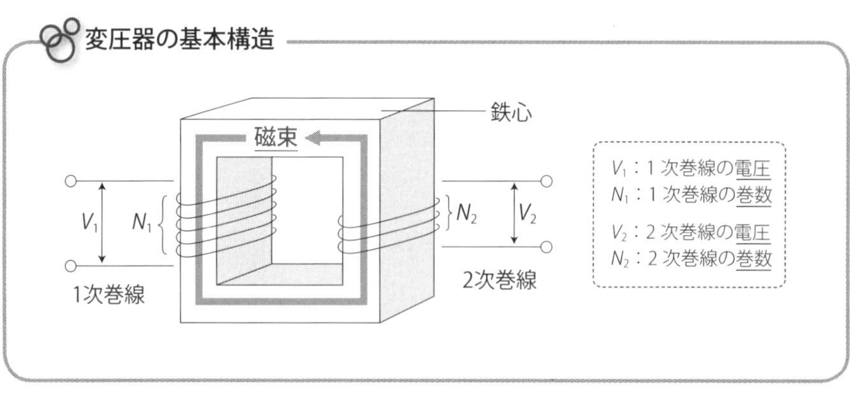

変圧器で電圧を変換できるのは交流だけで、直流の電圧は変換できないよ。

理想的な変圧器では、1次側に加える電圧 V_1 と2次側に生じる電圧 V_2 の比（変圧比）は、1次巻線の巻数 N_1 と2次巻線の巻数 N_2 の比に等しい。

$$\frac{V_1}{V_2} = \frac{N_1}{N_2}$$

ゴロ合わせ → p.366

一方、電流の大きさはコイルの巻数に反比例する。

$$\frac{V_1}{V_2} = \frac{I_2}{I_1}$$

I_1：1次側の電流　I_2：2次側の電流

一番身近な場所で観察できる変圧器は、電柱の上に固定されている柱上変圧器。6600V の高圧電圧を、家庭や事業所などで使われる 100V、200V に変換しているんだ。

電柱の上に、ドラム缶のような形のものが固定されていることがありますね。あれは変圧器だったのか！

出題されるポイントはここだ！

ポイント◎ 1

変圧器の変圧比は、1次巻線の巻数と2次巻線の巻数の比に等しい。

変圧器は、巻線比を変えることによって、昇圧、降圧のどちらにも用いることができる。

ポイント◎ 2

変圧器には、巻線の冷却と絶縁を目的として、油を入れたものがある。

変圧器に油を入れる目的は、巻線の冷却と絶縁である。防災等の観点から、油を入れないタイプの変圧器もある。

ここも覚えて 点数UP！

電池の容量の単位は、アンペア時［Ah］である。

電池とは、物質の化学反応、または物理反応によって放出されるエネルギーを、電気的エネルギーに変換する装置である。電池にはさまざまな種類があるが、代表的なものは、化学反応を利用して電流を取り出す化学電池で、その中に一次電池と二次電池がある。一次電池とは、乾電池のように一度放電したら使えなくなるもの、二次電池とは、充電して繰り返し使えるもので、蓄電池ともいう。

電池の容量の単位はアンペア時［Ah］である。1Ahとは、1Aの電流が1時間流れたときに移動する電荷の量で、3600クーロン［C］に等しい。

✻ こんな選択肢は誤り！ ✻

誤った選択肢の例①

変圧器の1次巻線の巻数が500、2次巻線の巻数が1500、1次側の電流の大きさが12Aのとき、2次側の電流の大きさは~~36~~Aである。
電流の大きさはコイルの巻数に**反比例**するので、2次側の電流の大きさは4Aである。

誤った選択肢の例②

変圧器には、~~錆を防止する~~ために油を入れてある。
変圧器に油を入れる主な目的は、絶縁と**冷却**である。

練習問題にチャレンジ！

問　題　解答と解説は p.159 ～ 162

問題 01

10 Ωの抵抗に 2V の電圧をかけたときに流れる電流の値として、正しいものは次のうちのどれか。

1　0.2A　**2**　2A　**3**　5A　**4**　20A

➡ Lesson17

問題 02

下図の回路の合成抵抗が 15 Ωであるときの抵抗 R の値として、正しいものは次のうちのどれか。

1　5 Ω
2　6 Ω
3　9 Ω
4　10 Ω

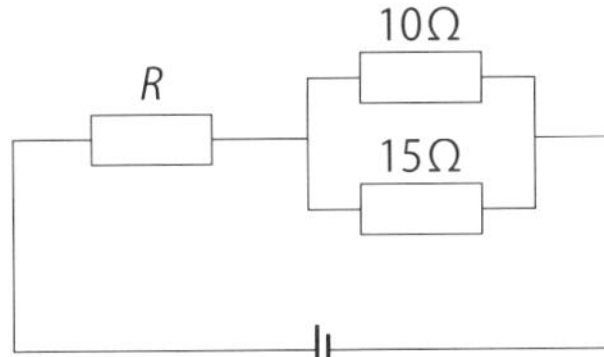

➡ Lesson18

問題 03

下図の回路において、抵抗 R_1 にかかる電圧が 10V のときに、抵抗 R_2 にかかる電圧の値として、正しいものは次のうちのどれか。

1　5V
2　10V
3　15V
4　20V

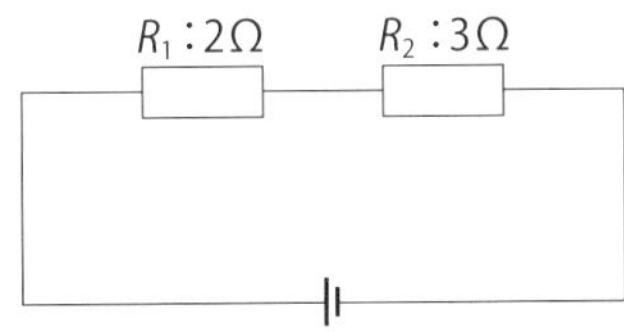

➡ Lesson19

問題 04

下図の回路に電圧をかけて電流を流したところ、検流計 G には電流が流れなかったとする。この場合、抵抗 X の値として、正しいものは次のうちのどれか。

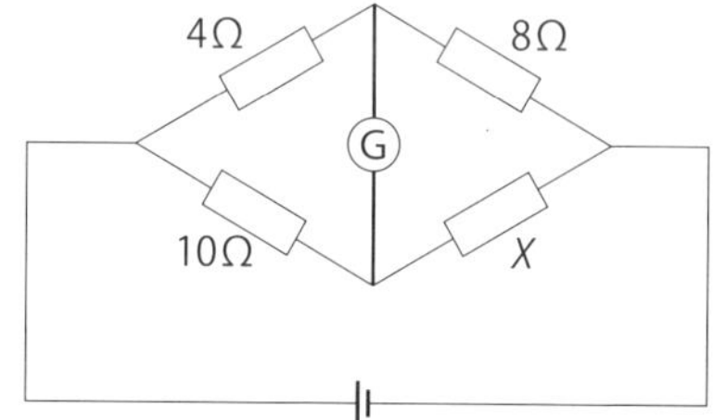

1　3.2 Ω
2　12 Ω
3　20 Ω
4　32 Ω

➡ Lesson19

問題 05

静電容量 10 μ F のコンデンサーが 2 個、直列に接続されている回路の合成静電容量の値として、正しいものは次のうちのどれか。

1　1 μ F　**2**　5 μ F　**3**　10 μ F　**4**　20 μ F

➡ Lesson20

問題 06

電気抵抗と抵抗率に関する記述として、誤っているものは次のうちのどれか。

1　金の抵抗率は、銀、銅よりも低い。
2　導電率は抵抗率の逆数である。
3　抵抗率の単位は、Ω・m である。
4　電気抵抗は、物体の長さに比例し、断面積に反比例する。

➡ Lesson21

問題 07

5 Ωの抵抗に 0.1A の電流が 5 秒間流れたときに発生する熱量の値として、正しいものは次のうちのどれか。

1　0.25J　**2**　1J　**3**　2.5J　**4**　10J

➡ Lesson22

問題 08

クーロンの法則の説明として、正しいものは次のうちのどれか。

1　2 つの電荷間に働く静電気力は、電荷の量の和に比例する。
2　2 つの電荷間に働く静電気力は、電荷の量の積に比例する。
3　2 つの電荷間に働く静電気力は、電荷間の距離に比例する。
4　2 つの電荷間に働く静電気力は、電荷間の距離の二乗に比例する。

➡ Lesson23

問題 09

コイルの中で磁石を動かしたときに生じる現象として、誤っているものは次のうちのどれか。

1　磁石を動かすとコイルに電流が流れるが、磁石を止めると電流は流れなくなる。
2　磁石を動かす速さにかかわらず、コイルに流れる電流の大きさは一定である。
3　磁石をコイルに入れるときとコイルから出すときでは、コイルに流れる電流の向きが反対になる。
4　磁石を固定してコイルを動かした場合も、コイルに電流が流れる。

➡ Lesson24

問題 10

8 Ωの抵抗、誘導リアクタンス 12 Ωのコイル、容量リアクタンス 6 Ωのコンデンサーを直列に接続した回路に交流 100V の電圧をかけたときに流れる電流の値として、正しいものは次のうちのどれか（電圧、電流の値はいずれも実効値とする）。

1　5A　**2**　6A　**3**　10A　**4**　12A

➡ Lesson25

問題 11

交流回路において、負荷を誘導リアクタンスとした場合に関する記述で、正しいものは次のうちのどれか。

1　電流の位相は、電圧より 90 度進む。
2　電流の位相は、電圧より 90 度遅れる。
3　電流の位相は、電圧より 180 度進む。
4　電流の位相は、電圧より 180 度遅れる。

➡ Lesson25

問題 12

交流回路のみに使用できる指示電気計器は、次のうちのどれか。

1　可動コイル形　**2**　電流力計形　**3**　熱電形　**4**　誘導形

➡ Lesson26

問題 13

電流の測定範囲を拡大する方法についての説明として、正しいものは次のうちのどれか。

1　電流計と直列に抵抗を接続する。その抵抗を倍率器という。
2　電流計と並列に抵抗を接続する。その抵抗を倍率器という。
3　電流計と直列に抵抗を接続する。その抵抗を分流器という。

4　電流計と並列に抵抗を接続する。その抵抗を分流器という。

➡ Lesson26

問題 14

1次巻線と2次巻線の巻数比が5:1の理想的な変圧器に関する記述として、正しいものは次のうちのどれか。

1　2次側の電圧は、1次側の5倍になる。
2　2次側の電流は、1次側の5倍になる。
3　2次側の電力は、1次側の5倍になる。
4　2次側の電力は、1次側の5分の1になる。

➡ Lesson27

解答と解説　問題は p.155 ～ 159

問題 01　**正解　1**

オームの法則により、電流をI、電圧をV、抵抗をRとすると、$V=IR$。この式を変形すると、$I=\frac{V}{R}$となり、電圧の値を抵抗値で割ることにより、電流の値が求められる。

したがって、2［V］÷ 10［Ω］＝ 0.2 ［A］が正解となる。

➡ 間違えた人は、Lesson 17 を復習しよう。

問題 02　**正解　3**

まず、10 Ωと 15 Ωの抵抗が並列に接続されている部分の合成抵抗を求める。2個の抵抗の並列接続なので、合成抵抗は「和分の積」で求めることができる。

$$\frac{10\times15}{10+15}=\frac{150}{25}=6[\Omega]$$

この部分の合成抵抗は6 Ωである。この部分と抵抗Rとは直列接続なので、6 ΩとRの和が15 Ω。したがって、Rは9 Ωである。

➡ 間違えた人は、Lesson 18 を復習しよう。

問題 03　**正解　3**

まず、抵抗 R_1 に流れる電流の値を求める。オームの法則により、$I=\frac{V}{R}$ であるから、

10［V］÷2［Ω］＝5［A］

抵抗 R_1 に流れる電流の大きさは 5A である。抵抗 R_1 と抵抗 R_2 は直列に接続されているので、抵抗 R_2 に流れる電流も同じ 5A である。これで、抵抗 R_2 にかかる電圧を求めることができる。オームの法則により、$V=IR$ であるから、

5［A］×3［Ω］＝15［V］

抵抗 R_2 にかかる電圧は、15 V である。

➡ 間違えた人は、Lesson 19 を復習しよう。

問題 04　**正解　3**

問題文の条件により、ブリッジ回路の平衡条件が成り立っているので、

$4X=8\times10=80$　$X=20$［Ω］となる。

➡ 間違えた人は、Lesson 19 を復習しよう。

問題 05　**正解　2**

コンデンサーが直列に接続されている場合の合成静電容量は、それぞれのコンデンサーの静電容量の逆数の和の逆数であるが、コンデンサーが 2 個の場合は、それぞれの静電容量の和分の積で求めることができる。したがって、

$\frac{10\times10}{10+10}=5$［μF］が正解となる。

なお、この場合のように、2 個のコンデンサーの静電容量が同じ値のとき、和分の積は、$\frac{X^2}{2X}=\frac{X}{2}$ となるので、単に 10［μF］を 2 で割って正解を求めることもできる。

➡ 間違えた人は、Lesson 20 を復習しよう。

問題 06　**正解　1**

1　×　金の抵抗率は、銀、銅よりも高い。
2　○　導電率は抵抗率の逆数である。
3　○　抵抗率の単位は、Ω・m である。
4　○　電気抵抗は、物体の長さに比例し、断面積に反比例する。

➡ 間違えた人は、Lesson 21 を復習しよう。

問題 07　**正解　1**

抵抗に電流を流したときに発生する熱量は、電流の二乗と抵抗と時間の積で表される。5 Ωの抵抗に 0.1A の電流が 5 秒間流れたときに発生する熱量は、0.1 × 0.1 × 5 × 5 ＝ 0.25［J］である。

➡ 間違えた人は、Lesson 22 を復習しよう。

問題 08　**正解　2**

2 つの電荷間に働く静電気力は、電荷の量の積に比例し、電荷間の距離の二乗に反比例する（クーロンの法則）。

➡ 間違えた人は、Lesson 23 を復習しよう。

問題 09　**正解　2**

1　○　磁石を動かすとコイルに電流が流れるが、磁石を止めると電流は流れなくなる。
2　×　電磁誘導により生じる誘導起電力の大きさは、コイルの巻数と、磁束の変化する速さに比例する。したがって、磁石を速く動かすほど、コイルに流れる電流は大きくなる。
3　○　磁石をコイルに入れるときとコイルから出すときでは、コイルに流れる電流の向きが反対になる。
4　○　磁石を固定してコイルを動かした場合も、コイルに電流が流れる。

➡ 間違えた人は、Lesson 24 を復習しよう。

問題 10　正解　3

まず、この回路のインピーダンスを求める。RLC 直列回路なので、合成インピーダンスは、$Z = \sqrt{8^2 + (12 - 6)^2} = \sqrt{100} = 10$ [Ω] である。続いて、オームの法則により電流の値を求めると、$I = \frac{100}{10} = 10$ [A] となる。

➡ 間違えた人は、Lesson 25 を復習しよう。

問題 11　正解　2

交流回路において、負荷を誘導リアクタンスとした場合（つまり、回路にコイルを接続した場合）、電流の位相は、電圧より 90 度（$\frac{\pi}{2}$[rad]、$\frac{1}{4}$ 周期）遅れる。

➡ 間違えた人は、Lesson 25 を復習しよう。

問題 12　正解　4

1　×　可動コイル形の指示電気計器は、直流回路のみに使用できる。
2　×　電流力計形の指示電気計器は、交直流両用である。
3　×　熱電形の指示電気計器は、交直流両用である。
4　○　誘導形の指示電気計器は、交流回路のみに使用できる。

➡ 間違えた人は、Lesson 26 を復習しよう。

問題 13　正解　4

電流計の測定範囲を拡大したいときは、電流計と並列に抵抗を接続する。その抵抗を分流器という。

➡ 間違えた人は、Lesson 26 を復習しよう。

問題 14　正解　2

1 次巻線と 2 次巻線の巻数比が 5：1 の変圧器における 2 次側の電流は、1 次側の 5 倍になる。なお、電力は変圧器によって変化しない。

➡ 間違えた人は、Lesson 27 を復習しよう。

消防用設備等の構造と機能

3章のレッスンの前に

まず、これだけ覚えよう！

① 自動火災報知設備とは？

自動火災報知設備とは、火災の発生を早期に感知し、警報を発するなどして、防火対象物の関係者や、建物の中にいる人などに自動的に報知する設備である。自動火災報知設備は、感知器、中継器、受信機、発信機などの機器により構成される（中継器がない場合もある）。

第1章ですでに見てきたように、自動火災報知設備は、法令上は、消防用設備等の中の「消防の用に供する設備」として位置づけられている。消防の用に供する設備には、消火設備、警報設備、避難設備が含まれるが、自動火災報知設備は、その中の警報設備の一つである（p.49参照）。

自動火災報知設備の設置が義務づけられている防火対象物については、Lesson 15で習いましたね。

② 感知器の役割と種類

自動火災報知設備の感知器は、火災の発生を感知して受信機に自動的に火災信号を送るもので、火災による熱を感知する熱感知器、煙を感知する煙感知器、炎を感知する炎感知器がある。そのそれぞれの中にも、作動原理や形状などが異なるさまざまなタイプのものがあり、感知器の種類は非常に多い（くわしくは、p.166以降の本文参照）。

熱感知器では、差動式スポット型感知器、差動式分布型感知器（空気管式）、定温式スポット型感知器、煙感知器では、光電式スポット型感知器、光電式分離型感知器が代表的なものである。これらは、試験で出題されることも多いので、作動原理などをしっかり覚えておきたい。

自動火災報知設備の概要

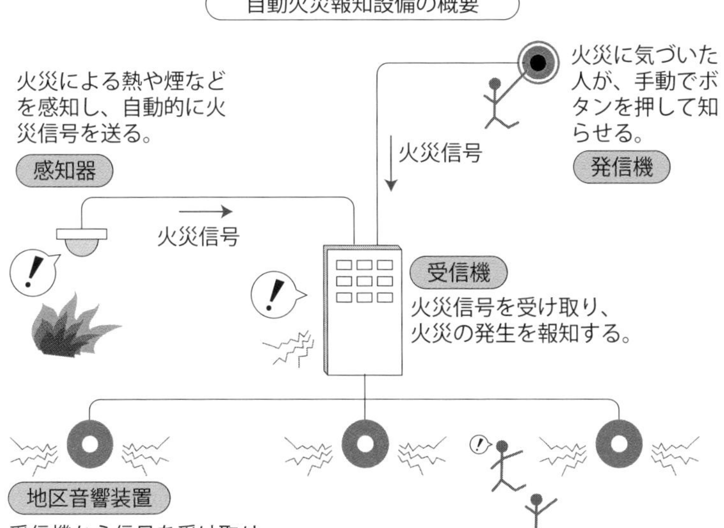

③ 受信機の役割と種類

受信機は、感知器や発信機から送られてくる火災信号を受信し、音響装置を鳴動させるなどして、防火対象物の関係者や建物の中にいる人に火災の発生を報知する、自動火災報知設備の中枢部分である。

自動火災報知設備専用の受信機には、P 型と R 型があり、P 型はさらに1級から3級までの3タイプに分かれている。これらの違いは、受信機の性能や、接続できる回線の数などによる（くわしくは、p.178以降の本文参照）。

受信機についても、試験に出題されることが多いので、よく理解しておくことが必要だ。

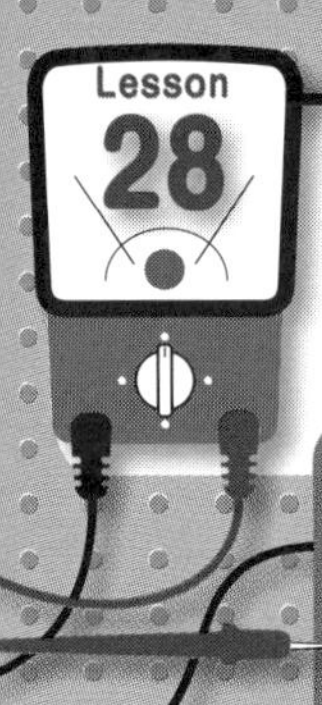

自動火災報知設備の構造と機能①〈熱感知器〉

重要度 ★★★

レッスンのPoint

熱感知器にはどのような種類があり、それぞれ、どのような原理によって火災信号を発信するのかを理解しよう。

必ず覚える基礎知識はこれだ！

熱感知器は、火災により生じる熱によって火災を感知する感知器である。熱感知器の種類は多く、作動原理や形状もさまざまであるが、大きく分けると、差動式、定温式、熱複合式、熱アナログ式などの種類がある。また、一局所（いっきょくしょ）の温度変化を感知するスポット型、広範囲の温度変化を感知する分布型などがある。さらに、感度によって1種、2種などの区別がある。

ゴロ合わせ → p.366

熱感知器の種類

差動式	スポット型	—	1種 2種	周囲の温度上昇率が一定の値以上になったとき火災信号を発するもので一局所の熱効果により作動するもの。
	分布型	空気管式 熱電対式 熱半導体式	1種 2種 3種	周囲の温度上昇率が一定の値以上になったとき火災信号を発するもので広範囲の熱効果の累積により作動するもの。
定温式	スポット型	—	特種 1種 2種	一局所の周囲の温度が一定の温度以上で火災信号を発するもので外観が電線状以外のもの。
	感知線型	—	特種 1種 2種	一局所の周囲の温度が一定の温度以上で火災信号を発するもので外観が電線状のもの。
補償式	スポット型	—	1種 2種	差動式と定温式の性能をあわせもち、1つの火災信号を発信するもの。
熱アナログ式	スポット型	—	—	一局所の周囲の温度が一定の範囲内になったとき火災情報信号を発信するもので外観が電線状以外のもの。

差動式とは、周囲の温度の上昇率が一定の値以上になったときに作動する方式である。差動式の熱感知器には、一局所の温度変化によって作動するスポット型と、広範囲の温度変化によって作動する分布型がある。

差動式スポット型感知器には、空気の膨張（ぼうちょう）を利用するもの、温度検知素子を利用するもの、熱起電力を利用するものがある。

差動式スポット型感知器の構造

〈空気の膨張を利用するもの〉

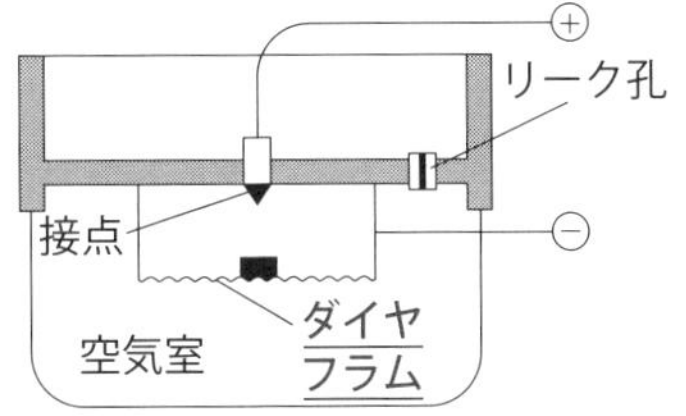

火炎による熱で空気室の空気が温められて膨張し、ダイヤフラムを押し上げると、ダイヤフラム側の接点と本体側の接点が接触し、受信機に火災信号が送られる。日常の緩やかな温度上昇では、膨張した空気はリーク孔から逃げ、感知器は作動しない。

〈温度検知素子を利用するもの〉

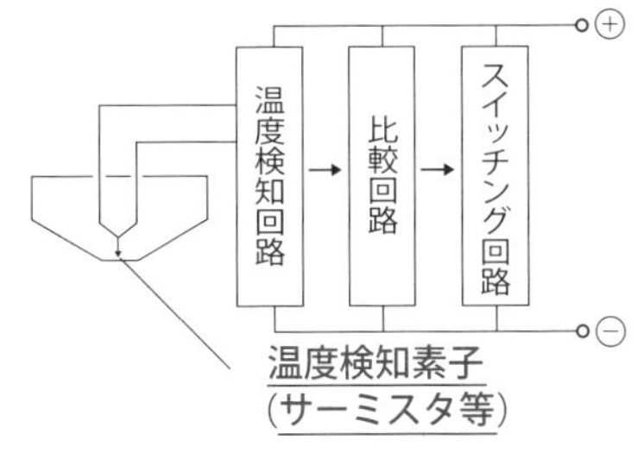

温度検知素子（サーミスタ等）は、温度変化による電気抵抗の変化が大きい半導体を材料とする抵抗で、その性質を利用して温度を測定する。温度の上昇率が一定の値以上になると、受信機に火災信号が送られる。

〈熱起電力を利用するもの〉

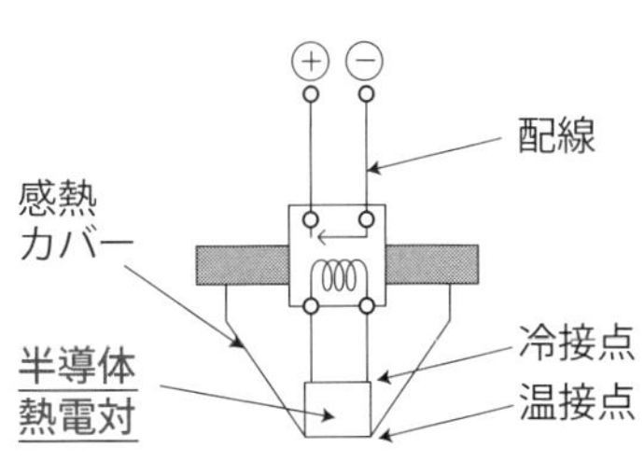

2種類の異なる素材の金属線を両端でつなぎ、その2つの接点に温度差を与えると、回路に電圧が発生する、ゼーベック効果という現象を利用する。このような回路を熱電対といい、回路に生じる電圧を熱起電力という。

差動式分布型感知器には、作動原理により、空気管式、熱電対式、熱半導体式の３種類がある。試験によく出題されるのは、下図の空気管式である。

熱電対式の作動原理は、熱起電力を利用した差動式スポット型感知器（p.167参照）と同じで、ゼーベック効果により熱電対に生じる熱起電力を利用して火災信号を送るしくみである。広範囲の温度変化を検出するため、熱電対を防火対象物の天井に分布させる。熱半導体式の作動原理も、熱電対式とほぼ同じで、ゼーベック効果により熱半導体素子に生じる熱起電力を利用したものである。

差動式分布型感知器（空気管式）の構造

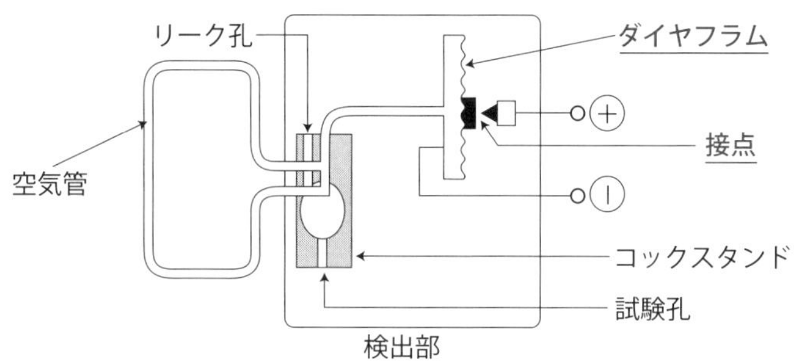

作動原理は、空気の膨張を利用した差動式スポット型感知器（p.167参照）と同じで、空気室が長い空気管（パイプ）に置き換えられたものと考えればよい。空気管は、防火対象物の天井にめぐらされており、火災により急激な温度上昇が起きると、空気管の中の空気が温められて膨張する。その結果、検出部のダイヤフラムが押し上げられ、接点が接触し、受信機に火災信号が送られる。

空気管については、右図のように規格が定められているほか、１本の継ぎ目のない空気管の長さが20m以上でなければならない。

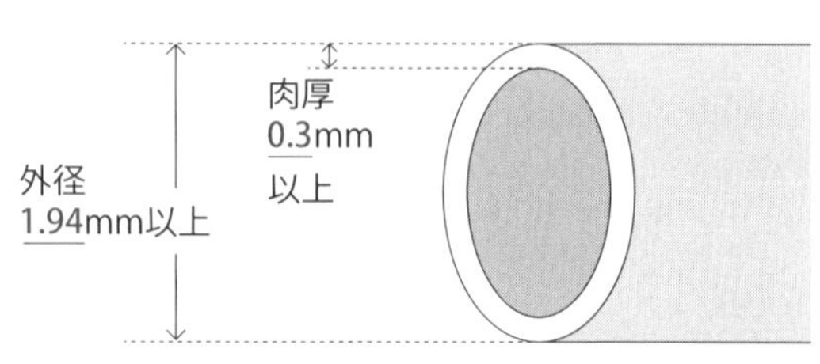

ゴロ合わせ → p.367

定温式とは、周囲の温度が一定の値以上になったときに作動する方式である。定温式の熱感知器には、スポット型と感知線型があり、両方とも、一局所の周囲の温度が一定の値以上になったときに火災信号を発信するものである。

定温式スポット型感知器の構造

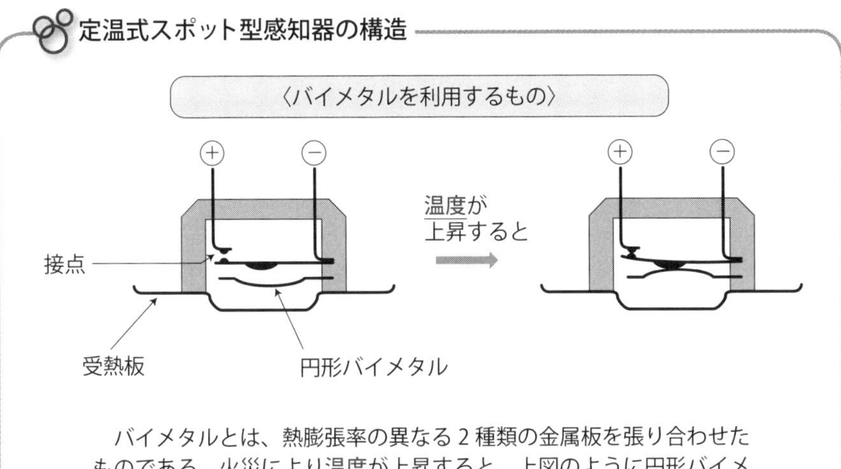

バイメタルとは、熱膨張率の異なる2種類の金属板を張り合わせたものである。火災により温度が上昇すると、上図のように円形バイメタルのたわみが反転し、接点を接触させる。

定温式感知線型感知器の構造

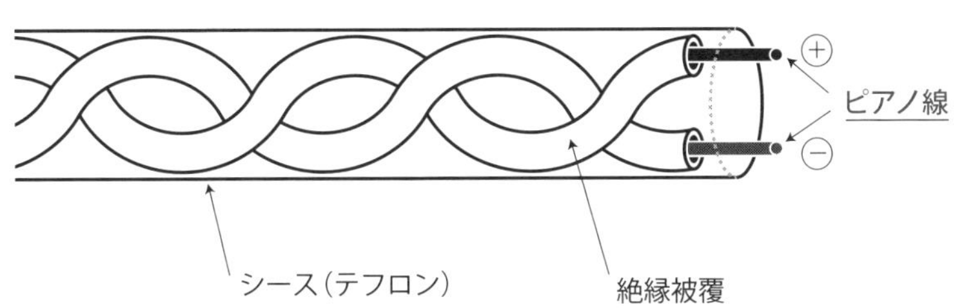

定温式感知線型感知器は、外観が電線状で、絶縁物で被覆された2本のピアノ線をより合わせたものである。火災が発生すると被覆が溶け、2本のピアノ線が接触して、火災信号を発信する。このような構造のため、一度作動すると再使用できない。

出題されるポイントはここだ！

ポイント◎ 1

差動式とは、周囲の温度の上昇率が一定の値以上になったときに作動する方式である。

差動式の熱感知器には、一局所の温度変化によって作動するスポット型と、広範囲の温度変化によって作動する分布型がある。

ポイント◎ 2

定温式とは、周囲の温度が一定の値以上になったときに作動する方式である。

定温式の熱感知器には、スポット型と感知線型がある。両方とも、一局所の周囲の温度が一定の値以上になったときに作動する。後者は外観が電線状である。

ポイント○ 3

補償式スポット型感知器は、差動式と定温式の機能をあわせもち、1つの火災信号を発信する感知器である。

補償式スポット型感知器は、差動式スポット型感知器と定温式スポット型感知器の機能をあわせもち、1つの火災信号を発信する感知器である。

ポイント○ 4

熱複合式スポット型感知器は、差動式と定温式の機能をあわせもち、2つ以上の火災信号を発信する感知器である。

熱複合式スポット型感知器は、差動式スポット型感知器と定温式スポット型感知器の機能をあわせもち、2つ以上の火災信号を発信する感知器である。

補償式スポット型と熱複合式スポット型の違いは信号の数。後者は2以上の信号を発信できるので、どちらの機能により作動したかを、受信機側で判別できるんだ。

ポイント◎ 5

熱アナログ式スポット型感知器は、周囲の温度に対応する火災情報信号を発信する感知器である。

熱アナログ式スポット型感知器は、一局所の周囲の温度が一定の範囲内の温度になったときに、その温度に対応する火災情報信号を発信する。

火災信号とは、火災が発生したことを知らせる信号。火災情報信号とは、単に火災を知らせるだけでなく、温度や煙の濃度などの情報を含む信号のことだ。

感知器って、本当にいろいろなタイプがあるんですね。ひとつひとつしっかり覚えていかないと…。

ここも覚えて　点数UP！

定温式感知器は、公称作動温度を60℃以上150℃以下にするよう定められている。

定温式感知器が火災を感知する温度を、公称作動温度という。公称作動温度は、60℃以上150℃以下とするよう定められており、60℃以上80℃以下の場合は5℃刻み、80℃を超える場合は10℃刻みで設定することになっている。

ゴロ合わせ → p.367

定温式感知器の公称作動温度

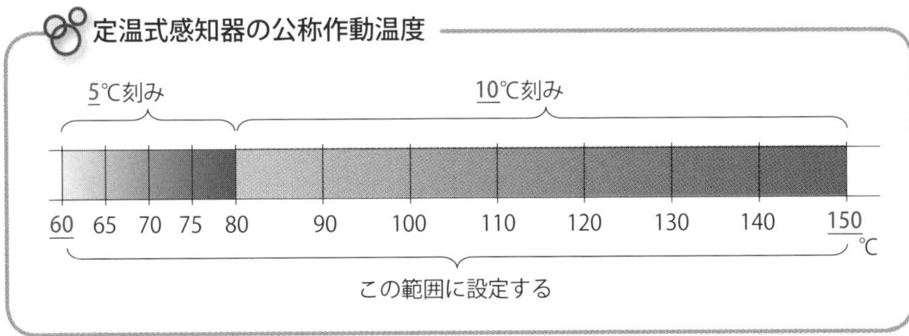

なお、熱アナログ式スポット型感知器が作動する温度の範囲を、公称感知温度範囲といい、1℃刻みで、次のように設定するよう定められている。

- 上限値は60℃以上165℃以下とする。
- 下限値は10℃以上で、上限値より10℃低い温度以下とする。

✼ こんな選択肢は誤り！ ✼

誤った選択肢の例①

補償式スポット型感知器は、差動式スポット型感知器と定温式スポット型感知器の機能をあわせもつ感知器で、~~2つ以上~~の火災信号を発信する。

補償式スポット型感知器は、差動式スポット型感知器と定温式スポット型感知器の機能をあわせもつ感知器で、1つの火災信号を発信する。

誤った選択肢の例②

差動式分布型感知器（空気管式）は、~~金属の膨張率の差~~を利用して熱を感知し、火災信号を発信する。

差動式分布型感知器（空気管式）は、**空気の膨張**を利用して熱を感知するもので、膨張した空気が**ダイヤフラム**を押し上げることにより接点が閉じられ、火災信号を発信する。

ゴロ合わせで覚えよう！

差動式分布型感知器の種類

空気が冷たい冬だから、
（空気管）

熱いおでんがつい食べたくなる！
（熱）（電）（対）

熱々のはんぺんはどうだい？
（熱）（半）（導体）

⇨差動式分布型感知器には、空気管式、熱電対式、熱半導体式がある。

自動火災報知設備の構造と機能 ②〈煙感知器・炎感知器〉

レッスンの Point　重要度 ★★☆

煙感知器、炎感知器にはどのような種類があり、それぞれ、どのような原理によって火災信号を発信するのかを理解しよう。

必ず覚える基礎知識はこれだ！

煙感知器は、火災により生じる燃焼生成物（ねんしょうせいせいぶつ）（煙のこと）によって火災を感知する感知器である。煙感知器は、煙の検出方式によって、イオン化式と光電式に分けられる。火災情報信号（p.170 参照）を発信する光電アナログ式の煙感知器もある。イオン化式の煙感知器はスポット型のみで、光電式、光電アナログ式の煙感知器には、スポット型と分離型がある。

ゴロ合わせ → p.368

煙感知器（光電式）の種類

光電式	スポット型	1種 2種 3種	周囲の空気が一定の濃度以上の煙を含むに至ったとき火災信号を発信するもので一局所の煙による光電素子の受光量変化により作動するもの。
	分離型	1種 2種	周囲の空気が一定の濃度以上の煙を含むに至ったとき火災信号を発信するもので広範囲の煙の累積による光電素子の受光量変化により作動するもの。
光電アナログ式	スポット型	1種 2種 3種	周囲の空気が一定の濃度以上の煙を含むに至ったとき火災情報信号を発信するもので一局所の煙による光電素子の受光量変化により作動するもの。
	分離型	1種 2種	周囲の空気が一定の濃度以上の煙を含むに至ったとき火災情報信号を発信するもので広範囲の煙の累積による光電素子の受光量変化により作動するもの。

また、煙感知器には、イオン化式、光電式のそれぞれに、蓄積型と非蓄積型がある。それぞれの違いは、下記のとおりである。

非蓄積型：煙がある濃度に達すると、直ちに火災信号を発信するもの
蓄積型：一定濃度以上の煙が一定時間継続したときに火災信号を発信するもの

なお、イオン化式スポット型感知器は、一局所の煙によるイオン電流の変化によって作動する感知器で、以前は煙感知器の主流であったが、現在は、光電式への切り替えが進められている。微弱な放射性物質が封入されており、交換する際には、購入先や製造会社等に問い合わせて適正に廃棄しなければならない。

現在よく使われている煙感知器は、光電式スポット型感知器と光電式分離型感知器だ。

光電式スポット型感知器は、周囲の空気に含まれる煙が一定の濃度以上になったときに火災信号を発信する感知器で、一局所の煙による光電素子の受光量の変化により作動する。煙の検出方式には、散乱光方式、減光方式があるが、前者が主流であり、構造は下図のようになっている。

光電式スポット型感知器の構造

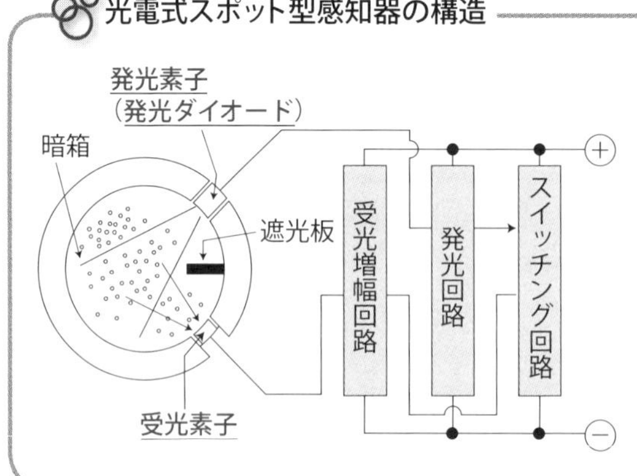

周囲の光を遮断し、煙だけが進入できるようにした暗箱の中に、1対の発光素子・受光素子が設けられている。暗箱内の空気が清浄なときは、発光素子から照射された光は受光素子に入らないが、火災が起きて暗箱内に煙が進入すると、光が散乱し、受光素子に光が当たって起電力が生じ、火災信号を発信する。

光電式分離型感知器は、周囲の空気に含まれる煙が一定の濃度以上になったときに火災信号を発信する感知器で、広範囲の煙の累積による光電素子の受光量の変化により作動する。作動原理は減光方式で、構造は下図のようになっている。

光電式分離型感知器の構造

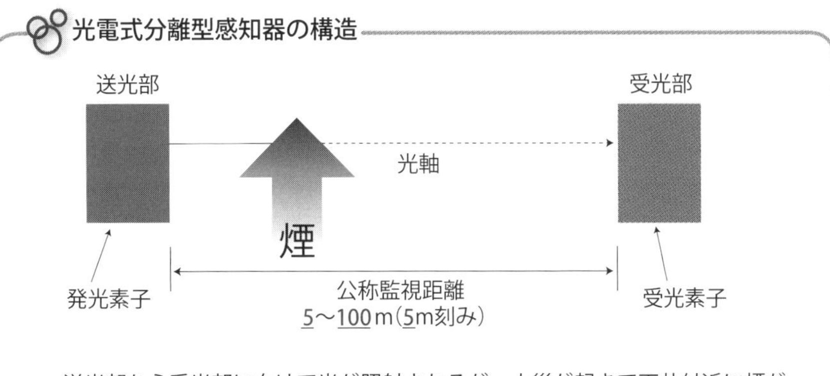

送光部から受光部に向けて光が照射されるが、火災が起きて天井付近に煙が滞留すると、受光部に到達する光の量が減少する。その変化を検出して火災信号を発信するしくみである。送光部と受光部は、5～100m離して設置することとされており、この範囲で、5m刻みで公称監視距離を定める。

出題されるポイントはここだ！

ポイント◎1　光電式スポット型感知器は、一局所の煙による光電素子の受光量の変化により作動する。

光電式スポット型感知器は、周囲の空気に含まれる煙が一定の濃度以上になったときに火災信号を発信する感知器で、一局所の煙による光電素子の受光量の変化により作動する。

ポイント◎2　光電式分離型感知器は、広範囲の煙の累積による光電素子の受光量の変化により作動する。

光電式分離型感知器は、周囲の空気に含まれる煙が一定の濃度以上になったときに火災信号を発信する感知器で、広範囲の煙の累積による光電素子の受光量の変化により作動する。

ポイント 3

煙感知器には、蓄積型と非蓄積型がある。

イオン化式、光電式ともに、煙感知器には、蓄積型と非蓄積型がある。非蓄積型は、煙がある濃度に達すると、直ちに火災信号を発信するが、蓄積型は、一定濃度以上の煙が一定時間継続したときに火災信号を発信する。

ポイント 4

熱煙複合式スポット型感知器とは、熱感知器と煙感知器の性能をあわせもつものである。

熱煙複合式スポット型感知器とは、熱感知器（差動式スポット型感知器または定温式スポット型感知器）の性能と、煙感知器（イオン化式スポット型感知器または光電式スポット型感知器）の性能をあわせもつものをいう。

ここも覚えて 点数UP！

炎感知器には、紫外線式、赤外線式などの種類がある。

炎感知器は、火炎により生じる炎によって火災を感知する感知器で、すべてスポット型である。紫外線式スポット型感知器は、炎から放射される紫外線の量の変化が一定以上になったときに火災信号を発信する。同様に、赤外線式スポット型感知器は、炎から放射される赤外線の量の変化を感知する。炎感知器が監視できる範囲の角度を視野角（しやかく）、監視できる距離を公称監視距離という。

炎感知器の監視空間

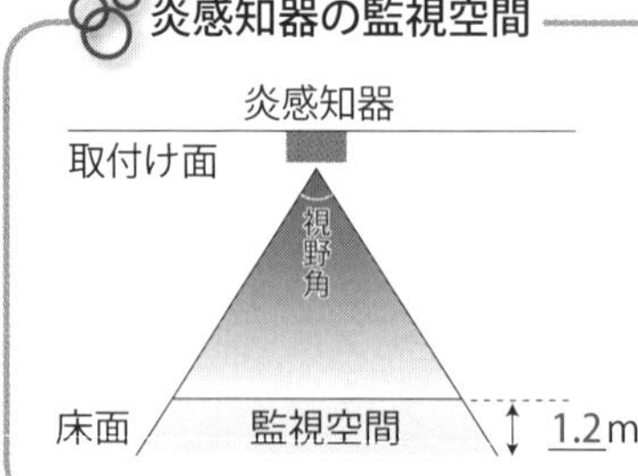

炎感知器が火災を感知しなければならないのは、床面から1.2mの高さまでである。したがって、炎感知器の監視空間は左図のようになる。視野角が同じなら、炎感知器を高い位置に設置するほど監視空間は大きくなるが、監視空間のどの部分も、感知器の公称監視距離の範囲に入るように設置しなければならない。

✲ こんな選択肢は誤り！ ✲

誤った選択肢の例①

光電式スポット型感知器は、~~広範囲の煙の蓄積~~による光電素子の受光量の変化により作動する。

光電式スポット型感知器は、**一局所の煙**による光電素子の受光量の変化により作動する。

誤った選択肢の例②

煙感知器には、イオン化式、光電式、~~紫外線式~~、~~赤外線式~~などの種類がある。

紫外線式、**赤外線**式は、炎感知器の種類である。

火災情報信号を発信する光電アナログ式の煙感知器があることも忘れないように。

ゴロ合わせで覚えよう！

煙感知器の作動原理

遠くから、多くの方がご焼香に
（広範囲）　　　　　　　　（煙）

集まった香典、分ける？
（累積）（光電）（分離）

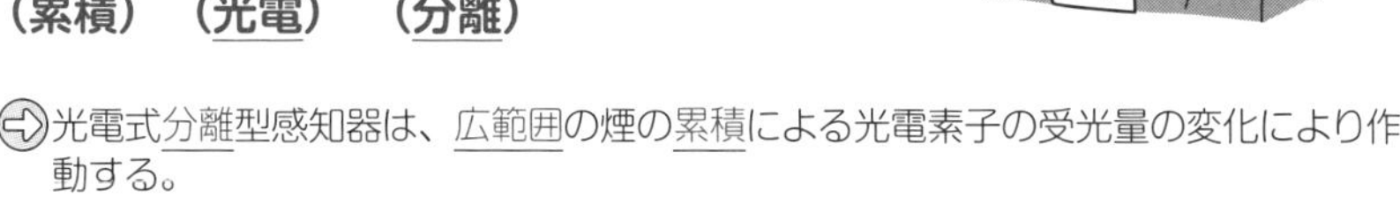

➡光電式分離型感知器は、広範囲の煙の累積による光電素子の受光量の変化により作動する。

自動火災報知設備の構造と機能 ③〈受信機の役割〉

レッスンの Point

重要度 ★★★

自動火災報知設備の中枢部分である、受信機の役割を知り、火災表示の内容や、火災表示までの所要時間を覚えよう。

必ず覚える基礎知識はこれだ！

自動火災報知設備の受信機は、感知器や発信機から送られてくる火災信号を受信し、防火対象物の関係者や建物の中にいる人、消防機関などに火災の発生を報知する、自動火災報知設備の中枢部分である。また、受信機には、ガス漏れ火災警報設備（p.190 参照）専用のものも、自動火災報知設備とガス漏れ火災警報設備に併用されるものもあり、それらを含めると、下表のような種類がある。

受信機の種類

火災報知専用	P型	1級	p.181 参照
		2級	
		3級	
	R型（アナログ式を含む）		
ガス漏れ専用	G型	—	p.190 参照
火災報知・ガス漏れ併用	GP型	1級	
		2級	
		3級	
	GR型（アナログ式を含む）		

※ それぞれの型の受信機に、非蓄積式のものと、蓄積式（次ページ参照）のものがある。

受信機は、火災信号（または火災表示信号）を受信したときに、自動的に次のような動作をする。これらの一連の動作を、火災表示という。

- 赤色の火災灯および主音響装置により、防火対象物の管理者等に火災の発生を知らせる。
- 地区表示装置により火災の発生した警戒区域（p.200 参照）を表示する。
- 地区音響装置を鳴動させ、防火対象物の中にいる人に火災の発生を知らせる。

受信機は、原則として、火災信号の受信を開始してから5秒以内に火災表示を行うようにしなければならない。 ゴロ合わせ → p.368

万一火災が発生したときに、避難が遅れたら大変ですから、受信機の役割は重要ですね。

出題されるポイントはここだ！

ポイント◎ 1　受信機が火災信号を受信してから火災表示までの所要時間は、5秒以内とする。

受信機が火災信号（または火災表示信号）の受信を開始してから火災表示（地区音響装置の鳴動を除く）までの所要時間は、5秒以内でなければならない。

ポイント◎ 2　蓄積式受信機の蓄積時間は、5秒を超え60秒以内とする。

蓄積式受信機とは、非火災報（誤報）を防ぐために、火災信号（または火災表示信号）を受信してから一定時間が経過し、感知器からの信号が継続していることを確認してから火災表示を行う機能をもつ受信機である。

蓄積式受信機でも、発信機からの、つまり手動による火災信号を検出したときは、蓄積機能を自動的に解除し、直ちに火災表示を行うようにしなければならないんだ。

ここも覚えて 点数UP！

受信機が非火災報を受信したときは、火災復旧スイッチにより監視状態に復旧させる。

受信機が火災信号を受信して火災表示をしたが、非火災報であることがわかったときは、火災復旧スイッチを操作して、受信機を監視状態に復旧させる。

P型3級受信機を除く受信機には自己保持機能があるので、火災復旧スイッチを操作しない限り、火災表示が継続されるんだ（p.184 参照）。

✲ こんな選択肢は誤り！ ✲

誤った選択肢の例①

受信機が火災信号の受信を開始してから火災表示までの所要時間は、~~2~~ 秒以内とする。

受信機が火災信号の受信を開始してから火災表示までの所要時間は、5 秒以内とする。

誤った選択肢の例②

受信機が火災表示を行ったが、非火災報であることがわかったときは、受信機の~~主電源スイッチを切って~~復旧させる。

受信機が火災表示を行ったが、非火災報であることがわかったときは、受信機の火災復旧スイッチを操作して復旧させる。

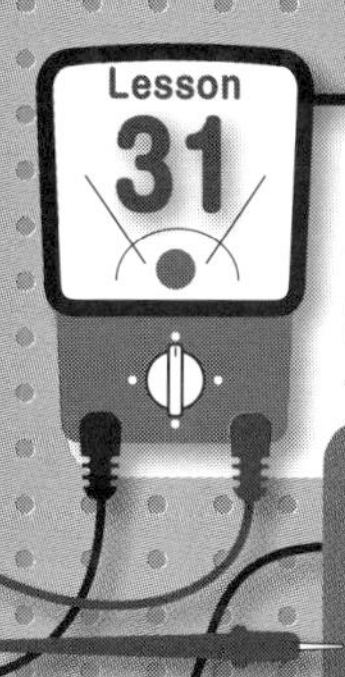

自動火災報知設備の構造と機能 ④〈受信機の種類〉

重要度 ★★★

レッスンの Point

自動火災報知設備の受信機の種類と、それらに接続できる回線数、必要とされる機能などを覚えよう。

必ず覚える基礎知識はこれだ！

受信機は、その種類によって機能や外観が異なる。自動火災報知設備専用の受信機は、P型とR型に分かれるが、両者の基本的な違いは、次のように表現できる。

ゴロ合わせ → p.369

- P型受信機は、火災信号を共通の信号として受信する。
- R型受信機は、火災信号を固有の信号として受信する。

共通の信号、固有の信号といわれても、何のことだかよくわからないのですが…。

まあ、そうあせらずに…。今からちゃんと説明するよ！

P型受信機は、火災信号（もしくは火災表示信号）を共通の信号として受信する。つまり、受信機に複数の回線が接続されている場合、どの回線からくる信号も同じものだから、どの区域の感知器が火災信号を発信したのかを、信号により判別することはできない。そのため、P型受信機には、回線ごとに地区表示灯が設けられている。どの表示灯が点灯したかによって、どの区域で火災が起きたのかがわかるしくみである。

P型1級受信機（多回線用）の外観

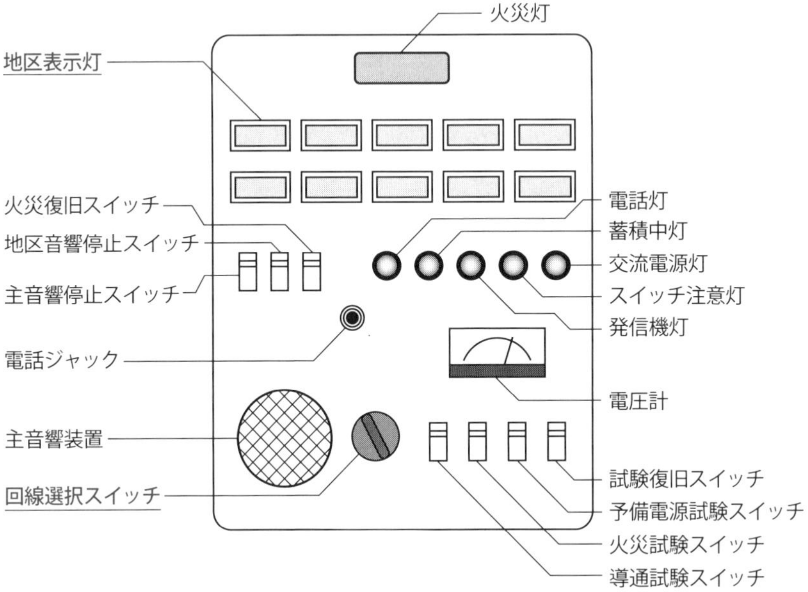

火災灯
地区表示灯
火災復旧スイッチ
地区音響停止スイッチ
主音響停止スイッチ
電話ジャック
主音響装置
回線選択スイッチ
電話灯
蓄積中灯
交流電源灯
スイッチ注意灯
発信機灯
電圧計
試験復旧スイッチ
予備電源試験スイッチ
火災試験スイッチ
導通試験スイッチ

P型1級受信機（多回線用）は、接続できる回線数の制限がなく、多くの回線が必要なビルなどの防火対象物で用いられる、最も一般的な受信機である。どの区域から火災信号が送られてきたのかがひと目でわかるように、たくさんの地区表示灯が設けられている点が特徴である。

一方、R型受信機は、火災信号（もしくは火災表示信号）を固有の信号として受信する。つまり、受信機に複数の回線が接続されている場合でも、回線ごとに信号が異なるので、どの区域のどの感知器が火災信号を発信したのかを、信号により判別することができる。そのため、R型受信機には、回線ごとに地区表示灯を設ける必要はなく、地区表示装置の液晶画面などに、火災が起きた区域が自動的に文字で表示される。

P型受信機とR型受信機では、どこで火災が起きたのかを知らせる表示の方法が違うんですね。

出題されるポイントはここだ！

ポイント◎ 1

P型1級受信機（多回線用）には、接続できる回線数の制限はない。

P型受信機は、性能によって1～3級に分かれており、1級と2級には、多回線用と1回線用がある。P型1級受信機（多回線用）は、接続できる回線数の制限がない。

ポイント◎ 2

P型1級受信機（多回線用）には、地区表示灯、火災灯、導通試験装置、電話連絡装置などが必要である。

P型1級受信機（多回線用）は、地区表示灯、火災灯、導通試験装置、電話連絡装置、予備電源、主音響装置、地区音響装置、火災表示試験装置を備えていなければならない（下表参照）。

自動火災報知設備（受信機）の機能比較

受信機の種類＼機能	R型	P型1級		P型2級		P型3級
		多回線	1回線	多回線	1回線	
回線数	無制限	無制限	1回線	最大5回線	1回線	1回線
予備電源	○	○	○	○	△	△
火災灯（赤色）	○	○	△	△	△	△
地区表示装置（灯）	○	○	△	○	△	△
地区音響装置	○	○	○	○	△	△
主音響装置の音圧	85dB	85dB	85dB	85dB	85dB	70dB
火災表示の保持	○	○	○	○	○	△
火災表示試験装置	○	○	○	○	○	○
導通試験装置	○	○	△	×	×	×
電話連絡装置（＋応答回路）	○	○	×	×	×	×

○必要　△省略してもよい　×規格上規定がない

上の表のように、受信機の種類によって、要求される機能が異なる。例えば、P型1級受信機（多回線用）とP型2級受信機（多回線用）を比較した場合、後者は、次の機能を備えなくてもよいことになる。

- 火災灯
- 導通試験装置
- 電話連絡装置

ポイント◎ 3 **P 型 2 級受信機（多回線用）に接続できる回線数は、5 回線以下である。**

したがって、P 型 2 級受信機（多回線用）には、通常、5 個の地区表示灯が備えられている。P 型 3 級受信機には多回線用がなく、1 回線用のみである。

ここも覚えて 点数 UP！

P 型 3 級を除く受信機は、火災表示の保持機能を備えていなければならない。

P 型 3 級を除く受信機は、感知器からの火災信号が途切れても、火災表示を継続し、手動で復旧しない限り、その状態を保持しなければならない。これを、火災表示の保持機能、または、受信機の自己保持機能という。

✼ こんな選択肢は誤り！ ✼

誤った選択肢の例①

P 型 2 級受信機（多回線用）に接続できる回線数は、~~10~~ 回線以下である。

P 型 2 級受信機（多回線用）に接続できる回線数は、5 回線以下である。

誤った選択肢の例②

P 型 1 級受信機で 1 回線用のものは、地区音響装置を鳴動させる装置を~~省略できる~~。

P 型 1 級受信機は、1 回線用のものであっても、地区音響装置を鳴動させる装置を備えなければならない。

自動火災報知設備の構造と機能 ⑤〈受信機の規格〉

レッスンの Point　重要度 ★★★

自動火災報知設備の受信機に関する規格や、受信機の予備電源と自動火災報知設備の非常電源の関係について覚えよう。

必ず覚える基礎知識はこれだ！

自動火災報知設備の中枢部分である受信機は、万一火災が起きた場合に、確実に作動し、その機能を果たすものでなければならない。そのために、受信機の構造や機能については、さまざまな規格が設けられている。受信機全般については、次のような規定がある。

- 取扱い、保守点検及び付属部品の取替えが容易であること。
- 耐久性があること。
- 水滴が浸入しにくいこと。
- ほこりや湿気により、機能に異常を生じないこと。
- 腐食（ふしょく）により機能に異常を生じるおそれのある部分には、防食（ぼうしょく）のための措置を講じること。
- 不燃性、または難燃性の箱で覆うこと。
- 配線は十分な電流容量を有し、的確に接続されていること。
- 定格電圧が 60V を超える受信機の金属製外箱には、接地端子（せっち）を設けること。
- 主電源を監視する装置を受信機の前面に設けること。

このほかにも、受信機についてはさまざまな規格がある。その中でも、試験に出題されることの多いものを取り上げていくよ。

出題されるポイントはここだ！

ポイント◎ 1

復旧スイッチまたは音響装置の鳴動を停止するスイッチを設けるものは、それらのスイッチを専用のものにする。

火災復旧スイッチ、地区音響停止スイッチ、主音響停止スイッチなどを設ける受信機では、それらのスイッチを、独立した専用のものにしなければならない。

ポイント◎ 2

定位置に自動的に復旧しないスイッチが定位置にないときは、音響装置または注意灯が作動しなければならない。

受信機に、定位置に自動的に復旧しないスイッチを設ける場合は、そのスイッチが定位置にないときに、音響装置または点滅する注意灯が作動するようにしなければならない。

ポイント◎ 3

主音響装置の音圧は、1 m 離れた地点で測定した値が 85dB 以上でなければならない。

ゴロ合わせ → p.369

主音響装置は、定格電圧における音圧が、音響装置から前方に 1m 離れた地点で測定した値で 85dB 以上(P 型 3 級では 70 dB 以上)でなければならない。

主音響装置とは、受信機本体に設けられる音響装置で、防火対象物の管理者等に火災の発生を知らせることを目的としたものだ。

ポイント◎ 4

表示灯の電球は、2 個以上並列に接続しなければならない。

受信機の表示灯（火災灯、地区表示灯など）は、電球を 2 個以上並列に接続しなければならない(放電灯または発光ダイオードを用いるものの場合は 1 個でもよい)。

電球を並列に接続するのは、1 個の電球が切れた場合でも、もう 1 個の電球が点灯するようにするためですね。

ここも覚えて 点数UP！

P型1級受信機、P型2級受信機（多回線用）、R型受信機には、予備電源を設けなければならない。

予備電源とは、常用電源（主電源）や非常電源が遮断されたときに、自動火災報知設備が必要最小限の機能を保持できるように備えるための電源で、自動火災報知設備の受信機を構成する部品の一つである。以下の受信機には、予備電源の設置が義務づけられている。

- P型1級受信機
- P型2級受信機（多回線用）
- R型受信機
- GP型1級受信機
- GP型2級受信機（P型としての機能が多回線用のもの）

受信機に設置する予備電源は、密閉型蓄電池でなければならない。また、主電源が停止したとき（停電時）は主電源から予備電源に、主電源が復旧したときは予備電源から主電源に、自動的に切り替える装置を設けなければならない。

受信機の予備電源の容量は、2回線の火災表示とすべての地区音響装置の鳴動を10分間継続できるものでなければならない。

受信機の予備電源は、監視状態を60分間継続したのちに、2回線分（1回線用の受信機の場合は1回線分）の火災表示を作動させ、同時にすべての区域の地区音響装置を鳴動させることができる電流を、10分間継続して流すことができる容量以上でなければならない。

受信機の予備電源については、試験によく出題されるのでしっかり覚えておこう。

受信機の予備電源が、自動火災報知設備の非常電源に必要な容量以上である場合は、非常電源を省略することができる。

自動火災報知設備には、原則として非常電源が必要である。非常電源は、停電時に自動火災報知設備に電気を供給する電源で、予備電源が受信機の一部品であるのとは異なり、自動火災報知設備の外部にある設備である。

非常電源は、非常電源専用受電設備、または蓄電池設備によるもので、延べ面積 1000m^2 以上の特定防火対象物においては、蓄電池設備でなければならない。また、非常電源として蓄電池設備を用いる場合は、自動火災報知設備を 10 分間有効に作動できる容量以上にしなければならない。

自動火災報知設備の受信機が、非常電源として必要な容量以上の予備電源を備えているときは、非常電源を省略することができる。しかし、非常電源の容量にかかわらず、予備電源を省略することはできない。

自動火災報知設備の電源

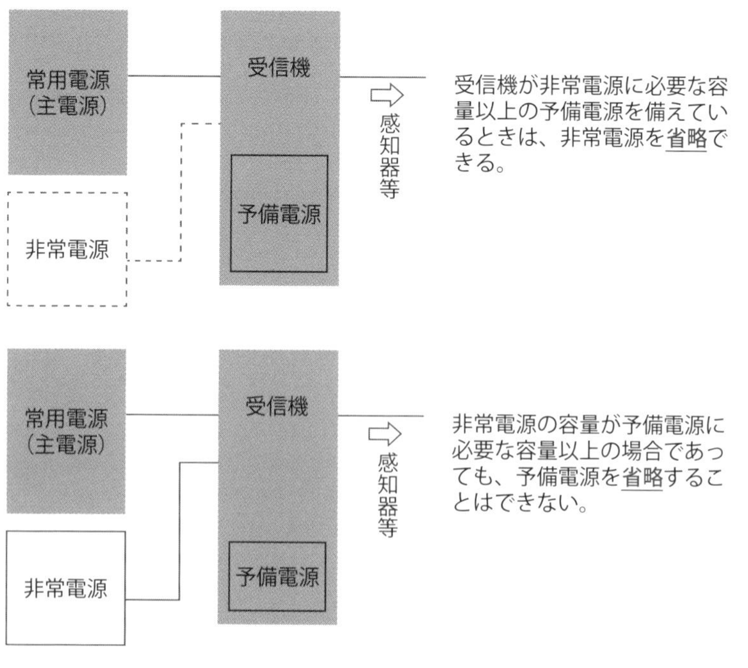

常用電源（主電源）

非常電源

受信機

予備電源

感知器等

受信機が非常電源に必要な容量以上の予備電源を備えているときは、非常電源を省略できる。

常用電源（主電源）

非常電源

受信機

予備電源

感知器等

非常電源の容量が予備電源に必要な容量以上の場合であっても、予備電源を省略することはできない。

✿ こんな選択肢は誤り！ ✿

誤った選択肢の例①

受信機の表示灯の電球は、2個以上~~直列~~に接続しなければならない。

表示灯の電球は、2個以上**並列**に接続しなければならない。

誤った選択肢の例②

受信機の予備電源を使用しているときに、常用電源（主電源）が復旧した場合は、~~手動で~~常用電源に切り替える。

主電源が停止したときは主電源から予備電源に、主電源が復旧したときは予備電源から主電源に、**自動的に**切り替える装置を設けなければならない。

誤った選択肢の例③

自動火災報知設備の非常電源の容量が、受信機の予備電源に必要な容量以上のときは、予備電源を省略することが~~できる~~。

非常電源の容量にかかわらず、予備電源を省略することが**できない**。

ゴロ合わせで覚えよう！

予備電源と非常電源

呼びました？ 必要以上に大きな声で…
（予備電源）　（必要な容量より大きい）

非常識な人間、お断り！
（非常電源）　（省略してよい）

➡自動火災報知設備の受信機が、非常電源として必要な容量以上の予備電源を備えているときは、非常電源を省略することができる。

ガス漏れ火災警報設備の構造と機能

レッスンの Point

重要度 ★★☆

ガス漏れ火災警報設備の検知器や受信機の構造と機能について覚えよう。

必ず覚える基礎知識はこれだ！

ガス漏れ火災警報設備は、都市ガス、プロパンガスなどの燃料用ガスや地下から発生する可燃性ガスを検知して警報を発する設備である。ガス漏れ火災警報設備は、検知器、中継器、受信機、警報装置などで構成される。

自動火災報知設備とガス漏れ火災警報設備の構成はよく似ているよ。自動火災報知設備の感知器に当たる部分が、ガス漏れ火災警報設備の検知器だと考えればいい。

検知器は、ガス漏れを検知したときに受信機（または中継器）にガス漏れ信号を発信する。また、その場で警報を発するものもある。警報機能をもつ検知器には、通電表示灯と作動確認灯を設けなければならない。

ガス漏れ火災警報設備に用いられる受信機は、ガス漏れ火災警報設備専用のG型受信機と、自動火災報知設備と併用されるGP型受信機、GR型受信機の3タイプである。これらの受信機は、検知器からのガス漏れ信号を受信したときに、自動的に次のような動作をする。これらの動作をガス漏れ表示という。

- 黄色のガス漏れ灯と主音響装置により、ガス漏れの発生を知らせる。
- 地区表示灯により、ガス漏れの発生した警戒区域を表示する。
- 受信機がガス漏れ信号の受信を開始してから、ガス漏れ表示までの所要時間は、60秒以内としなければならない。

検知器の検知方式

半導体式	加熱した半導体の表面に可燃性ガスが吸着すると、半導体の電気抵抗が減少して電流が流れやすくなる。その変化によりガス漏れを検知する方式。
接触燃焼式	白金線のコイルの表面でガスが酸化反応（燃焼）を起こすと、白金線の電気抵抗が増大して電流が流れにくくなる。その変化によりガス漏れを検知する方式。
気体熱伝導度式	半導体を塗った白金線のコイルの表面にガスが接触すると、白金線の温度が変化し、電気抵抗も変化する。その変化によりガス漏れを検知する方式。

検知器の警報方式

即時警報型	ガスの濃度が警報設定値に達した直後に警報を発する方式。
警報遅延型	ガスの濃度が警報設定値に達してから、その濃度が一定時間（20～60秒）継続したときに警報を発する方式。
反限時警報型	警報遅延型と同様であるが、ガスの濃度が高くなるほど、警報を発するまでの時間が短くなる方式。

出題されるポイントはここだ！

ポイント◎1　ガス漏れ火災警報設備の検知器の検知方式には、半導体式、接触燃焼式、気体熱伝導度式がある。

半導体式は、ガスの吸着による半導体の抵抗値の変化を、接触燃焼式は、ガスの酸化作用による白金線の抵抗値の変化を、気体熱伝導度式は、半導体を塗った白金線へのガスの接触による抵抗値の変化を利用した検知方式である。

ポイント◎2　検知器は、信号を発する濃度のガスに接したときは、60秒以内に信号を発するようにしなければならない。

警報機能を有する検知器の場合は、信号を発する濃度のガスに接したときに、60秒以内に信号および警報を発するようにしなければならない。

ポイント◎ 3 **検知器は、ガスの濃度が爆発下限界の 1/4 以上のときに確実に作動しなければならない。**

検知器は、ガスの濃度が爆発下限界の 1/4 以上のときに確実に作動し、ガスの濃度が爆発下限界の 1/200 以下のときは作動しないようにしなければならない。

ゴロ合わせ → p.370

可燃性ガスは、空気と適当な割合で混合しているときに爆発（燃焼）する。ガスが爆発する濃度の範囲を爆発範囲といい、その下限を爆発下限界というんだ。

ポイント◎ 4 **受信機がガス漏れ信号の受信を開始してから、ガス漏れ表示までの所要時間は 60 秒以内としなければならない。**

ガス漏れ表示とは、黄色のガス漏れ灯と主音響装置によりガス漏れの発生を知らせ、地区表示灯により、ガス漏れの発生した警戒区域を表示することをいう。

ここも覚えて 点数 UP！

警報装置には、音声警報装置、ガス漏れ表示灯、検知区域警報装置の3 種類がある。

音声警報装置は、防火対象物の中にいる人に、音声によりガス漏れの発生を知らせるための装置である。放送設備がある場合は、音声警報装置を省略することができる。

ガス漏れ表示灯は、警戒区域の各部屋（各店舗）の出入り口の通路側に設置する表示灯である。ガス漏れ表示灯が点灯することにより、ガス漏れがどの部屋（店舗）で発生したのかを、通路にいる人に知らせることができる。受信機のガス漏れ灯とは異なり、色に関するきまりはない。

検知区域警報装置は、ガス漏れを検知した区域にいる人に、音響によりガス漏れの発生を知らせる装置である。

こんな選択肢は誤り！

誤った選択肢の例①

ガス漏れ火災警報設備の検知器の検知方式の１つに、~~熱電対による起電力を利用する熱電対式~~がある。

検知器の検知方式は、**半導体**式、**接触燃焼**式、**気体熱伝導度**式の３種類である。熱電対の起電力を利用するものは、自動火災報知設備の感知器にあるが、ガス漏れ火災警報設備の検知器にはない。

誤った選択肢の例②

検知器は、ガスの濃度が爆発下限界の~~1/2~~以上のときに確実に作動し、ガスの濃度が爆発下限界の~~1/100~~以下のときは作動しないようにしなければならない。

検知器は、ガスの濃度が爆発下限界の**1/4**以上のときに確実に作動し、ガスの濃度が爆発下限界の**1/200**以下のときは作動しないようにしなければならない。

ゴロ合わせで覚えよう！

ガス漏れ灯と火災灯の色

おならをしたらイエローカード
（ガス漏れ灯）　（黄色）

火事になったらレッドカード
（火災灯）　（赤）

➡受信機のガス漏れ灯は黄色、火災灯は赤色である（p.179、190 参照）。

練習問題にチャレンジ！

問　題

解答と解説は p.197 ～ 198

問題 01

差動式スポット型感知器に関する説明として、正しいものは次のうちのどれか。

1　周囲の温度の上昇率が一定の値以上になったときに火災信号を発信する感知器で、広範囲の温度変化によって作動する。
2　周囲の温度の上昇率が一定の値以上になったときに火災信号を発信する感知器で、一局所の温度変化によって作動する。
3　一局所の温度が一定の値以上になったときに火災信号を発信する感知器で、外観が電線状である。
4　一局所の温度が一定の値以上になったときに火災信号を発信する感知器で、外観が電線状以外のものである。

➡ Lesson28

問題 02

差動式分布型感知器（空気管式）の作動原理に関する説明として、正しいものは次のうちのどれか。

1　ゼーベック効果により熱電対に生じる熱起電力を利用している。
2　温度変化による半導体の電気抵抗の変化を利用している。
3　異なる金属の熱膨張率の差を利用している。
4　温度上昇による空気の膨張を利用している。

➡ Lesson28

問題 03

煙感知器に関する記述として、誤っているものは次のうちのどれか。

1　煙感知器の煙の検出方式には、イオン化式と光電式があり、それぞれにスポット型と分離型がある。
2　煙感知器の煙の検出方式には、イオン化式と光電式があり、それぞれに蓄積型と非蓄積型がある。
3　光電式スポット型感知器は、周囲の空気に含まれる煙が一定の濃度以上になったときに火災信号を発信する感知器で、一局所の煙による光電素子の受光量の変化により作動する。
4　光電式分離型感知器の公称監視距離は、5～100m の範囲において、5m 刻みで定められる。

➡ Lesson29

問題 04

自動火災報知設備の受信機が火災信号を受信し、火災表示をしたが、非火災報であることがわかった場合の措置として、最も適切なものは次のうちのどれか。

1　感知器からの火災信号が途絶えると、受信機は自動的に監視状態に復旧する。
2　主電源スイッチをいったん切って、受信機を監視状態に復旧させる。
3　火災復旧スイッチを操作して、受信機を監視状態に復旧させる。
4　発信機を操作して、受信機を監視状態に復旧させる。

➡ Lesson30

問題 05

自動火災報知設備の受信機に関する記述として、誤っているものは次のうちのどれか。

1　P 型 1 級受信機（多回線用）に接続できる回線数は、10 回線以下である。
2　P 型 2 級受信機（多回線用）に接続できる回線数は、5 回線以下である。
3　P 型 3 級受信機に接続できる回線数は、1 回線のみである。

4　P 型 1 級受信機（1 回線用）には、地区表示灯を設けなくてよい。

➡ Lesson31

問題 06

P 型 1 級などの受信機に必要な予備電源に関する記述として、誤っているものは次のうちのどれか。

1　予備電源は、密閉型蓄電池でなければならない。
2　主電源が停止したときは主電源から予備電源に、主電源が復旧したときは予備電源から主電源に、自動的に切り替える装置を設けなければならない。
3　予備電源の容量は、2 回線の火災表示とすべての地区音響装置の鳴動を 10 分間継続できるものでなければならない。
4　自動火災報知設備の非常電源の容量が、受信機の予備電源に必要な容量以上のときは、予備電源を省略できる。

➡ Lesson32

問題 07

ガス漏れ火災警報設備に関する記述として、誤っているものは次のうちのどれか。

1　検知器は、ガスの濃度が爆発下限界の 1/4 以上のときに確実に作動しなければならない。
2　検知器は、ガスの濃度が爆発下限界の 1/100 以下のときは作動しないようにしなければならない。
3　検知器は、ガス漏れ信号を発する濃度のガスに接したときは、60 秒以内に信号を発するようにしなければならない。
4　受信機がガス漏れ信号の受信を開始してから、ガス漏れ表示までの所要時間は 60 秒以内としなければならない。

➡ Lesson33

解答と解説　問題は p.194 ～ 196

問題 01　正解　2

1　×　選択肢の記述は、差動式分布型感知器に関する説明である。
2　○　選択肢の記述は、差動式スポット型感知器に関する説明である。
3　×　選択肢の記述は、定温式感知線型感知器に関する説明である。
4　×　選択肢の記述は、定温式スポット型感知器に関する説明である。

➡ 間違えた人は、Lesson 28 を復習しよう。

問題 02　正解　4

1　×　選択肢の記述は、差動式分布型感知器（熱電対式）、または差動式スポット型感知器のうち、熱起電力を利用するものの作動原理である。
2　×　選択肢の記述は、差動式スポット型感知器のうち、温度検知素子を利用するものの作動原理である。
3　×　選択肢の記述は、定温式スポット型感知器のうち、バイメタルを利用するものの作動原理である。
4　○　選択肢の記述は、差動式分布型感知器（空気管式）、または差動式スポット型感知器のうち、空気の膨張を利用するものの作動原理である。

➡ 間違えた人は、Lesson 28 を復習しよう。

問題 03　正解　1

1　×　イオン化式の煙感知器は、スポット型のみである。
2　○　煙感知器の煙の検出方式には、イオン化式と光電式があり、それぞれに蓄積型と非蓄積型がある。
3　○　光電式スポット型感知器は、周囲の空気に含まれる煙が一定の濃度以上になったときに火災信号を発信する感知器である。
4　○　光電式分離型感知器の送光部と受光部は、5 ～ 100m 離して設置し、公称監視距離は、5 ～ 100m の範囲において、5m 刻みで定められる。

➡ 間違えた人は、Lesson 29 を復習しよう。

問題 04 **正解 3**

P 型 3 級受信機を除く受信機には自己保持機能があるので、感知器からの火災信号が途切れても、火災復旧スイッチを操作しない限り火災表示が継続される。

➡ 間違えた人は、Lesson 30 を復習しよう。

問題 05 **正解 1**

P 型 1 級受信機（多回線用）には、接続できる回線数の制限はない。P 型 1 級受信機（1 回線用）には、地区表示灯を設けなくてよい。

➡ 間違えた人は、Lesson 31 を復習しよう。

問題 06 **正解 4**

1 ○ 予備電源は、密閉型蓄電池でなければならない。

2 ○ 予備電源とは、常用電源（主電源）や非常電源が遮断されたときに、自動火災報知設備が必要最小限の機能を保持するための電源である。

3 ○ 予備電源の容量は、2 回線の火災表示とすべての地区音響装置の鳴動を 10 分間継続できるものでなければならない。

4 × 自動火災報知設備の非常電源の容量にかかわらず、受信機の予備電源を省略することはできない。

➡ 間違えた人は、Lesson 32 を復習しよう。

問題 07 **正解 2**

1 ○ 検知器は、ガスの濃度が爆発下限界の 1/4 以上のときに作動するようにしなければならない。

2 × 検知器は、ガスの濃度が爆発下限界の 1/200 以下のときは作動しないようにしなければならない。

3 ○ 検知器は、信号を発する濃度のガスに接したときに、60 秒以内に信号および警報を発するようにしなければならない。

4 ○ 受信機がガス漏れ信号の受信を開始してから、ガス漏れ表示までの所要時間は 60 秒以内としなければならない。

➡ 間違えた人は、Lesson 33 を復習しよう。

消防用設備等の設置基準

4章のレッスンの前に

まず、これだけ覚えよう！

消防用設備等の中でも、第４類消防設備士が扱う主な対象である自動火災報知設備について、第１章では、自動火災報知設備の設置が義務づけられている防火対象物を、第３章では、自動火災報知設備の主要な部分である、感知器や受信機などの構造と機能を学んできた。

続いて、この章では、自動火災報知設備の設置基準、つまり、実際の防火対象物に対して、具体的にどのように感知器や受信機などを設置しなければならないのかを見ていくことにする。この章の内容は、第７章で取り上げる、実技試験の製図問題に取り組む際の基礎的な知識としても役立つことになるので、しっかり身に付けておこう。

まずは、警戒区域、感知区域という２つの重要な用語について、おおまかな意味をつかんでおこう。

① 警戒区域とは？

自動火災報知設備の警戒区域とは、火災の発生した区域を他の区域と区別して識別することができる最小単位の区域をいう。自動火災報知設備では、警戒区域ごとに回線を設けて、感知器等を設置する。受信機に火災信号が届いた場合は、その信号がどの回線から発信されたかによって、火災が発生した区域を特定することができる。

防火対象物の規模が大きければ大きいほど、万一火災が発生したときに、建物のどの部分でその火災が起きているのかを、いち早く正確に知ることが重要になる。警戒区域を定める理由はそこにある。

言うまでもなく、自動火災報知設備の受信機に接続される回線の数は、その自動火災報知設備が設置されている防火対象物（またはその一部分）の警戒区域の数と一致する。

P型1級受信機（多回線用）は接続できる回線の数に制限がないこと、P型2級受信機（多回線用）に接続できるのは5回線以下であることなどは、第3章ですでに取り上げたが、そのことを別の表現で言い表すと、警戒区域の数が5を超える防火対象物に設置する自動火災報知設備の受信機は、P型1級受信機（多回線用）でなければならないことになる。

防火対象物の規模が大きくなるほど、警戒区域の数が増えて、受信機に接続する回線数も多くなるんですね。

② 感知区域とは？

感知区域とは、感知器が有効に火災の発生を感知できる区域をいう。警戒区域と混同しやすい用語だが、警戒区域を定める目的が、防火対象物をいくつかの区域に分割して、火災が発生した場所を特定しやすくすることにあるのに対して、感知区域は、感知器が有効にその機能を果たすことができる範囲ごとに、防火対象物を区切るものである。

感知区域に関する具体的な規定については、Lesson 34以降の本文で取り上げるとして、ここでは、話をわかりやすくするために、感知区域とは、壁などで隔てられたひとつひとつの部屋に相当するものと考えておこう。通常、1つの感知区域には1個、またはいくつかの同じ種類の感知器が設置される。

一般に、警戒区域の範囲は感知区域よりも広く、1つの警戒区域の中にいくつかの感知区域がある場合がほとんどだが、特殊な例として、警戒区域よりも広い感知区域も存在する（体育館のような広い場所に、光電式分離型感知器が設置される場合がそれに当たる）。

自動火災報知設備の警戒区域

レッスンの Point　重要度 ★★☆

自動火災報知設備の警戒区域の設定に関する基準を覚えよう。階段等のたて穴区画については基準が異なることに注意しよう。

必ず覚える基礎知識はこれだ！

すでに説明したように、警戒区域とは、防火対象物において火災が発生した場合に、その場所を特定しやすくするために定められる区域で、規模の大きい防火対象物は、通常、いくつかの警戒区域に分けられる。

警戒区域の面積や長さについては、次のとおりである。

ゴロ合わせ → p.370

- 警戒区域の面積は、原則として 600m² 以下とする（ただし、防火対象物の主要な出入り口からその区域の内部を見通すことができる場合は、警戒区域の面積を 1000m² 以下とすることができる）。
- 警戒区域の一辺の長さは、50m 以下とする。ただし、光電式分離型感知器を設置する場合は、一辺の長さを 100m 以下とする。

例えば、体育館のような建物は、出入り口から内部全体を見通すことができるので、警戒区域の面積を 1000m² 以下にすることができるんだ。

このように、基本的には、面積と長さを基準にして防火対象物を分割したものが警戒区域となる。これに、階数による規定が加わる。

- 警戒区域は、原則として 2 つ以上の階にわたってはならない。ただし、合計の面積が 500m² 以下の場合は、2 つの階にわたることができる（3 つ以上の階にわたることはできない）。

- 階段、傾斜路、エレベーター昇降路などのたて穴区画に煙感知器を設置する場合は、2つ以上の階にわたることができる（p.204参照）。

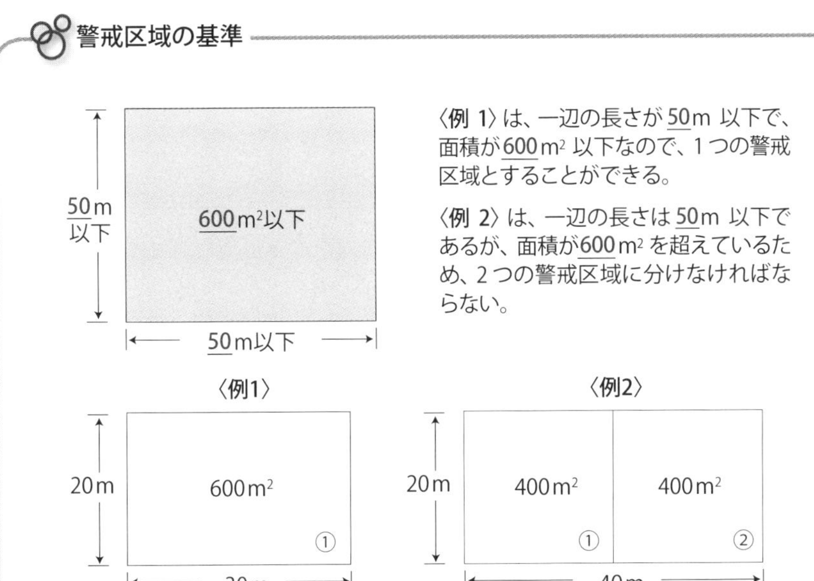

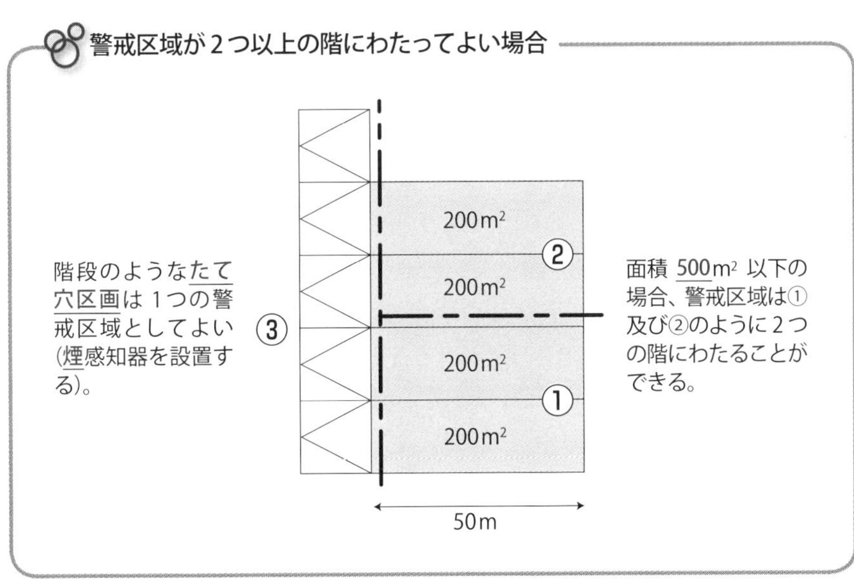

出題されるポイントはここだ！

ポイント◎ 1

警戒区域の面積は、600m² 以下とする。

防火対象物の主要な出入り口からその区域の内部を見通すことができる場合は、警戒区域の面積を 1000m² 以下とすることができる。

ポイント◎ 2

警戒区域の一辺の長さは、50m 以下とする。

光電式分離型感知器を設置する場合は、一辺の長さを 100m 以下とする。

ポイント◎ 3

警戒区域は、原則として 2 つ以上の階にわたってはならない。

合計の面積が 500m² 以下の場合は、2 つの階にわたることができるが、3 つ以上の階にわたることはできない。

ここも覚えて 点数 UP！

水平距離 50m 以下の範囲にあるたて穴区画は、同一の警戒区域にすることができる。

p.202 ですでに述べたように、階段、傾斜路、エレベーター昇降路、パイプダクトなどのたて穴区画については、警戒区域の設定に関する基準が通常とは異なり、警戒区域は 2 つ以上の階にわたることができる（たて穴区画の場合は、3 つ以上の階にわたることもできる）。たて穴区画の警戒区域については、次のような規定もある。

- 階段、傾斜路、エレベーター昇降路、パイプダクトなどのたて穴区画は、それらが水平距離 50m 以下の範囲にある場合は、同一の警戒区域にすることができる。

地階の階数が2以上の場合は、階段の地上部分と地下部分を別の警戒区域にしなければならない。 ゴロ合わせ → p.371

たて穴区画の中で、階段については、警戒区域の設定に関する基準が少し厳しくなっており、次のような規定がある。

- 階段は、地下1階までは地上部分と同一の警戒区域とすることができるが、地階の階数が2以上の場合は、階段の地上部分と地下部分を別の警戒区域にしなければならない。
- 高層で階数の多い防火対象物の場合、階段は、地上階を45mごとに区切って警戒区域を設定する。

たて穴区画の警戒区域（例）

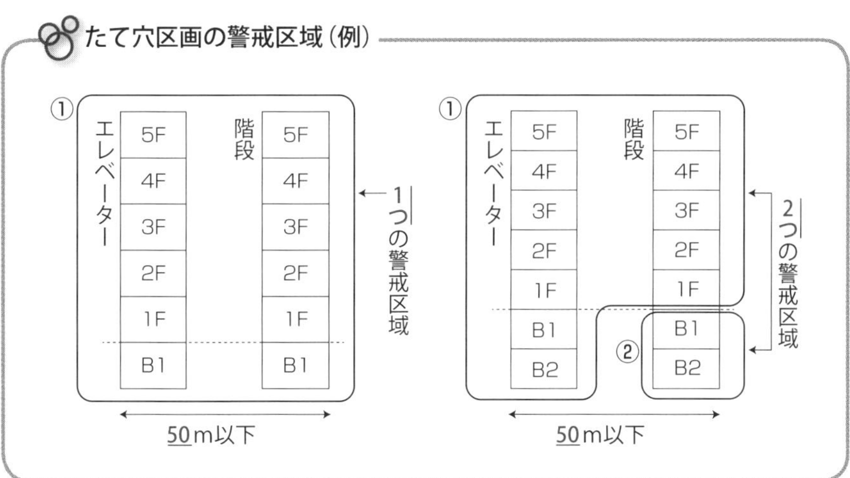

こんな選択肢は誤り！

誤った選択肢の例

自動火災報知設備の警戒区域の面積は、原則として~~1000~~m^2以下とし、一辺の長さは~~100~~m以下とする。

自動火災報知設備の警戒区域の面積は、原則として600m^2以下とし、一辺の長さは50m以下とする。

Lesson 35 自動火災報知設備の設置基準①〈感知器を取り付ける場所〉

レッスンの Point　重要度 ★★☆

感知器を設置する感知区域の定義や、感知器の設置位置に関する基準を覚えよう。

必ず覚える基礎知識はこれだ！

感知区域とは、感知器が有効に火災の発生を感知できる区域のことで、次のように定義されている。

• 感知区域とは、壁、または感知器の取付け面から 0.4m 以上（差動式分布型感知器、煙感知器を設置する場合は 0.6m 以上）突出したはり等によって区画された部分をいう。 ゴロ合わせ → p.371

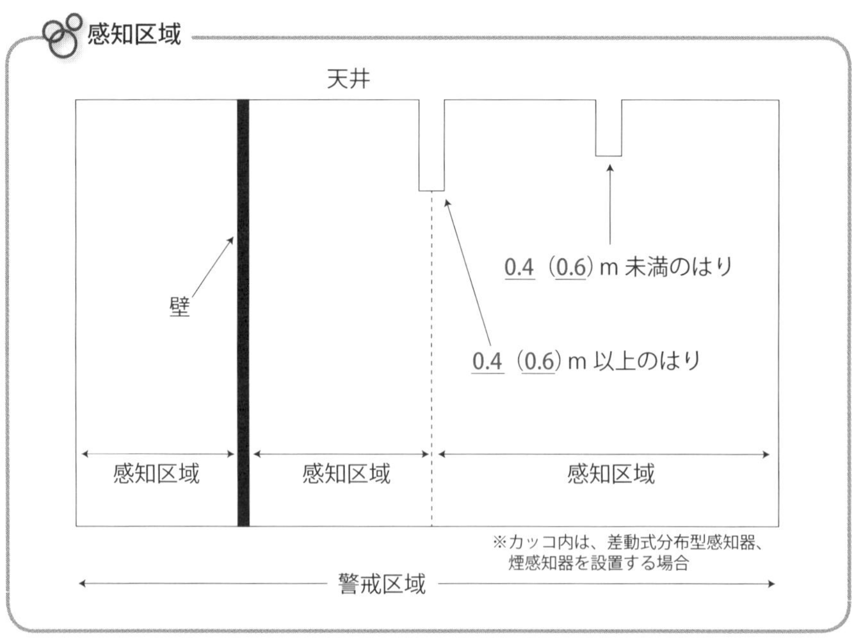

壁で区切られた部分とは、つまり、建物の中のひとつひとつの部屋のことであるから、それらが、それぞれ独立した感知区域になることは自然に理解できる。しかし、感知区域を区切るのは壁だけではなく、同じ部屋の中でも、感知器の取付け面から 0.4m 以上（差動式分布型感知器、煙感知器を設置する場合は 0.6m 以上）突出したはりがある場合は、複数の感知区域に分かれる。感知器の取付け面とは、通常は部屋の天井であり、はりの下端が天井よりも 0.4m 以上低い場合は、そのはりによって感知区域が区画されることになる。

火災により生じた熱気や煙は、部屋の天井付近に上っていくので、はりにさえぎられると、それ以上広がりにくくなるんだ。

だから、はりで区切られた部分ごとに感知器を設置しないと、火災の発見が遅れてしまうおそれがあるんですね。

出題されるポイントはここだ！

ポイント◎1

感知区域とは、感知器が有効に火災の発生を感知できる区域のことである。

感知区域は、壁、または感知器の取付け面から 0.4m 以上（差動式分布型感知器、煙感知器を設置する場合は 0.6m 以上）突出したはりなどによって区画された部分と定義されている。

ポイント◎2

感知器は、取付け面の下方 0.3m 以内（煙感知器は 0.6m 以内）に設置する。

煙感知器以外の感知器は、下端が取付け面（天井など）の下方 0.3m 以内の位置に、煙感知器は、下端が取付け面の下方 0.6m 以内の位置になるように設置しなければならない。

ポイント○ 3

感知器は、空気吹出し口から 1.5m 以上離して設置する。

感知器は、空調設備等の影響を避けるため、換気口等の空気吹出し口から 1.5m 以上離して設置しなければならない（差動式分布型感知器、光電式分離型感知器、炎感知器を除く）。

天井付近に吸気口がある場合は、煙感知器（光電式分離型を除く）に限り、吸気口の付近に設置するように定められている。煙は吸気口に向かって流れていくからね。

ポイント○ 4

差動式分布型感知器の検出部は 5 度以上、炎感知器を除くスポット型感知器は 45 度以上傾斜させてはならない。

上記のほか、光電式分離型感知器と炎感知器は、90 度以上傾斜させてはならない。

ポイント◎ 5

20m 以上の高さに設置できる感知器は、炎感知器のみである。

取付け面の高さにより、設置できる感知器の種類は異なる（下表参照）。

取付け面の高さと設置できる感知器の種類

感知器の種類 ＼ 取付面の高さ	熱感知器						煙感知器			炎感知器
	定温式			差動式スポット型	差動式分布型	補償式スポット型				
	特種	1種	2種				1種	2種	3種	
4 m 未満	○	○	○	○	○	○	○	○	○	○
4 m 以上 8 m 未満	○	○	—	○	○	○	○	○	—	○
8 m 以上 15 m 未満	—	—	—	—	○	—	○	○	—	○
15 m 以上 20 m 未満	—	—	—	—	—	—	○	—	—	○
20 m 以上	—	—	—	—	—	—	—	—	—	○

ここも覚えて　点数UP！

感知区域に設置する感知器の個数は、感知区域の面積と感知器の感知面積によってきまる。

感知面積とは、1個の感知器が有効に火災を感知できる面積のことで、感知器の種別と取付け面の高さに応じて定められている。感知器は、感知区域ごとに、その感知器の感知面積につき1個以上設置しなければならない。したがって、感知区域全体をカバーするために必要な感知器の数は次の式で求められる。

$$\text{感知器の設置個数} = \frac{\text{感知区域の面積}}{\text{感知器の感知面積}} \quad \text{（端数は切り上げる）}$$

熱感知器の感知面積

取付面の高さ ＼ 熱感知器		差動式スポット型 補償式スポット型		定温式スポット型		
		1種	2種	特種	1種	2種
4m未満	主要構造部が耐火構造	90 m^2	70 m^2	70 m^2	60 m^2	20 m^2
	その他の構造	50 m^2	40 m^2	40 m^2	30 m^2	15 m^2
4m以上 8m未満	主要構造部が耐火構造	45 m^2	35 m^2	35 m^2	30 m^2	—
	その他の構造	30 m^2	25 m^2	25 m^2	15 m^2	—

スポット型煙感知器の感知面積

取付面の高さ	1種	2種	3種
4m未満	150 m^2	150 m^2	50 m^2
4m以上15m未満	75 m^2	75 m^2	—
15m以上20m未満	75 m^2	—	—

✤ こんな選択肢は誤り！ ✤

誤った選択肢の例①

差動式スポット型感知器は、下端が取付け面の下方 ~~0.6~~m 以内の位置になるように設置しなければならない。

差動式スポット型感知器は、下端が取付け面の下方 0.3m 以内の位置になるように設置しなければならない。

誤った選択肢の例②

光電式スポット型感知器（3 種）は、~~8~~m 未満の高さの取付け面に設置することができる。

光電式スポット型感知器（3 種）を設置できるのは、4m 未満の高さの取付け面に限られる。

誤った選択肢の例③

差動式スポット型感知器は、~~60~~ 度以下ならば、傾けて設置することができる。

炎感知器を除くスポット型感知器は 45 度以上傾斜させてはならない。

ゴロ合わせで覚えよう！

取付け面の高さと設置できる感知器

炎が二重に見えたら異常？

➡ 20m 以上の高さに設置できるのは、炎感知器のみである。

自動火災報知設備の設置基準②〈感知器の選択〉

レッスンの Point　重要度 ★★★

防火対象物の場所に応じて、適応する感知器の種類がわかるようにしよう。

必ず覚える基礎知識はこれだ！

同じ防火対象物の中でも、場所によって設置できる感知器の種類は異なる。取り付け面の高さと設置できる感知器の種類の関係については、p.208ですでに取り上げたが、それ以外にもさまざまな基準が設けられており、それぞれの場所に適応する感知器を選択することが必要になる。特に、煙感知器について多くの基準が設けられているので、感知器を選択する際は、その場所が「煙感知器を設置しなければならない場所」「煙感知器を設置できない場所」のどちらかに該当していないかどうかを、まず確認する。

煙感知器等を設置しなければならない場所

設置場所	設置できる感知器
階段、傾斜路、エレベーターの昇降路、リネンシュート、パイプダクト等	煙感知器
廊下及び通路（特定防火対象物、寄宿舎、下宿、共同住宅、公衆浴場、工場、作業場、映画スタジオ、テレビスタジオ、事務所等のもの）	煙感知器 熱煙複合式スポット型感知器
カラオケボックス等の個室	煙感知器 熱煙複合式スポット型感知器
地階・無窓階・11階以上の部分（特定防火対象物、事務所等のもの）	煙感知器 熱煙複合式スポット型感知器 炎感知器

煙感知器（熱煙複合式スポット型感知器を含む）を設置できない場所

設置できる感知器＼煙感知器を設置できない場所	熱感知器					炎感知器
	定温式	差動式スポット型	差動式分布型	補償式スポット型	熱アナログ式スポット型	
じんあい、微粉等が多量に滞留する場所（ごみ集積所など）	○	○※4	○	○	○	○
水蒸気が多量に滞留する場所（湯沸室、脱衣室など）	○※1	○※1	2種のみ	2種のみ※1	○※1	−
腐食性ガスが発生するおそれのある場所（メッキ工場など）	○※2	−	○	○※2	○※2	−
正常時において煙が滞留する場所（厨房など）	○※3	−	−	−	○※3	−
著しく高温となる場所（ボイラー室、殺菌室など）	○	−	−	−	○	−
排気ガスが多量に滞留する場所（駐車場など）	−	○	○	○	○	○
煙が多量に流入するおそれのある場所（配膳室など）	○	○	○	○	○	−
結露が発生する場所（スレート、鉄板で葺いた屋根の倉庫・工場など）	○※1	○※1	○	○※1	○※1	−

※1　防水型のもの　※2　耐酸性、または耐アルカリ性のもの
※3　高湿度になるおそれのある場合は防水型のもの　※4　構造上リーク孔のないもの

出題されるポイントはここだ！

ポイント◎ 1　階段、傾斜路、エレベーターの昇降路などには、煙感知器を設置しなければならない。

階段、傾斜路、エレベーターの昇降路、リネンシュート、パイプダクト等には、煙感知器を設置しなければならない。

ゴロ合わせ → p.372

煙感知器、熱煙複合式スポット型感知器のどちらかを設置しなければならない場所、炎感知器を含むいずれかを設置しなければならない場所については、p.211 の表を見よう。

ポイント◎ 2

ほこりや水蒸気が多量に滞留する場所には、煙感知器は設置できない。

煙感知器は、ほこりや水蒸気が多量に滞留する場所などでは非火災報を発しやすいので、そのような場所には、煙感知器ではなく、熱感知器等を設置しなければならない（煙感知器を設置できないその他の場所は、p.212 の表参照）。

ポイント○ 3

排気ガスが多量に滞留する場所には、定温式の熱感知器は設置できない。

定温式の熱感知器は、排気ガスが多量に滞留する場所には設置できない。差動式分布型感知器は、著しく高温となる場所、厨房その他煙が滞留する場所には設置できない（p.212 の表参照）。

ポイント○ 4

水蒸気が多量に滞留する場所に設置できる差動式分布型感知器は、2 種のみである。

2 種よりも感度のよい 1 種は、非火災報を発する可能性も高くなるためである。

ポイント○ 5

火炎が露出する設備が設けられている場所には、炎感知器は設置できない。

火を使用する設備で火炎が露出するものが設けられている場所（ガラス工場、溶接作業所など）には、炎感知器は設置できない。また、煙感知器を設置できない場所の多くには、炎感知器も設置できない（p.212 の表参照）。

ここも覚えて 点数 UP！

閉鎖型スプリンクラーヘッドを備えたスプリンクラー設備等を設置した場合、その有効範囲内の部分には感知器を設置しなくてよい。ただし、特定防火対象物と、煙感知器の設置義務がある場所を除く。

このほか、感知器を設置しなくてよい場所は、次の通りである。

- 主要構造部を耐火構造にした建物の天井裏
- 天井と上階の床の間が 0.5m 未満の天井裏

- 便所、浴室
- 押入れ等の部分で、天井や壁が不燃材料で造られており、その場所で出火しても延焼のおそれがない場合、または、その上部の天井裏に感知器が設置されている場合
- 感知器の取付け面の高さが 20m 以上である場所（炎感知器を除く）
- 上屋、その他外部の気流が流通する場所で、感知器によっては火災の発生を有効に感知できない場所（炎感知器を除く）

✲ こんな選択肢は誤り！ ✲

誤った選択肢の例①

小学校の階段に設置できる感知器は、煙感知器、~~熱煙複合式スポット型感知器のいずれか~~である。

防火対象物の用途にかかわらず、階段に設置できる感知器は、**煙感知器**のみである。

誤った選択肢の例②

ホテルの、煙感知器の設置義務がない場所に、閉鎖型スプリンクラーヘッドを備えたスプリンクラー設備を設置した場合、~~その有効範囲内の部分には感知器を設置しなくてよい~~。

ホテルは**特定防火対象物**なので、閉鎖型スプリンクラーヘッドを備えたスプリンクラー設備を設置した場合も、感知器の設置を省略することはできない。

「煙感知機の設置義務がない場所」という条件に惑わされないようにしよう。

自動火災報知設備の設置基準③〈感知器の種類による設置基準〉

レッスンの Point

重要度 ★★★

感知器の種類ごとに設けられ、その感知器のみに適用される設置基準を覚えよう。

必ず覚える基礎知識はこれだ！

第３章ですでに見てきたように、感知器には熱感知器、煙感知器、炎感知器があり、そのそれぞれに、作動原理の異なるさまざまな種類のものがある。そして、それぞれの感知器に対して、その感知器のみに適用される設置基準も設けられている。感知器は、各感知器に共通する基準だけでなく、それぞれの感知器の基準にも適合するように設置しなければならない。

出題されるポイントはここだ！

ポイント◎ 1

定温式感知器は、正常時における周囲の最高温度が、公称作動温度より20℃以上低い場所に設置しなければならない。

逆に言うと、定温式感知器を設置する場合は、公称作動温度が正常時の最高周囲温度より20℃以上高い感知器を設置すればよい。

ポイント○ 2

差動式分布型感知器（空気管式）の空気管の露出部分は、感知区域ごとに20m 以上とする。

空気管の露出部分は、感知区域ごとに20m 以上とし、１つの検出部に接続する空気管の長さは100m 以内とする。空気管が短すぎると誤作動のおそれがあるので、部屋が小さい場合は空気管を２回りさせるなどして20m 以上にする。

ポイント◎ 3

煙感知器（光電式分離型を除く）は、壁やはりから0.6m以上離して設置する。

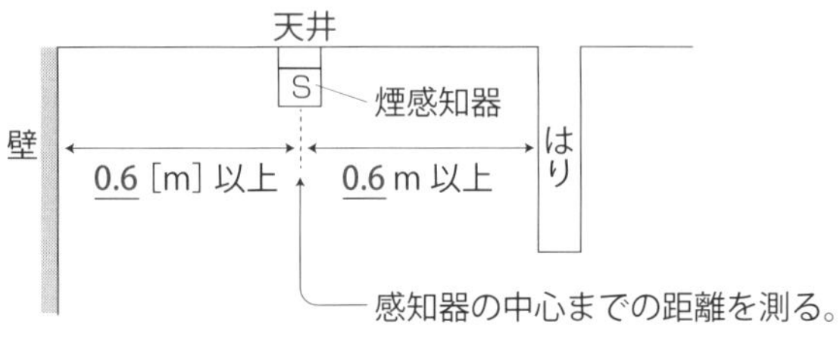

ポイント◎ 4

煙感知器（光電式分離型を除く）を廊下、通路に設置する場合は、歩行距離 30m につき 1 個以上とする。

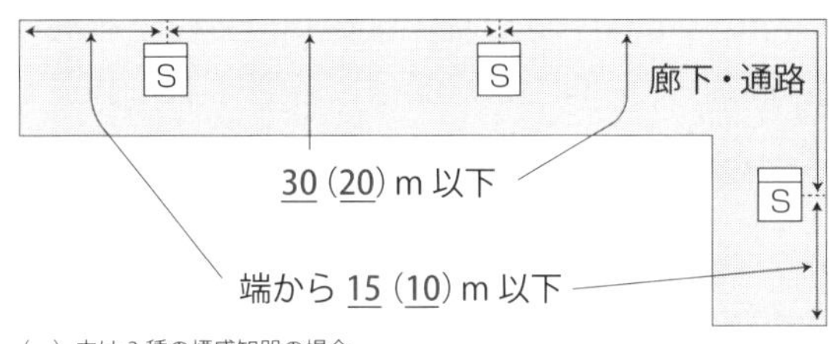

ゴロ合わせ → p.372

廊下、通路が 10m 以下の場合は、感知器を省略できる。廊下、通路から階段までの歩行距離が 10m 以下の場合も同じだよ。

ポイント◎ 5

煙感知器（光電式分離型を除く）を階段、傾斜路に設置する場合は、垂直距離 15m につき 1 個以上とする。

設置する煙感知器が 3 種の場合は、垂直距離 10m につき 1 個以上とする。特定 1 階段等防火対象物（p.59 参照）の場合は、垂直距離 7.5m につき 1 個以上とする（3 種は不可）。

ここも覚えて 点数UP！

差動式分布型感知器（空気管式）は、感知区域の取付け面の各辺から1.5m以内の位置に設置する。

差動式分布型感知器(空気管式)は、感知区域の取付け面の各辺から1.5m以内の位置に設け、かつ、相対する空気管の相互間隔を6m以下（主要構造部を耐火構造とした防火対象物の場合は9m以下）となるように設置しなければならない。

ただし、特例として空気管の経路を省略できる場合もあるんだ。下の図を見よう。

差動式分布型感知器（空気管式）の設置基準

基本的な配置

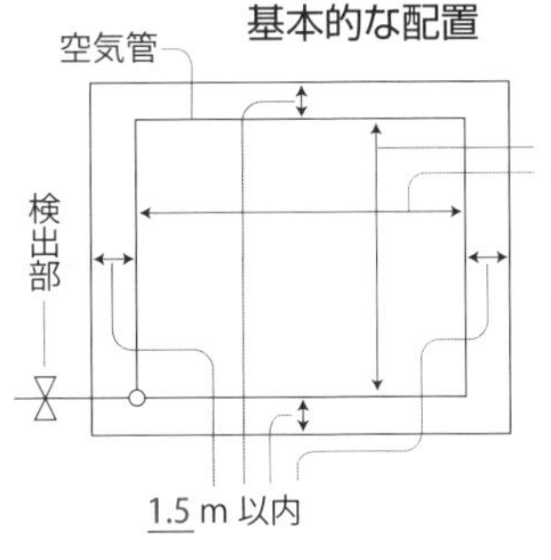

〈一辺省略〉

このように壁に沿う一辺を省略できる。

L
L′

Lが5m以下（耐火構造の場合は6m以下）ならば、L′は6m（耐火構造の場合は9m）を超えてよい。

〈二辺省略〉

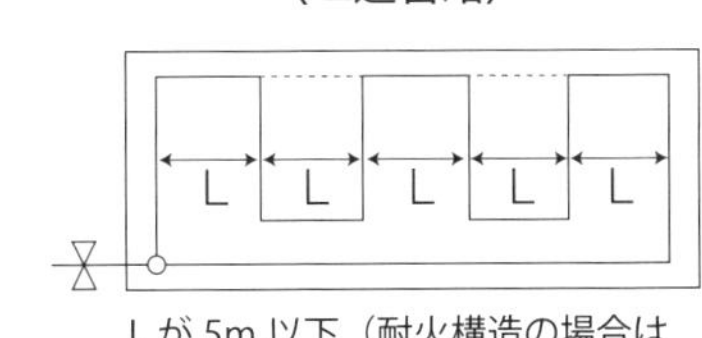

Lが5m以下（耐火構造の場合は6m以下）ならば、図のように壁に沿う二辺を省略できる。

光電式分離型感知器は、壁により区画された区域の各部分から光軸までの水平距離が 7m 以下になるように設置する。

光電式分離型感知器の設置基準は、以下の通りである。

①光軸（こうじく）（感知器の送光面の中心と受光面の中心を結ぶ線をいう）が、並行する壁と 0.6m 以上離れるようにする。

②送光部と受光部は、背部の壁から 1 m 以内の位置に設ける。

③光軸の高さは、天井等の高さの 80%以上とする。

④光軸の長さは、感知器の公称監視距離の範囲内とする。

⑤壁によって区画された区域ごとに、その区域の各部分から光軸までの水平距離が 7 m 以下になるようにする。したがって、光軸間の距離は 14 m 以下にしなければならない。

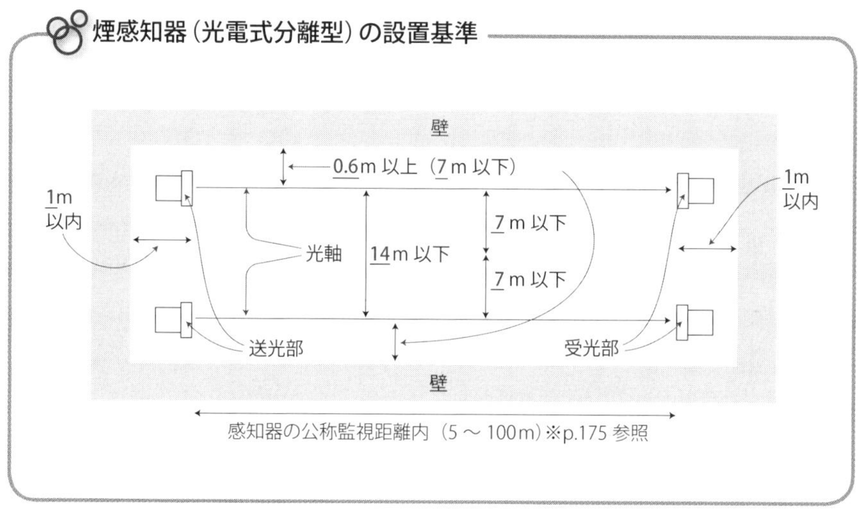

炎感知器は、床面からの高さ 1.2m までの空間に未監視部分が生じないように設置する。

炎感知器は、床面からの高さ 1.2m までの空間を監視空間とし、その空間に未監視部分が生じないように設置する。また、監視空間の各部分から感知器までの距離が、感知器の公称監視距離の範囲内になるように設置する。

✲　こんな選択肢は誤り！　✲

誤った選択肢の例①

定温式感知器は、正常時の周囲の最高温度が、公称作動温度より~~10~~℃以上低い場所に設置しなければならない。

定温式感知器は、正常時の周囲の最高温度が、公称作動温度より<u>20</u>℃以上低い場所に設置しなければならない。

誤った選択肢の例②

廊下や通路に煙感知器を設置する場合、3種のものは、歩行距離~~30~~mにつき1個以上とする。

廊下や通路に煙感知器を設置する場合、1、2種のものは歩行距離<u>30</u>mにつき1個以上、3種のものは、歩行距離<u>20</u>mにつき1個以上とする。

ゴロ合わせで覚えよう！

定温式感知器の設置基準

低い声がいい感じ！
（低音→定温）（感知器）

いつもサイコーに自由！ だけど、
（正常時）（最高温度）（20）　（℃）

異常に低い収入…
（以上）（低い）

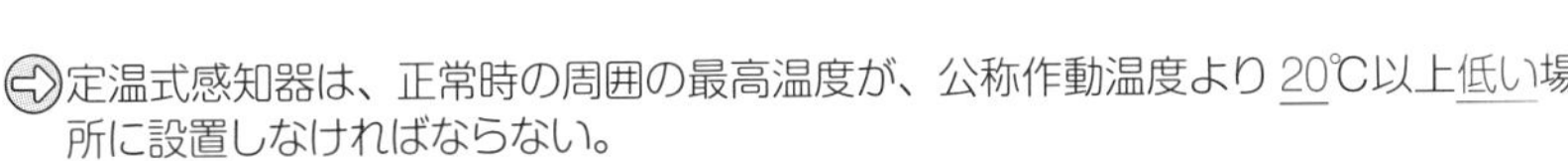
⇨定温式感知器は、正常時の周囲の最高温度が、公称作動温度より<u>20</u>℃<u>以上低い</u>場所に設置しなければならない。

自動火災報知設備の設置基準④〈受信機・発信機〉

レッスンの Point　重要度 ★★★

自動火災報知設備の受信機の種類と、設置できる防火対象物の関係を覚えよう。

必ず覚える基礎知識はこれだ！

自動火災報知設備の受信機は、防火対象物の中の、防災センター、中央管理室、守衛室、管理人室、用務員室など、常時人がいる場所に設置し、受信機が火災信号を受信し、火災表示を行ったときに、直ちに火災の発生に気づき、防火対象物の中にいる人を避難させ、消火活動を行うなど、適切な行動をとれるようにしなければならない。

そのためには、視認しやすく、操作を行いやすい位置に受信機を設置することも重要だよ。

受信機にもさまざまな種類があるが、p.201 で述べたように、防火対象物の警戒区域によって受信機に接続する回線の数がきまるので、それだけの回線数を接続できる受信機を選択しなければならない。また、受信機の種類によって、1 つの防火対象物に設置できる台数が制限されているものもある。また、防火対象物の延べ面積による制限もある（ともに、次ページの表参照）。

防火対象物の規模によって、設置できる受信機の種類が制限されることもあるんですね。

受信機の設置基準

受信機の種類	1つの防火対象物に設置できる台数	防火対象物の延べ面積による制限
P型（GP型）1級（多回線用）	制限なし	制限なし
R型（GR型）	制限なし	制限なし
P型（GP型）1級（1回線用）	2台まで	制限なし
P型（GP型）2級（多回線用）	2台まで	制限なし
P型（GP型）2級（1回線用）	2台まで	350 m² 以内
P型（GP型）3級	2台まで	150 m² 以内

出題されるポイントはここだ！

ポイント◎ 1

受信機の操作スイッチは、床面から0.8m以上1.5m以下の高さにする。

受信機は、操作スイッチの部分が、床面から0.8 m以上（いすに座って操作する場合は0.6 m以上）1.5 m以下の高さになるように設置する。操作スイッチ以外の部分（表示灯など）は、上記の範囲の高さでなくともよい。

ポイント○ 2

1つの防火対象物に2台以上の受信機を設置する場合は、それらがある場所の間で相互に通話できるようにする。

1つの防火対象物に2台以上の受信機を設置する場合は、それらがある場所の間で相互に通話することができる設備を設けなければならない。ただし、それらの受信機が同一室内に設けられているときは、通話装置は不要である。

ポイント◎ 3

P型1級受信機（1回線用）、P型2級受信機、P型3級受信機は、1つの防火対象物に3台以上設置してはならない。

1つの防火対象物に3台以上設置できる受信機は、P型（GP型）1級受信機（多回線用）と、R型（GR型）受信機である。

ポイント◎ 4

P型2級受信機（1回線用）を設置できるのは、延べ面積350m^{2}以内の防火対象物に限られる。

P型3級受信機を設置できるのは、延べ面積150m^{2}以内の防火対象物に限られる。

ここも覚えて 点数UP！

発信機は、各階ごとに、その階の各部分からいずれかの発信機までの歩行距離が50m以下になるように設置する。

発信機は、火災の発生に気づいた人が手動でボタンを押し、受信機に火災信号を送るためのものであるから、防火対象物のどこで火災が起きても、すぐに発信機を見つけて操作できるようにしなければならない。そのため、発信機については、次のような設置基準が設けられている。

- 各階ごとに、その階の各部分からいずれかの発信機までの歩行距離が50m以下になるように設置すること。
- 床面から0.8m以上1.5 m以下の高さに設置すること。
- 発信機の直近の箇所に、赤色の表示灯を設けること（直近に屋内消火栓の表示灯がある場合は省略できる）。
- 発信機の外箱は赤色とすること。
- 押しボタンの保護板には、透明の有機ガラスを用いること。

発信機と消火栓が1か所にまとめられている場合は、赤い表示灯が1つあればよい。大きなビルの廊下などにそんな場所がないか、よく観察してみよう。

一般に広く使用されている発信機は、P型1級発信機とP型2級発信機の2種類である。両者の違いは、**確認ランプと電話ジャックの有無**で、これらを備えているのがP型1級である。**確認ランプ**は、受信機が火災信号を受報したときに点灯するランプで、発信者はこれにより、火災信号が確かに伝えられたことを知ることができる。**電話ジャック**は、専用の送受話器を差し込むことにより、受信機側と通話できるようにしたものである。

発信機の外観

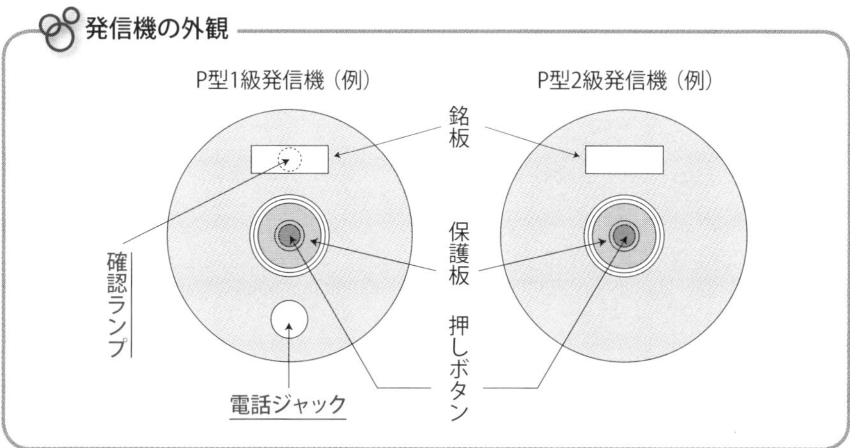

P型1級受信機には、P型1級発信機を接続する。

受信機と発信機の対応

受信機	発信機
P型（GP型）1級（多回線用）	P型1級
P型（GP型）1級（1回線用）	
R型（GR型）	
P型（GP型）2級（多回線用）	P型2級
P型（GP型）2級（1回線用）	発信機を接続しなくてもよい
P型（GP型）3級	

✼ こんな選択肢は誤り！ ✼

誤った選択肢の例①

P型1級受信機（1回線用）を1つの防火対象物に設置できる台数は、最大で~~3~~台までである。

P型1級受信機（1回線用）を1つの防火対象物に設置できる台数は、最大で2台までである。

誤った選択肢の例②

P型2級受信機（1回線用）を設置できる防火対象物の延べ面積は、最大で~~150~~m² である

P型2級受信機（1回線用）を設置できる防火対象物の延べ面積は、最大で350m² である

ゴロ合わせで覚えよう！

発信機の設置基準

火事を知らせたいときは、
（火事を知らせる＝発信機）

どこからでも
（その階のどこからでも）

ご自由に
（50m以下）

➡発信機は、各階のどの場所からも、歩行距離が50m以下の位置にいずれかの発信機があるように設置しなければならない。

自動火災報知設備の設置基準⑤〈地区音響装置〉

重要度 ★★☆

レッスンのPoint

地区音響装置の設置基準、区分鳴動となる場合の条件や、鳴動状況について覚えよう。

必ず覚える基礎知識はこれだ！

地区音響装置は、音響または音声により、防火対象物の中にいる人に火災の発生を知らせる装置である。一般に、非常ベルと呼ばれることが多い。地区音響装置は、防火対象物の各所に配置され、火災が発生し、自動火災報知設備の受信機が火災信号を受信したときは、受信機から信号を受けて鳴動する。防火対象物の階ごとに、その階の各部分からいずれかの地区音響装置までの水平距離が25m以下になるように設置するよう定められている。

この場合、基準となるのは歩行距離ではなく、水平距離であることに注意しよう。

地区音響装置の設置基準

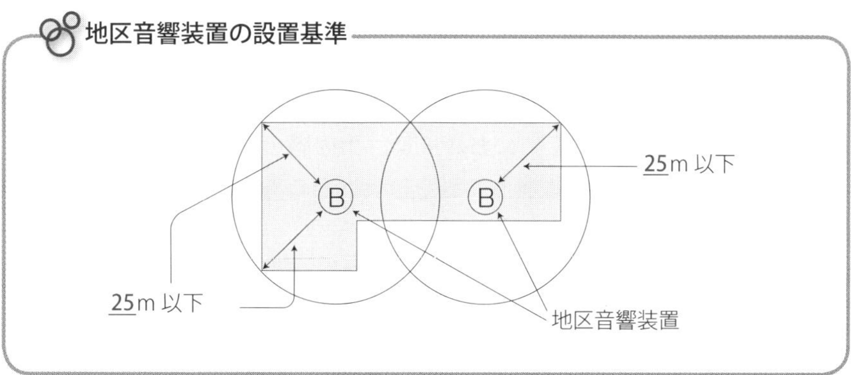

出題されるポイントはここだ！

ポイント◎ 1
地区音響装置は、各階ごとに、その階の各部分からの水平距離が25m以下になるように設置する。

間仕切り壁等によって有効に報知できない場合は、状況に応じて増設する。

ポイント◎ 2
警報音を発する地区音響装置の音圧は、音響装置の中心から1m離れた位置で90dB以上でなければならない。

音声により警報を発する地区音響装置の音圧は、取り付けられた音響装置の中心から1m離れた位置で92dB以上でなければならない。

ポイント○ 3
2つ以上の受信機が設置されているときは、どの受信機からも、地区音響装置を鳴動させることができるようにする。

1つの防火対象物に2つ以上の受信機が設置されているときは、どの受信機からも、地区音響装置を鳴動させることができるようにしなければならない。これを相互鳴動という。

ここも覚えて 点数UP！

地区音響装置は一斉鳴動が原則であるが、大規模な防火対象物では、区分鳴動ができるようにしなければならない。

地区音響装置の鳴動方式には、一斉鳴動と区分鳴動がある。全館一斉に鳴動させる一斉鳴動が原則だが、地階を除く階数が5以上で、延べ面積が3000m^{2}を超える防火対象物においては、出火階を含む一部の階に限って警報を発することができるようにしなければならない。これを区分鳴動という。区分鳴動させる階は以下の通りである。 ゴロ合わせ → p.373

- 出火階が2階以上の場合 ⇒ 出火階とその直上階
- 出火階が1階の場合 ⇒ 出火階とその直上階、および地階
- 出火階が地階の場合 ⇒ 出火階とその直上階、およびその他の地階

地区音響装置を区分鳴動にする主な目的は、一度に避難する人が集中してパニックに陥ることを防ぎ、出火階に近い、より危険な場所にいる人から先に避難するよう促すことにある。なお、区分鳴動から一定の時間が経過した場合や、新たな火災信号を受信した場合には、一斉鳴動に移行するように措置しておかなければならない。

✼　こんな選択肢は誤り！　✼

誤った選択肢の例①

地区音響装置は、各階ごとに、その階の各部分からの水平距離が~~50~~m 以下になるように設置する。

地区音響装置は、各階ごとに、その階の各部分からの水平距離が25m 以下になるように設置する。

誤った選択肢の例②

警報音を発する地区音響装置の音圧は、音響装置の中心から ~~2~~m 離れた位置で ~~85~~dB 以上でなければならない。

警報音を発する地区音響装置の音圧は、音響装置の中心から 1m 離れた位置で 90dB 以上でなければならない。

誤った選択肢の例③

地上 5 階、地下 2 階の防火対象物において、地区音響装置を区分鳴動させる場合、出火階が地下 1 階のときは、~~1 階、地下 1 階~~で警報を発するようにする。

出火階が地階の場合、区分鳴動させるのは、出火階とその直上階、およびその他の地階である。つまり、この場合は 1 階、**地下 1** 階、**地下 2** 階で警報を発しなければならない。

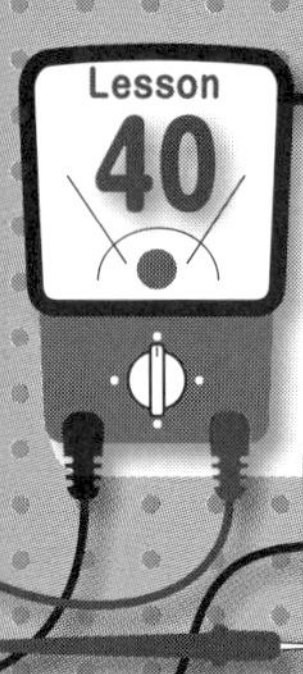

Lesson 40 自動火災報知設備の設置基準⑥〈配線〉

レッスンの Point　重要度 ★★☆

自動火災報知設備の感知器回路や、その他の配線に関する基準を覚えよう。

必ず覚える基礎知識はこれだ！

感知器の信号回路は、容易に導通試験を行えるように送り配線にし、回路の末端に発信機、押しボタン、または終端器（しゅうたんき）（終端抵抗）を設ける。送り配線とは、下図のように器具を数珠つなぎに接続することをいう。このように配線することによって、回路のどこか1か所でも断線すると終端抵抗に電流が流れなくなるので、断線を容易に検出することができる。

送り配線の例

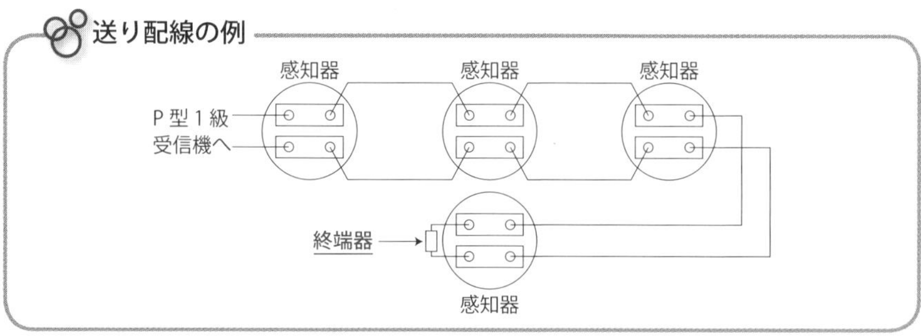

送り配線でない例

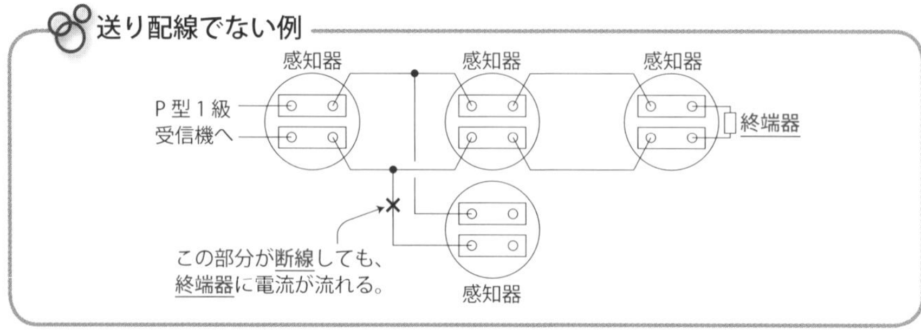

p.228の送り配線の図を見るとわかるように、感知器回路には、1つの警戒区域ごとに2本の配線が必要である。しかし、下の右側の図のように、2本のうち1本は、共通線として共有することが可能で、そうすることにより、受信機に接続される配線の本数を減らすことができる。

このように共通線を設ける場合、共通線1本につき、共通線を共有する回線は7回線（つまり、7警戒区域）以下にするよう定められている。

なお、以上はP型（GP型）受信機の感知器回路に関する説明で、R型感知器は信号そのものが固有の情報をもっているので、一般に、配線の本数はもっと少なくてすむ。

ゴロ合わせ → p.373

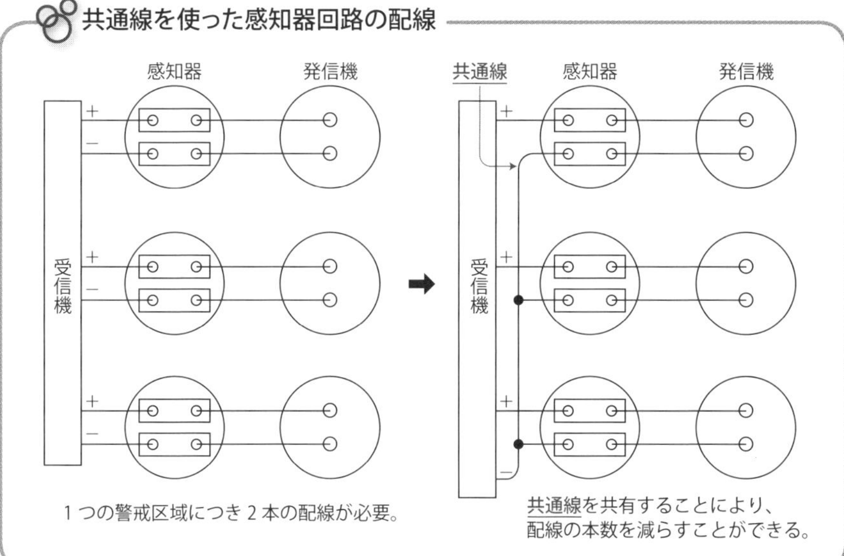

出題されるポイントはここだ！

ポイント◎ 1　感知器回路の配線は、送り配線にしなければならない。

送り配線とは、器具を数珠つなぎに接続する配線をいう。別の表現を用いると、分岐がなく、ひと筆書きで書くことができるような配線が送り配線である。

ポイント◎ 2

感知器回路に共通線を設ける場合は、共通線1本につき、7警戒区域以下にしなければならない。

共通線を設ける場合、警戒区域の数が7以下であれば、受信機に接続される配線の本数は、警戒区域の数＋共通線1本となる。警戒区域の数が7を超えるときは、共通線がもう1本（あるいはそれ以上）必要になる。

ポイント○ 3

自動火災報知設備の配線の一部は、熱による断線を防ぐため、耐火配線や耐熱配線にしなければならない。

耐火配線 ⇒ 非常電源から受信機、中継器までの配線　**ゴロ合わせ → p.374**
耐熱配線 ⇒受信機から地区音響装置までの配線／受信機から消防用設備等の操作回路への配線／アナログ式感知器から中継器、受信機までの配線

ポイント○ 4

耐火配線では、600V2種ビニル絶縁電線（HIV線）か、それと同等以上の耐熱性をもつ電線を使用する。

耐火配線では、上記の電線を使用し、電線を金属管などに入れて、耐火構造の主要構造部に埋設する。MIケーブル、または基準に適合した耐火電線を使用する場合は、金属管工事は不要で、露出配線にすることができる。

ポイント○ 5

耐熱配線では、600V2種ビニル絶縁電線（HIV線）か、それと同等以上の耐熱性をもつ電線を使用する。

耐熱配線では、上記の電線を使用し、電線を金属管などに入れて施工する。埋設は不要である。MIケーブル、または基準に適合した耐熱電線を使用する場合は、金属管工事は不要で、露出配線にすることができる。

ポイント○ 6

自動火災報知設備の配線と他の電線を同一の管やダクトの中に設けてはならない。

誘導障害による誤報を防ぐため、自動火災報知設備の配線は、他の電線と同一の管やダクト、線ぴ（モール）、プルボックス等の中に設けてはならない。ただし、60V以下の弱電流回路は、自動火災報知設備の配線と同一配管にしてよい。

ここも覚えて 点数UP！

P型（GP型）受信機の感知器回路の電路の抵抗は、50Ω以下とする。

また、電源回路の電路と大地との間、または配線相互間の絶縁抵抗は、直流250Vで計測した値で、電路の対地電圧が150V以下の場合は0.1MΩ以上、電路の対地電圧が150Vを超える場合は0.2MΩ以上でなければならない。

絶縁抵抗とは、絶縁された導体間の抵抗値。つまり、絶縁が良好に行われているかどうかを示す値で、単位は、オーム［Ω］の100万倍のメガオーム［MΩ］を使うんだ。

✲ こんな選択肢は誤り！ ✲

誤った選択肢の例①

感知器回路に共通線を設ける場合は、共通線1本につき、~~10~~警戒区域以下にしなければならない。

感知器回路に共通線を設ける場合は、共通線1本につき、7警戒区域以下にしなければならない。

誤った選択肢の例②

~~100~~V以下の弱電流回路は、自動火災報知設備の配線と同一配管にしてよい。

60V以下の弱電流回路は、自動火災報知設備の配線と同一配管にしてよい。

ガス漏れ火災警報設備の設置基準

レッスンの Point　重要度 ★★☆

ガス漏れ火災警報設備の設置基準の中では、特に、検知器に関する基準が重要なので、しっかり覚えよう。

必ず覚える基礎知識はこれだ！

ガス漏れ火災警報設備の設置基準は、自動火災報知設備と共通する部分も多いが、自動火災報知設備と大きく異なるのは、検知する対象がガスであることで、特に、そのガスを検知する検知器の設置基準については、試験にもよく出題されている。

燃料用ガスの中には、空気より重いものも、空気より軽いものもある。予備知識として、そのことを覚えておこう。

プロパンガスなどは空気より重いのでしたね。

出題されるポイントはここだ！

ガス漏れ火災警報設備の警戒区域の面積は、原則として600m² 以下とする。

ただし、警戒区域内のガス漏れ表示灯（p.192 参照）を通路の中央から見通すことができる場合は、警戒区域の面積を1000m² 以下とすることができる。

ゴロ合わせ → p.374

ガス漏れ火災警報設備の警戒区域

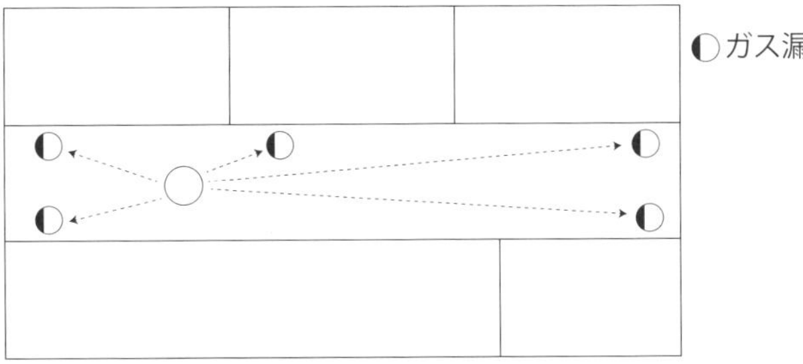

このように、通路の中央から各部屋のガス漏れ表示灯が容易に見通せる場合は、警戒区域の面積を 1000 m² 以下としてよい。

ポイント○ 2

ガス漏れ火災警報設備の警戒区域は、原則として、2 つ以上の階にわたってはならない。

ただし、合計の面積が 500㎡以下の場合は、2 つの階にわたることができる。この基準は、自動火災報知設備の警戒区域と同じである。

ガス漏れ火災警報設備の場合は、警戒区域の一辺の長さに関する規定はないんだ。

ポイント◎ 3

検知するガスの空気に対する比重が 1 未満の場合、検知器の下端が天井から 0.3m 以内になるように設置する。

空気に対する比重が 1 未満、つまり空気より軽いガスを検知する場合は、ガスは天井付近に滞留するので、検知器の下端が天井面等の下方 0.3m 以内になるように設置する（次ページの図参照）。

ポイント◎ 4

検知するガスの空気に対する比重が 1 を超える場合、検知器の上端が床面から 0.3m 以内になるように設置する。

空気に対する比重が 1 を超える、つまり空気より重いガスを検知する場合は、ガスが床付近に滞留するため、検知器の上端が床面の上方 0.3m 以内になるように設置する（次ページの図参照）。

空気に対する比重が1未満のガスの場合の、ガス漏れ検知器設置基準

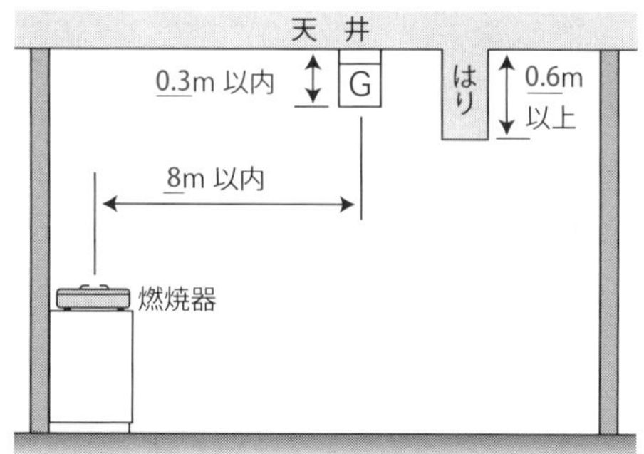

設置基準

- 検知器の下端は、天井面等の下方 0.3 m 以内になるように設置する。
- 燃焼器または貫通部（ガス管が貫通している箇所）から、水平距離 8 m 以内に設置する。
- 天井面等に吸気口がある場合は、燃焼器または貫通部に最も近い吸気口の付近に設置する。
- 天井面等から 0.6 m 以上突き出したはり等がある場合は、そのはり等より燃焼器側に設置する。

ゴロ合わせ → p.375

空気に対する比重が1を超えるガスの場合の、ガス漏れ検知器設置基準

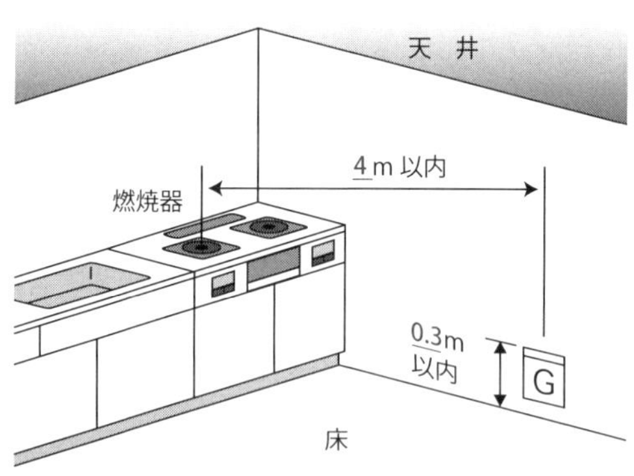

設置基準

- 検知器の上端は、床面の上方 0.3 m 以内に設置する。
- 燃焼器または貫通部（ガス管が貫通している箇所）から、水平距離 4 m 以内に設置する。

ゴロ合わせ → p.375

ここも覚えて 点数UP！

検知器は、空気吹出し口から1.5 m 以内の場所には設置できない。

以下の場所には、ガス漏れ火災警報設備の検知器を設置できない。

- 換気口の空気吹出し口から 1.5m 以内の場所
- 出入り口の付近で外部の気流がひんぱんに流通する場所
- ガス燃焼機器（燃焼器）の廃ガスに触れやすい場所
- その他、ガス漏れの発生を有効に検知できない場所

ガス漏れ表示灯は、前方 3m 離れた地点から、点灯していることを明確に識別できるように設置する。

ガス漏れ表示灯は、警戒区域の各部屋の出入り口の通路側に設置する表示灯である。ガス漏れ表示灯の設置基準は、次の通りである。

- 検知器を設ける部屋が通路に面している場合は、通路に面する出入り口付近に設ける。
- 前方 3 m 離れた地点で、点灯していることを明確に識別することができるように設ける。
- 1つの警戒区域が1つの部屋からなる場合は、ガス漏れ表示灯を設けなくてよい。

こんな選択肢は誤り！

誤った選択肢の例

空気に対する比重が1未満のガスを検知する検知器は、下端が天井から ~~0.6~~ m 以内になるように設置する。

空気に対する比重が1未満のガスを検知する検知器は、下端が天井から 0.3 m 以内になるように設置する。

練習問題にチャレンジ！

問　題　解答と解説は p.239 ～ 242

問題 01

自動火災報知設備の警戒区域に関する説明として、正しいものは次のうちのどれか。

1　警戒区域の面積は、原則として 1,000m² 以下とする。
2　警戒区域は、原則として 2 つ以上の階にわたってはならないが、合計の面積が 500m² 以下ならば、2 つの階にわたることができる。
3　警戒区域の 1 辺の長さは、60m 以下とする（光電式分離型感知器を設置する場合を除く）。
4　階段、傾斜路、エレベーター昇降路、パイプダクトなどは、それらが離れた位置にあっても、その距離にかかわらず同一の警戒区域にすることができる。

➡ Lesson34

問題 02

自動火災報知設備の感知器の設置に関する記述として、誤っているものは次のうちのどれか。

1　差動式スポット型感知器を、取付け面の下方 0.4m の位置に取り付けた。
2　光電式スポット型感知器を、取付け面の下方 0.5m の位置に取り付けた。
3　差動式分布型感知器の検出部を、5 度以上傾斜させないように取り付けた。
4　定温式スポット型感知器を、45 度以上傾斜させないように取り付けた。

➡ Lesson35

問題 03

自動火災報知設備の感知器のうち、取付け面である天井の高さが 6m の場所に設置できないものは、次のうちのどれか。

1　差動式スポット型感知器 2 種　　**2**　差動式分布型感知器 2 種
3　定温式スポット型感知器 2 種　　**4**　光電式スポット型感知器 2 種

➡ Lesson35

問題 04

煙感知器の設置に関する記述として、誤っているものは次のうちのどれか。

1　階段には、煙感知器を設置しなければならない。
2　著しく高温となる場所には、煙感知器を設置できない。
3　正常時において煙が滞留する場所には、煙感知器を設置できない。
4　小学校の廊下には、煙感知器を設置しなければならない。

➡ Lesson36

問題 05

次の防火対象物のうち、閉鎖型スプリンクラーヘッドを備えたスプリンクラー設備を設置した場合も、その有効範囲内の部分において感知器を省略することができないものはどれか（煙感知器の設置義務はないものとする）。

1　美術館　　**2**　工場　　**3**　百貨店　　**4**　映画スタジオ

➡ Lesson36

問題 06

感知器の設置基準に関する記述として、正しいものは次のうちのどれか。

1　定温式感知器は、正常時における周囲の最高温度が、公称作動温度より 10℃以上低い場所に設置しなければならない。
2　光電式スポット型感知器 2 種を階段に設置する場合は、垂直距離 15m 以下ごとに設けなければならない。

3　光電式スポット型感知器２種を廊下に設置する場合は、水平距離 30m につき１個以上設けなければならない。

4　光電式分離型感知器は、壁により区画された区域の各部分から光軸までの水平距離が 10m 以下になるように設置する。

➡ Lesson37

問題 07

P 型１級受信機（１回線用）を１つの防火対象物に設置できる最大の台数として、正しいものは次のうちのどれか。

1　1台　　**2**　2台　　**3**　3台　　**4**　5台

➡ Lesson38

問題 08

地下２階、地上５階、延べ面積 4,000m^2 の防火対象物において、地区音響装置を区分鳴動とする場合に関する記述として、正しいものは次のうちのどれか。

1　地下２階で火災が発生した場合は、地下２階と地下１階で警報を発する。
2　地下１階で火災が発生した場合は、地下２階と地下１階で警報を発する。
3　１階で火災が発生した場合は、１階と２階で警報を発する。
4　２階で火災が発生した場合は、２階以上のすべての階で警報を発する。

➡ Lesson39

問題 09

自動火災報知設備のＰ型１級受信機（多回線用）の配線工事に関する記述として、誤っているものは次のうちのどれか。

1　共通線は、１本につき７警戒区域とした。
2　感知器回路の電路の抵抗は、50 Ω以下になるようにした。
3　感知器回路の配線は送り配線にした。

4　他の設備の 100V 以下の弱電流回路を同一配管にした。

➡ Lesson40

問題 10

空気に対する比重が 1 未満のガスを検知する検知器の設置に関する記述として、誤っているものは次のうちのどれか。

1　検知器の下端が、天井面の下方 0.3m 以内の位置になるように設置した。
2　天井より 0.6m 以上突出したはりがあるので、そのはりより燃焼器側に検知器を設置した。
3　空調の吹出し口から 1.5m 以内の位置になるように検知器を設置した。
4　燃焼器から水平距離 8m 以内の位置になるように検知器を設置した。

➡ Lesson41

解答と解説　問題は p.236 ～ 239

問題 01　**正解　2**

1　×　警戒区域の面積は、原則として 600m^2 以下とする。1,000m^2 以下にできるのは、防火対象物の主要な出入り口からその区域の内部を見通すことができる場合のみである。
2　○　警戒区域は、合計の面積が 500m^2 以下ならば、2 つの階にわたることができる。
3　×　警戒区域の 1 辺の長さは、50m 以下とする（光電式分離型感知器を設置する場合を除く）。
4　×　階段、傾斜路、エレベーター昇降路、パイプダクトなどのたて穴区画は、それらが水平距離 50m 以下の範囲にある場合は、同一の警戒区域にすることができる。

➡ 間違えた人は、Lesson 34 を復習しよう。

問題 02　**正解　1**

1　×　差動式スポット型感知器は、取付け面の下方 0.3m 以内の位置に取り付ける。

2　○　光電式スポット型感知器は、取付け面の下方 0.6m 以内の位置に取り付ける。

3　○　差動式分布型感知器の検出部は、5 度以上傾斜させないように取り付ける。

4　○　定温式スポット型感知器は、45 度以上傾斜させないように取り付ける。

➡ 間違えた人は、Lesson 35 を復習しよう。

問題 03　**正解　3**

1　○　差動式スポット型感知器は、種別にかかわらず、8 m 未満の取付け面に設置できる。

2　○　差動式分布型感知器は、種別にかかわらず、15 m 未満の取付け面に設置できる。

3　×　定温式スポット型感知器 2 種を設置できるのは、4 m 未満の高さの取付け面である。

4　○　光電式スポット型感知器 2 種は、15 m 未満の取付け面に設置できる。

➡ 間違えた人は、Lesson 35 を復習しよう。

問題 04　**正解　4**

1　○　階段、傾斜路、エレベーターの昇降路などには、煙感知器を設置しなければならない。

2　○　ボイラー室や殺菌室など著しく高温となる場所には、煙感知器を設置できない。

3　○　厨房など正常時において煙が滞留する場所には、煙感知器を設置できない。

4　×　廊下及び通路に煙感知器を設置しなければならないのは、特定防火対象物、寄宿舎、下宿、共同住宅、公衆浴場、工場、作業場、映画スタジオ、テレビスタジオ、事務所等の防火対象物である。

➡ 間違えた人は、Lesson 36 を復習しよう。

問題 05　**正解　3**

閉鎖型スプリンクラーヘッドを備えたスプリンクラー設備を設置した場合も、その有効範囲内の部分において感知器を省略することができないのは、特定防火対象物である。選択肢の防火対象物のうち、特定防火対象物に該当するのは、3の百貨店のみである。

➡ 間違えた人は、Lesson 36 を復習しよう。

問題 06　**正解　2**

1　×　定温式感知器は、正常時における周囲の最高温度が、公称作動温度より 20℃以上低い場所に設置しなければならない。
2　○　光電式スポット型感知器 2 種を階段に設置する場合は、垂直距離 15m 以下ごとに設けなければならない。
3　×　光電式スポット型感知器 2 種を廊下に設置する場合は、歩行距離 30m につき 1 個以上設けなければならない。
4　×　光電式分離型感知器は、壁により区画された区域の各部分から光軸までの水平距離が 7m 以下になるように設置する。

➡ 間違えた人は、Lesson 37 を復習しよう。

問題 07　**正解　2**

P 型 1 級受信機（1 回線用）を 1 つの防火対象物に設置できる台数は、最大で 2 台までである。

➡ 間違えた人は、Lesson 38 を復習しよう。

問題 08　**正解　1**

1　○　地下 2 階で火災が発生した場合は、地下 2 階と地下 1 階で警報を発する。
2　×　地下 1 階で火災が発生した場合は、地下 2 階と地下 1 階と 1 階で警報を発する。
3　×　1 階で火災が発生した場合は、地下 2 階と地下 1 階と 1 階と 2 階で警報を発する。
4　×　2 階で火災が発生した場合は、2 階と 3 階で警報を発する。

➡ 間違えた人は、Lesson 39 を復習しよう。

問題 09　**正解　4**

1　○　共通線 1 本につき、共通線を共有する回線は 7 回線（つまり、7 警戒区域）以下にするよう定められている。

2　○　P 型受信機の感知器回路の電路の抵抗は、50 Ω以下になるようにしなければならない。

3　○　感知器回路の配線は、送り配線にしなければならない。送り配線とは、器具を数珠つなぎに接続する配線をいう。

4　×　自動火災報知設備の配線と同一配管にしてよいのは、60 V 以下の弱電流回路である。

➡ 間違えた人は、Lesson 40 を復習しよう。

問題 10　**正解　3**

1　○　検知するガスの空気に対する比重が 1 未満の場合、検知器の下端が天井から 0.3m 以内になるように検知器を設置する。

2　○　天井面等から 0.6m 以上突出したはり等がある場合は、そのはり等より燃焼器側に検知器を設置する。

3　×　空気吹出し口から 1.5m 以内の場所に検知器を設置してはならない。

4　○　燃焼器または貫通部（ガス管が貫通している箇所）から、水平距離 8m 以内に検知器を設置する。

➡ 間違えた人は、Lesson 41 を復習しよう。

消防用設備等の試験・点検

5章のレッスンの前に

まず、これだけ覚えよう！

自動火災報知設備の設置工事が行われたときや、6か月に1回行う定期点検（p.62参照）の際は、定められた基準にしたがって、設備の試験を行う。試験項目は設備に変形や損傷、腐食などがないか目視により確認する外観試験と、試験器等を使って、設備の機能が正常に保たれているかどうかを調べる機能試験がある。この章では、機能試験について取り上げる。

右のページの表を見てみよう。機能試験には、だいたいこのようなものがあるよ。

えっ、これを全部やるんですか？ ちょっと大変そう…。

右の表を見ると明らかなように、機能試験の試験項目が最も多いのは、やはり、自動火災報知設備の中枢部分である受信機である。言いかえると、受信機は、それだけ多くの機能を備えているということになる。

感知器については、必ず作動試験が行われる。感知器の基本的な機能は、火災の発生により生じた熱、煙、または炎を感知して作動し、火災信号を送ることで、作動試験は、感知器がその機能を果たせる状態にあるかどうかを確かめるために行う試験である。感知器の種類によっては、その他の試験項目があるものもある。試験項目が最も多いのは、差動式分布型感知器（空気管式）である。

自動火災報知設備の機能試験の概要

機器等の種別		試験項目	本文ページ
感知器	差動式スポット型 補償式スポット型 定温式スポット型 熱アナログ式スポット型	作動試験	p.246
	差動式分布型（空気管式）	作動試験	p.250
		作動継続試験	p.250
		流通試験	p.251
		接点水高試験	p.252
		リーク抵抗試験	p.252
	差動式分布型（熱電対式） 差動式分布型（熱半導体式）	作動試験	p.253
		回路合成抵抗試験	p.253
	定温式感知線型	作動試験	p.253
		回路合成抵抗試験	p.253
	煙感知器（光電式分離型を除く）	作動試験	p.248
		感度試験	p.248
	光電式分離型	作動試験	p.253
	炎感知器	作動試験	p.249
受信機		火災表示試験	p.255
		回路導通試験	p.256
		同時作動試験	p.256
		注意表示試験	—
		感知器作動試験	—
		予備電源試験	p.256
		非常電源試験	—
		付属装置試験	—
		相互作動試験	—
配　線		共通線試験	—
		送り配線試験	—

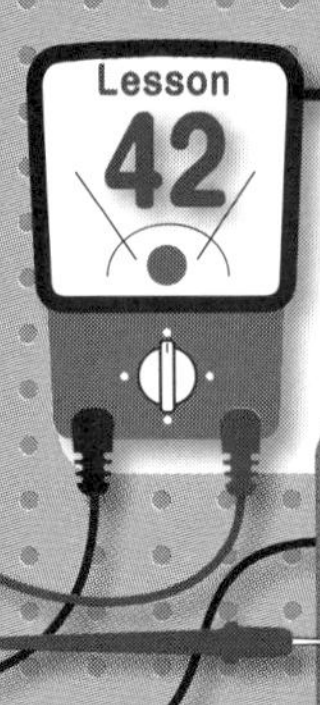

自動火災報知設備の機能試験①〈スポット型の感知器〉

重要度 ★★☆

レッスンの Point

熱感知器、煙感知器、炎感知器それぞれの、スポット型の感知器について行われる機能試験について覚えよう。

必ず覚える基礎知識はこれだ！

スポット型の熱感知器（差動式スポット型感知器、補償式スポット型感知器、定温式スポット型感知器、熱アナログ式スポット型感知器）について行われる機能試験は、加熱試験器を用いた作動試験である。加熱試験器は、スポット型感知器の本体にかぶせ、火口により内部を加熱することにより試験を行う器具である。通常、感知器は天井などの高い位置に設置されているため、試験を行う人が床に立ったまま作業できるように、長く伸びる支持棒の先に試験器を取り付けて使用する。 ゴロ合わせ → p.375

長い棒の先に付いた器具を天井に押し付けて、何かの作業をしている人を見たことがあります。あれは、感知器の作動試験をしているところだったんですね。

この作動試験では、加熱試験器により加熱してから、感知器が作動するまでの時間が適正であるかどうかを確認する。適正な作動時間は、感知器の種別により異なる（次ページの表参照）。また、受信機に適正な警戒区域が表示されるかどうかも確認する。

感知器の作動試験を行う場合は、受信機側にも必ず人がいて、感知器からの火災信号が正常に送られているかどうか確認することが必要だ。

加熱試験器を用いた試験における各感知器の作動時間

	特種	1種	2種
差動式スポット型	—	30秒以内	
補償式スポット型			
定温式スポット型	40秒以内	60秒以内	120秒以内
熱アナログ式スポット型	40秒以内	—	

※定温式スポット型、熱アナログ式スポット型の作動試験では、周囲温度と公称作動温度の差が50℃を超える場合は作動時間を2倍まで延長できる。

法令により定められた熱感知器の感度に関する規格

差動式スポット型 補償式スポット型	1　種	室温より20℃度高い風速70 cm/秒の垂直気流に投入したとき、30秒以内で火災信号を発信すること。
	2　種	室温より30℃度高い風速85 cm/秒の垂直気流に投入したとき、30秒以内で火災信号を発信すること。
定温式スポット型	特　種	室温0℃において公称作動温度の125%の風速1 m/秒の垂直気流に投入したとき、40秒以内で火災信号を発信すること。
	1　種	上の条件において、120秒以内で火災信号を発信すること。
	2　種	上の条件において、300秒以内で火災信号を発信すること。
熱アナログ式スポット型		定温式スポット型特種と同等の感度を有すること。

定温式スポット型感知器の中には、非再用型といって、一度作動すると再使用できないものがある。この場合、作動試験を行った器具は交換しなければならないので、すべての感知器について作動試験を行うことはできない。そのため、非再用型のものについては、きめられた数の感知器を抜き取って作動試験を行う。抜き取り数は以下の通りである。

- 感知器の設置個数が1以上10以下の場合：1
- 感知器の設置個数が11以上50以下の場合：2
- 感知器の設置個数が51以上100以下の場合：4
- 感知器の設置個数が101以上の場合：7

スポット型の煙感知器（イオン化式スポット型感知器、光電式スポット型感知器）については、加煙試験器を用いた作動試験が行われる。加煙試験器は、加熱試験器と同様に、長い支持棒の先に取り付けた試験器を感知器にかぶせて使用する器具で、試験用ガスなどを用いて、内部に煙を充満させて試験を行う。この試験においても、感知器が作動するまでの時間と、受信機の警戒区域の表示が適正であるかどうかが合否の判定基準となる（下表参照）。

また、スポット型の煙感知器については、1年に1回行う総合点検の際に、感度試験を行う。感度試験は、感知器を取りはずし、煙感知器感度試験器という機器を使用して行われる。

ゴロ合わせ → p.376

加煙試験器を用いた試験における各感知器の作動時間

	1種	2種	3種
イオン化式スポット型	30秒以内	60秒以内	90秒以内
光電式スポット型			
イオン化アナログ式スポット型			
光電アナログ式スポット型			

出題されるポイントはここだ！

ポイント○ 1　スポット型の熱感知器について行われる機能試験は、加熱試験器を用いた作動試験である。

加熱試験器により加熱してから、感知器が作動するまでの時間が適正であるかどうか、受信機に適正な警戒区域が表示されるかどうかを確認する。

ポイント○ 2　スポット型の煙感知器について行われる機能試験は、加煙試験器を用いた作動試験である。

加煙試験器により煙を発生させてから、感知器が作動するまでの時間が適正であるかどうか、受信機に適正な警戒区域が表示されるかどうかを確認する。

ここも覚えて 点数UP！

炎感知器については、専用の作動試験器を用いた作動試験を行う。

炎感知器については、炎感知器に適応する作動試験器を用いた作動試験を行う。感知器が作動するまでの時間は、30 秒以内とする

炎感知器には、屋外型、屋内型、道路型があるが、作動時間に関する基準はどれも同じだよ。

こんな選択肢は誤り！

誤った選択肢の例①

差動式スポット型感知器について行われる機能試験は、~~回路導通試験~~である。

差動式スポット型感知器について行われる機能試験は、加熱試験器を用いた**作動試験**である。

誤った選択肢の例②

光電式スポット型感知器について行われる機能試験は、~~リーク抵抗試験~~である。

光電式スポット型感知器について行われる機能試験は、加煙試験器を用いた**作動試験**である。

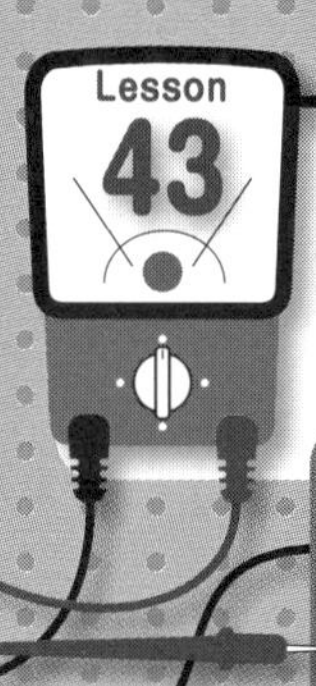

自動火災報知設備の機能試験②〈スポット型以外の感知器〉

レッスンの Point　重要度 ★★★

差動式分布型感知器（空気管式）を中心に、スポット型以外の感知器について行われる機能試験について覚えよう。

必ず覚える基礎知識はこれだ！

このレッスンでは、スポット型以外の感知器の機能試験について取り上げるが、その中でも、最も試験項目が多く、消防設備士試験でも出題例が多いのは、差動式分布型感知器（空気管式）の機能試験である。

差動式分布型感知器（空気管式）の機能試験には、以下の種類がある。

- 作動試験　・作動継続試験
- 流通試験　・接点水高試験
- リーク抵抗試験

作動試験は、スポット型感知器の作動試験と同様に、感知器が作動するまでの時間を計測する試験である。検出部にある試験孔（こう）に、テストポンプを接続して行う（試験の手順については、次ページの図参照）。

差動式分布型感知器（空気管式）の機能試験については、それぞれの試験に使う器具の名称なども出題されることがあるよ。

作動試験を行ったら、そのまま引き続いて、作動継続試験を行う。作動試験でダイヤフラムの接点が閉じると、感知器が火災信号を発信するが、その後、リーク孔から徐々に空気が漏れ、接点が再び開く。その間だけ感知器が作動するので、その時間を計測し、適正な範囲内であるか確認する。

差動式分布型感知器（空気管式）の機能試験①

〈感知器の構造〉

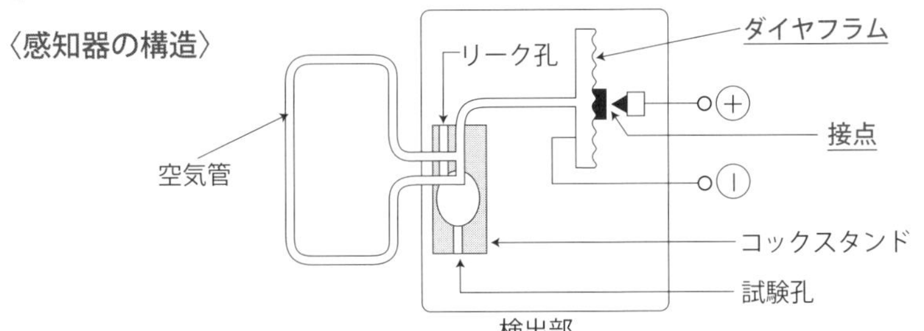

■作動試験・作動継続試験

①検出部の試験孔に、テストポンプを接続する。
②テストポンプで、感知器の作動空気圧に相当する空気量を空気管に注入する。
③空気を注入してから、ダイヤフラムの接点が閉じるまでの時間を計測し、適正な範囲内であるかどうか確認する。
④引き続き、作動継続試験を行う。

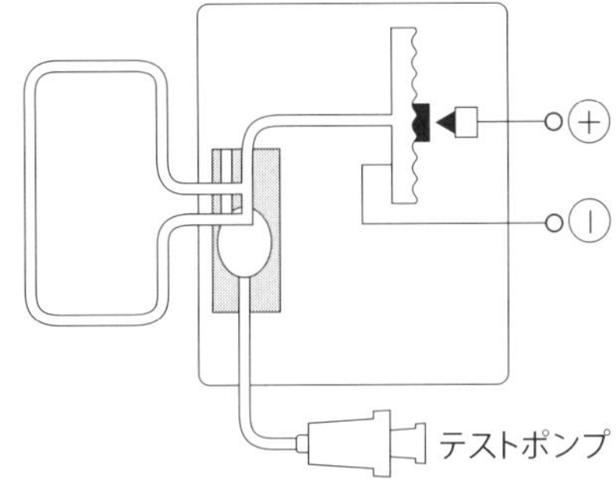

■流通試験

①検出部にある試験孔にテストポンプを、空気管の一端にマノメーターを接続する。
②テストポンプで空気管に空気を注入し、マノメーターの水位を100mmまで上昇させる。
③水位が停止し、空気管に漏れがないことを確認してからテストポンプをはずし、マノメーターの水位が半分に下がるまでの時間が適正な範囲内であるかどうか確認する。

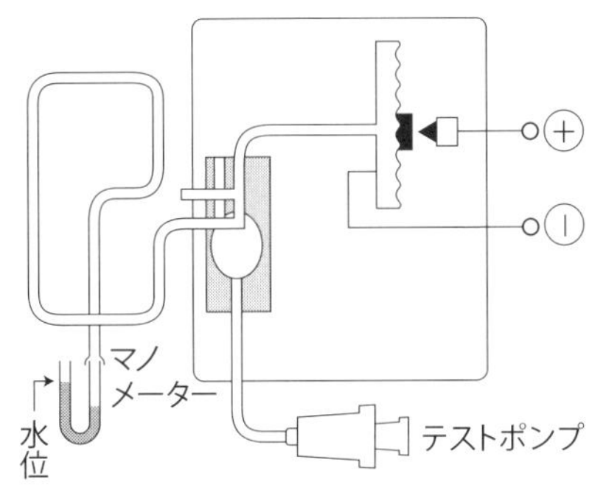

流通試験は、空気管に漏れやつまりがないかを確認するための機能試験で、テストポンプとマノメーターを使用して行う（上図参照）。マノメーターは圧力計の一種で、形状は、U字型のガラス管である。空気管の内部の圧力が高くなるにつれて、マノメーターの水位が上昇する。

差動式分布型感知器（空気管式）の機能試験②

■接点水高試験

①検出部にある試験孔、または空気管端子に、テストポンプとマノメーターを接続する。
②テストポンプで空気を注入し、ダイヤフラムの接点が閉じるときのマノメーターの水位を測定して、適正な範囲内であるかどうか確認する。

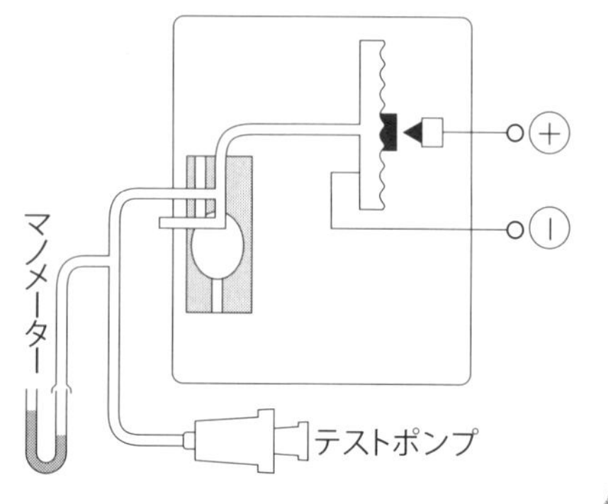

接点水高試験は、検出部のダイヤフラムの接点の間隔を確認するための機能試験で、やはりテストポンプとマノメーターを使用して行うが、流通試験のときとは、これらの器具の接続のし方が異なる（上図参照）。

リーク抵抗試験は、検出部にあるリーク孔からの空気の漏れが適正な範囲内であるか確認するための試験で、これも、テストポンプとマノメーターを用いて行われる。

出題されるポイントはここだ！

ポイント◎ 1
差動式分布型感知器（空気管式）の作動試験と作動継続試験は、テストポンプを使用して行う。

作動試験では、感知器が作動するまでの時間を計測し、そのまま引き続いて、作動継続試験を行う。作動継続試験では、感知器の作動が継続する時間を計測し、適正な範囲内であるか確認する。

ポイント◎ 2
流通試験、接点水高試験、リーク抵抗試験には、テストポンプとマノメーターを用いる。

ゴロ合わせ → p.376

流通試験は、空気管の漏れやつまりの有無、接点水高試験は、ダイヤフラムの接点の間隔、リーク抵抗試験は、リーク孔からの空気の漏れが正常であるかどうかを確認する試験である。

ポイント〇 3

差動式分布型感知器（熱電対式・熱半導体式）の機能試験には、作動試験と回路合成抵抗試験がある。

作動試験では、検出部にメーターリレー試験器を接続し、感知器が作動したときの電圧が適正な範囲内かどうか確認する。回路合成抵抗試験は、やはりメーターリレー試験器を使用し、回路の合成抵抗が適正な範囲内かどうか確認する。

ポイント〇 4

定温式感知線型感知器の試験には、作動試験と回路合成抵抗試験がある。

作動試験では、回路の末端の回路試験器を作動させて、受信機が火災表示することを確認する。回路合成抵抗試験は、回路の合成抵抗が適正な範囲内かどうか確認する。

ポイント〇 5

光電式分離型感知器については、減光フィルターを用いた作動試験を行う。

光の透過率が異なる数種類の減光フィルターを使用して、光をさえぎった状態で試験を行い、感知器が所定の減光率のときに作動するかどうかを確認する。

ここも覚えて 点数UP！

差動式分布型感知器（空気管式）の接点水高試験において、水位が高すぎると遅報の、水位が低すぎると非火災報（誤報）の原因となる。

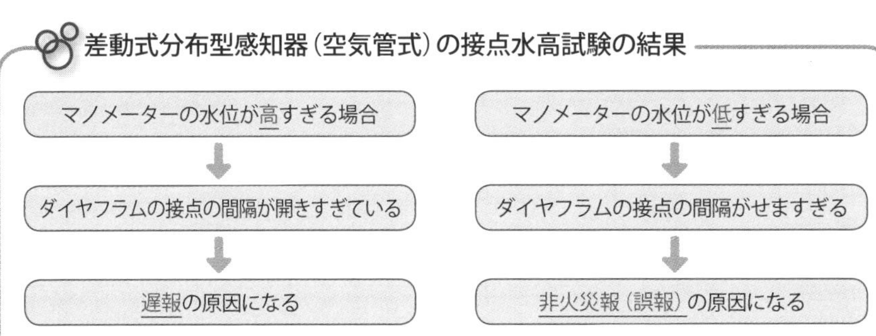

✲ こんな選択肢は誤り！ ✲

誤った選択肢の例①

接点水高試験は、~~イオン化式スポット型感知器~~について行う機能試験である。

接点水高試験は、**差動式分布型感知器**（**空気管式**）について行う機能試験である。

誤った選択肢の例②

差動式分布型感知器（空気管式）の流通試験は、~~検出部のダイヤフラムの接点の間隔~~を確認するための機能試験である。

差動式分布型感知器（空気管式）の流通試験は、**空気管に漏れやつまりがないか**を確認するための機能試験である。**テストポンプ**と**マノメーター**を使用する。

ゴロ合わせで覚えよう！

差動式分布型感知器（空気管式）の接点水高試験

節電、遂行いたします！
（接点）（水高試験）

ダイヤの間隔、どうなってるの！？
（ダイヤフラム）（接点の間隔）（確認）

魔の通勤ラッシュ
（マノメーターを使用）

⇨差動式分布型感知器（空気管式）の接点水高試験は、検出部のダイヤフラムの接点の間隔を確認するための機能試験で、テストポンプとマノメーターを使用して行う。

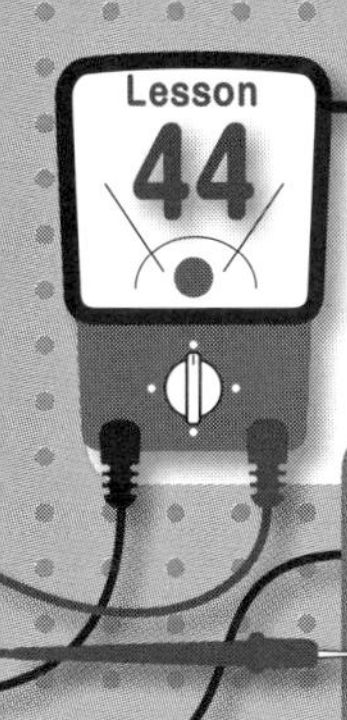

自動火災報知設備の機能試験③〈受信機等〉

重要度 ★★★

レッスンのPoint

自動火災報知設備の受信機について行われる機能試験の種類と、その目的や手順を覚えよう。

必ず覚える基礎知識はこれだ！

自動火災報知設備の機能試験において、最も試験項目が多いのは受信機である。ここでは、受信機の主な機能試験として、火災表示試験、回路導通試験、同時作動試験、予備電源試験の４つを取り上げる。

火災表示試験は、その名の通り、受信機が火災信号を受信したときに、火災表示が正常に行われるかどうかを確認する試験である。火災表示試験は、次の手順にしたがって行う。

①受信機の火災試験スイッチを、試験側に倒す。

②回線選択スイッチで、試験を行う回線を選択する。

③火災灯、地区表示灯の点灯、選択した回線と地区表示灯の一致、音響装置の鳴動を確認する。

④火災復旧スイッチを操作して、次の回線の試験を行う。

※受信機の種類によっては、①と②の手順が逆になる場合があります。

p.182のP型1級受信機の図でスイッチ類の位置を確認してみよう。

図で見ると、試験の手順がイメージしやすくなりますね。

回路導通試験は、感知器回路が断線していないかを、回線ごとに確認する機能試験で、P型1級受信機で行う場合の手順は、以下の通りである。

①受信機の導通試験スイッチを、試験側に倒す。
②回線選択スイッチで、試験を行う回線を選択する。
③試験用計器（電圧計）の指示値が適正であるかどうかを確認する。
④次の回線の試験を行う。

なお、P型2級受信機は、導通試験装置を省略できることになっているので（p.183 参照）、発信機を操作して回路導通試験を行う。

感知器回路は送り配線になっているから、どこか1か所でも断線していれば電流は流れないんですよね。

同時作動試験は、複数の警戒区域から火災信号を受信したときの動作を確認する機能試験で、手順は以下の通りである。

①受信機の火災試験スイッチを、試験側に倒す。
②回線選択スイッチを回し、任意の5つの回線を連続して選択する。
③選択した回線と一致する火災灯と地区表示灯の点灯、音響装置の鳴動を確認する。

同時作動試験は、火災表示試験のときとは違って、1回線ごとに火災復旧スイッチを操作せず、火災表示が継続したままの状態で、連続して行うんだ。

予備電源試験は、予備電源への切り替えや復旧の動作を確認する機能試験で、手順は以下の通りである。

①受信機の主電源（常用電源）を遮断し、予備電源への切り替えが自動的に行われるかどうか確認する。
②受信機の主電源を復旧し、予備電源から主電源への切り替えが自動的に行われるかどうか確認する。
③受信機の予備電源試験スイッチを操作して、電圧が適正な値であるかどうかを確認する。

出題されるポイントはここだ！

ポイント◎ 1
火災表示試験は、受信機が火災信号を受信したときに、火災表示が正常に行われるかどうかを確認する試験である。

火災表示試験では、火災灯、地区表示灯の点灯、選択した回線と地区表示灯の一致、音響装置の鳴動を、1回線ずつ確認する。

ポイント◎ 2
回路導通試験は、感知器回路が断線していないかを、回線ごとに確認する機能試験である。

回路導通試験では、電圧計の指示値が適正であるかどうかを、1回線ずつ確認する。

ポイント◎ 3
同時作動試験は、複数の警戒区域から火災信号を受信したときの動作を確認する機能試験である。

同時作動試験では、任意の5つの回線を連続して選択し、選択した回線と一致する火災灯と地区表示灯の点灯、音響装置の鳴動を確認する。

ポイント◎ 4
予備電源試験は、予備電源への切り替えや復旧の動作を確認する機能試験である。

予備電源試験では、主電源が遮断された場合の予備電源への切り替え、主電源が復旧した場合の予備電源から主電源への切り替えが自動的に行われるかどうか確認する。

ここも覚えて 点数UP！

P型3級以外の受信機の火災表示試験では、受信機の自己保持機能が正常かどうかも確認しなければならない。

受信機の自己保持機能とは、感知器からの火災信号が途切れても、火災表示を継続し、その状態を保持し続ける機能のことをいう。

✲ こんな選択肢は誤り！ ✲

誤った選択肢の例①

自動火災報知設備の受信機について行う機能試験には、火災表示試験、回路導通試験、~~接点水高試験~~、予備電源試験などがある。

接点水高試験は、差動式分布型感知器（空気管式）の機能試験である。

誤った選択肢の例②

火災表示試験を行う目的の１つは、~~感知器の機能~~に異常がないか確認することである。

火災表示試験は、受信機が火災信号を受信したときに、**火災表示**が正常に行われるかどうかを確認する試験であり、感知器の異常の有無を確認することはできない。

火災表示試験はあくまで受信機自体の機能試験なので、この試験では、感知器の機能について調べることはできないんだ。

ゴロ合わせで覚えよう！

受信機の機能試験

母さん、用事で呼びにきた。帰ろう！
（火災）（表示）（予備電源）（回路）

どうする？ どうしよう？ さあどうする？
（導通）（同時）（作動）

⇨受信機の機能試験には、火災表示試験、回路導通試験、同時作動試験、予備電源試験などがある。

ガス漏れ火災警報設備の機能試験

レッスンの Point　重要度 ★★☆

ガス漏れ火災警報設備の試験の中で重要なのは、受信機のガス漏れ表示試験。特に、遅延時間についてはしっかり覚えよう。

必ず覚える基礎知識はこれだ！

ガス漏れ火災警報設備についても、自動火災報知設備と同様に、設置工事完了時や定期点検の際に行う外観試験と機能試験がある。ここでは、主に受信機の機能試験について取り上げる。

ガス漏れ火災警報設備の受信機の機能試験には、ガス漏れ表示試験、回路導通試験、同時作動試験、予備電源試験などがある。この中で、自動火災報知設備の受信機の機能試験と異なるのは、ガス漏れ表示試験である。

ガス漏れ表示試験は、次のような手順で行う。

①受信機のガス漏れ表示試験スイッチを、試験側に倒す。
②回線選択スイッチで、試験を行う回線を選択する。
③ガス漏れ灯、地区表示灯の点灯、選択した回線と地区表示灯の一致、音響装置の鳴動を確認する。
④復旧スイッチを操作して、次の回線の試験を行う。

受信機がガス漏れ信号の受信を開始してから、ガス漏れ表示までの所要時間（遅延時間）は60秒以内とするよう定められている（p.190参照）。ガス漏れ表示試験では、60秒以内にガス漏れ表示が行われるかどうか、回線ごとに確認する。

遅延時間については、p.261に詳しく書いてあるよ。

出題されるポイントはここだ！

ポイント◎ 1

ガス漏れ表示試験は、受信機のガス漏れ表示が正常に行われるかどうかを確認する試験である。

ガス漏れ表示試験では、ガス漏れ灯、地区表示灯の点灯、選択した回線と地区表示灯の一致、音響装置の鳴動を、1回線ずつ確認する。自己保持機能を有するものは､1回線ごとにガス漏れ表示の保持機能を確認してから復旧する。

ポイント◎ 2

ガス漏れ表示試験では、ガス漏れ表示が60秒以内に行われるかどうか、1回線ごとに確認する。

受信機がガス漏れ信号の受信を開始してから､ガス漏れ表示までの所要時間（遅延時間）は60秒以内とするよう定められている。

ポイント○ 3

ガス漏れ火災警報設備の検知器については、加ガス試験器を用いた作動試験を行う。

検知器の作動試験は、加ガス試験器により試験ガスを発生させて行う。試験ガスを加えてから受信機がガス漏れ表示するまでの時間を測定し、その時間が下表の規定の範囲内であればよい。

ガス漏れ火災警報設備の検知器の作動試験

検知器の作動確認灯により確認する場合	作動確認灯が点灯してから、受信機のガス漏れ灯が点灯するまでの時間が60秒（中継器を介する場合は65秒）以内であればよい。
中継器の確認灯､または検知区域警報装置の作動により確認する場合	中継器の確認灯、または検知区域警報装置が作動してから、受信機のガス漏れ灯が点灯するまでの時間が60秒（中継器を介する場合は65秒）以内であればよい。
上記以外の場合	受信機のガス漏れ灯が点灯するまでの時間が80秒（中継器を介する場合は85秒）以内であればよい。

ここも覚えて　点数UP！

ガス漏れ火災警報設備では、検知器と受信機の標準遅延時間の合計を60秒以内（中継器がある場合は＋5秒）としなければならない。

p.191でもすでに述べたように、ガス漏れ火災警報設備の検知器は、一定の濃度のガスに接したときに、60秒以内にガス漏れ信号を発するようにしなければならない。また、受信機がガス漏れ信号の受信を開始してから、ガス漏れ表示までの所要時間は60秒以内としなければならないと定められている。

このように、受信機がガス漏れ表示を行うまでには、わずかな時間の遅れが生じることが許されている。その時間を遅延時間という。遅延時間を設けるのは誤報を防ぐためで、例えば、検知器が殺虫剤のような一過性のガスに触れたときにはガス漏れ表示が行われないようにすることが目的だ。

自動火災報知設備の受信機にも、誤報の防止を目的とした蓄積機能をもつものがありましたね（p.179参照）。

ここで注意しなければならないのは、検知器と受信機でそれぞれ60秒ずつ、計120秒の遅延時間を設けてよいのではなく、検知器と受信機の標準遅延時間の合計を60秒以内（中継器がある場合は＋5秒）にしなければならないということだ。検知器の標準遅延時間とは、検知器がガス漏れ信号を発する濃度のガスを検知してから、ガス漏れ信号を発するまでの標準的な時間、受信機の標準遅延時間とは、受信機がガス漏れ信号を受信してから、ガス漏れ表示をするまでの標準的な時間をいう。

言いかえると、遅延時間は検知器側でも受信機側でも設定できるけれど、その合計が60秒以内でなければならないんだ。

✲ こんな選択肢は誤り！ ✲

誤った選択肢の例①

ガス漏れ火災警報設備の受信機のガス漏れ表示試験では、~~ガス漏れ表示灯~~、地区表示灯の点灯、選択した回線と地区表示灯の一致、音響装置の鳴動を、1回線ずつ確認する。

ガス漏れ表示試験では、**ガス漏れ灯**、地区表示灯の点灯、選択した回線と地区表示灯の一致、音響装置の鳴動を、1回線ずつ確認する。**ガス漏れ表示灯**は、警戒区域の通路等に設置するものである。

誤った選択肢の例②

ガス漏れ火災警報設備の受信機のガス漏れ表示試験では、遅延時間を有するものについては、ガス漏れ表示が ~~120~~ 秒以内に行われることを確認する。

遅延時間を有するものについては、ガス漏れ表示が **60** 秒以内に行われることを確認する。

ガス漏れ表示試験について出題される場合は、遅延時間に関する選択肢が設けられることが多いよ。

ゴロ合わせで覚えよう！

ガス漏れ火災警報設備の遅延時間

幼稚園、1分遅刻はぎりぎりセーフ？

（遅延時間）　　　（60 秒まで遅れてよい）

➡ガス漏れ火災警報設備では、検知器と受信機の標準遅延時間の合計を 60 秒以内としなければならない。

練習問題にチャレンジ！

問　題　解答と解説は p.265 ～ 266

問題 01

自動火災報知設備の感知器と、その感知器について行われる機能試験の組み合わせとして、正しいものは次のうちのどれか。

1　光電式スポット型感知器………………加熱試験器を用いた作動試験
2　定温式スポット型感知器………………作動継続試験
3　差動式分布型感知器（空気管式）………接点水高試験
4　定温式感知線型感知器　………………リーク抵抗試験

➡ Lesson42、43

問題 02

差動式分布型感知器（空気管式）の機能試験とその目的に関する記述として、正しいものは次のうちのどれか。

1　流通試験は、リーク孔からの空気の漏れが適正な範囲であるかどうかを確認する試験である。
2　作動継続試験は、感知器の作動が継続する時間を計測し、適正な範囲内であるか確認する試験である。
3　接点水高試験は、空気管の漏れやつまりの有無を確認する試験である。
4　リーク抵抗試験は、ダイヤフラムの接点の間隔を確認する試験である。

➡ Lesson43

問題 03

差動式分布型感知器（空気管式）の機能試験と、その試験に使用される器具の組み合わせとして、正しいものは次のうちのどれか。

1　作動試験・作動継続試験……テストポンプとマノメーター
2　接点水高試験　………………テストポンプとメーターリレー試験器
3　流通試験　……………………テストポンプとマノメーター
4　リーク抵抗試験………………テストポンプと電圧計

➡ Lesson43

問題 04

自動火災報知設備の受信機の火災表示試験において確認することができないものは、次のうちのどれか。

1　火災灯、地区表示灯の点灯　　**2**　地区音響装置の鳴動状況
3　受信機の自己保持機能　　**4**　感知器の異常の有無

➡ Lesson44

問題 05

ガス漏れ火災警報設備の受信機のガス漏れ表示試験に関する記述として、誤っているものは次のうちのどれか。

1　自己保持機能を有するものについては、1回線ごとに自己保持を確認してから復旧する。
2　遅延時間を有するものについては、ガス漏れ表示が120秒以内に行われることを確認する。
3　ガス漏れ灯の点灯を確認する。
4　選択した回線と地区表示灯が一致することを確認する。

➡ Lesson45

解答と解説　問題は p.263 ～ 264

問題 01　正解　3

1　×　光電式スポット型感知器については、加煙試験器を用いた作動試験を行う。

2　×　定温式スポット型感知器については、加熱試験器を用いた作動試験を行う。

3　○　差動式分布型（空気管式）については、作動試験、作動継続試験、流通試験、接点水高試験、リーク抵抗試験を行う。

4　×　定温式感知線型感知器については、作動試験と回路合成抵抗試験を行う。

➡ 間違えた人は、Lesson 42、43 を復習しよう。

問題 02　正解　2

1　×　流通試験は、空気管の漏れやつまりの有無を確認する試験である。

2　○　作動継続試験は、感知器の作動が継続する時間を計測し、適正な範囲内であるかを確認する試験である。

3　×　接点水高試験は、ダイヤフラムの接点の間隔を確認する試験である。

4　×　リーク抵抗試験は、リーク孔からの空気の漏れが適正な範囲であるかどうかを確認する試験である。

➡ 間違えた人は、Lesson 43 を復習しよう。

問題 03　正解　3

1　×　作動試験・作動継続試験には、テストポンプのみを使用する。

2　×　接点水高試験には、テストポンプとマノメーターを使用する。

3　○　流通試験には、テストポンプとマノメーターを使用する。

4　×　リーク抵抗試験には、テストポンプとマノメーターを使用する。

➡ 間違えた人は、Lesson 43 を復習しよう。

問題 04　**正解　4**

火災表示試験では、火災灯、地区表示灯の点灯、選択した回線と地区表示灯の一致、地区音響装置の鳴動を、1回線ずつ確認する。自己保持機能を有する受信機の場合、自己保持機能が正常に働いているかどうかも確認する。受信機の火災表示試験では、感知器の異常の有無を知ることはできない。

➡ 間違えた人は、Lesson 44 を復習しよう。

問題 05　**正解　2**

1　○　ガス漏れ表示試験では、自己保持機能を有するものについては、1回線ごとに自己保持を確認してから復旧する。

2　×　ガス漏れ表示試験では、遅延時間を有するものについては、ガス漏れ表示が 60 秒以内に行われることを確認する。

3　○　ガス漏れ表示試験では、ガス漏れ灯、地区表示灯の点灯を確認する。

4　○　ガス漏れ表示試験では、選択した回線と地区表示灯が一致することを確認する。

➡ 間違えた人は、Lesson 45 を復習しよう。

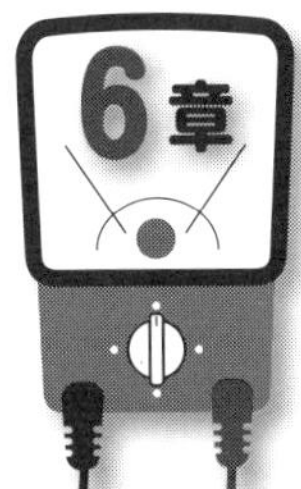

鑑別問題

6章のレッスンの前に

まず、これだけ覚えよう！

① 鑑別等試験とは

鑑別等試験は、受信機や感知器、試験器、消防設備士が用いる工具などの写真を見て、その名称や用途を答える問題や、ある条件下における受信機に関する問題、感知器の設置条件を答える問題等が出題される。

筆記試験は、問題形式が四肢択一式だが、鑑別等試験と製図試験は「実技試験」であり、記述式となっている。

鑑別等試験では、写真を見て名称や用途を答えるんですね。

写真ではなくイラストが使用される問題もあるよ。筆記試験と違い、「記述式」であることに注意しよう。

② 鑑別等試験のポイント

鑑別等試験では、写真を見て名称や用途を答える問題のほかにも、文章問題や、穴埋め問題、誤っているものを選ぶ問題など、さまざまなパターンの問題が出題される。

鑑別等試験の問題にはいろいろなパターンがあるが、落ち着いて考えれば、これまで学んだ知識で対応できるはずである。

問題形式に戸惑わず、何を問われているか、落ち着いて考えることが大切である。

鑑別等試験でよく問われる内容

受信機

- それぞれの受信機が有する機能について問われる。
- Ｐ型１級とＰ型２級などにおいて、必要な機能を問われる。
- 試験の手順や目的などを問われる。

感知器

- 写真を見て、名称と用途を答える問題がよく出題される。
- ある条件下において、感知器がどのように作動するかなどが問われる。
- 感知器の作動原理などが問われる。
- 感知器の設置基準などが問われる。

検知器、発信機等

- 検知器の設置基準などが問われる。
- 発信機の設置基準などが問われる。

工具

- 写真を見て、名称と用途を答える問題がよく出題される。

測定器

- 写真を見て、名称と用途を答える問題がよく出題される。

試験器

- 写真を見て、名称と用途を答える問題がよく出題される。
- 試験における、試験器と感知器の正しい組み合わせなどが問われる。

出題される内容はさまざまだけれど、基本的には１章～５章で学んだことで答えを導き出せるよ。この章では、写真を見て名称や用途を答えられるようにしよう。

受信機

レッスンの Point　重要度 ★★☆

受信機はどのようなもので、どのような機能を持っているか、写真で確認しよう。

必ず覚える基礎知識はこれだ！

自動火災報知設備専用の受信機は、感知器や発信機から送られてくる火災信号を受信し、防火対象物の関係者や建物の中にいる人、消防機関などに火災の発生を報知する。

自動火災報知設備専用の受信機には、P型とR型があり、P型はさらに1級から3級までの3タイプに分かれている。

受信機は種類によって要求される機能が異なり、例えば、P型1級受信機（多回線用）とP型2級受信機（多回線用）を比較した場合、P型2級受信機（多回線用）は、火災灯、導通試験装置、電話連絡装置機能を備えなくてもよいとされている。

なお、受信機は、原則として、火災信号の受信を開始してから5秒以内に火災表示を行うようにしなければならない。

次ページの写真が受信機なんですね。どれも似ているような、そうでもないような…。

P型1級、P型2級、R型は試験でもよく問われるよ。スイッチの数など、自分で特徴を見つけて覚えるようにしよう。

受信機

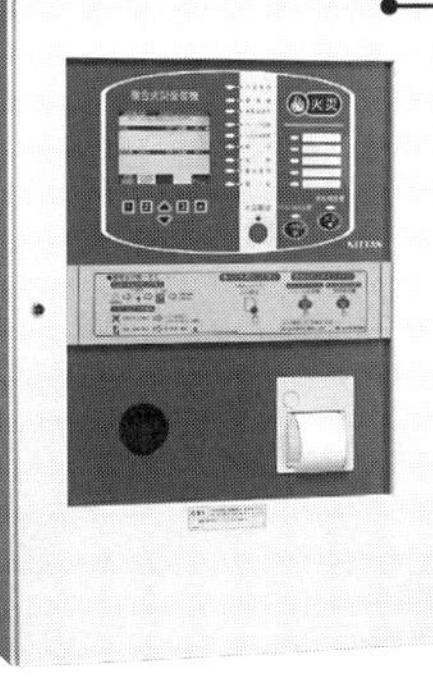

名称 R型受信機

説明 各感知器から、固有の信号を受信する。つまり、受信機に複数の回線が接続されている場合でも、回線ごとに信号が異なるので、どの区域のどの感知器が火災信号を発信したのかを、信号により判別することができる。そのため、R型受信機には、回線ごとに地区表示灯を設ける必要はない。

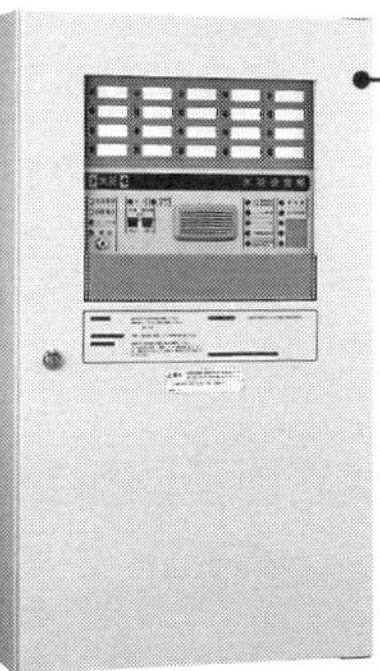

名称 P型1級受信機（多回線）

説明 5回線を超える警戒区域をもつことができる。どの区域から火災信号が送られてきたのかがひと目でわかるように、たくさんの地区表示灯が設けられている。

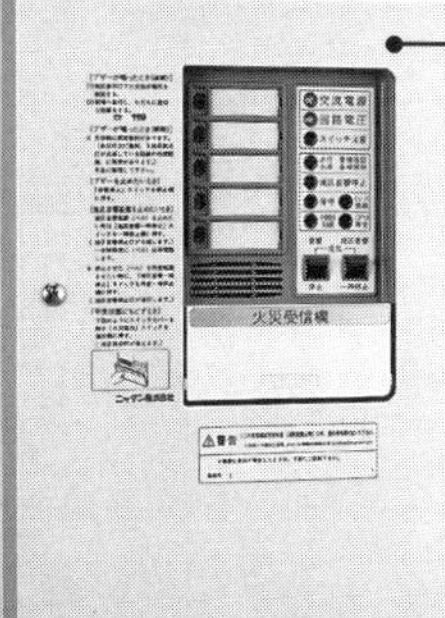

名称 P型2級受信機（多回線）

説明 5回線以下の警戒区域をもつことができる。接続できる回線数は、5回線以下であるため、P型2級受信機（多回線用）には、通常、5個の地区表示灯が備えられている。

出題されるポイントはここだ！

ポイント◎ 1

P 型受信機は、火災信号を共通の信号として受信する。

受信機に複数の回線が接続されている場合、どの回線からくる信号も同じものだから、どの区域の感知器が火災信号を発信したのかを、信号により判別することはできない。そのため、P 型受信機には、回線ごとに地区表示灯が設けられている。

ポイント◎ 2

R 型受信機は、火災信号を固有の信号として受信する。

受信機に複数の回線が接続されている場合でも、回線ごとに信号が異なるので、どの区域のどの感知器が火災信号を発信したのかを、信号により判別することができる。そのため、R 型受信機には、回線ごとに地区表示灯を設ける必要はない。

ポイント◎ 3

P 型 1 級受信機（多回線用）には、接続できる回線数の制限はない。

P 型受信機は、性能によって 1 ～ 3 級に分かれており、1 級と 2 級には、多回線用と 1 回線用がある。P 型 1 級受信機（多回線用）は、接続できる回線数の制限がない。

ポイント○ 4

P 型 2 級受信機（多回線用）には、接続できる回線数は、5 回線以下である。

P 型 1 級受信機と同じ「多回線用」であっても、P 型 2 級受信機（多回線用）には、接続できる回線数に制限があり、5 回線以下である。

同じ多回線用でも、P 型 1 級受信機と P 型 2 級受信機では接続できる回線数が異なることに注意しよう。

感知器

レッスンの Point　重要度 ★★☆

感知器には、光電式、差動式、定温式など、様々な種類があります。写真を見て、その特徴を押さえよう。

必ず覚える基礎知識はこれだ！

自動火災報知設備の感知器は、火災の発生を感知して受信機に自動的に火災信号を送るもので、火災による熱を感知する熱感知器、煙を感知する煙感知器、炎を感知する炎感知器がある。

感知器の種類

熱感知器	火災により生じる熱によって火災を感知する感知器である。大きく分けると、差動式、定温式、熱複合式、熱アナログ式などの種類がある。
煙感知器	火災により生じる燃焼生成物（煙のこと）によって火災を感知する感知器である。 煙の検出方式によって、イオン化式と光電式に分けられる。
炎感知器	炎感知器は、火炎により生じる炎によって火災を感知する感知器で、すべてスポット型である。

感知器の構造や機能の詳しい解説については、3章を見返そう。

感知器①

名称 光電式スポット型感知器

説明 一局所の煙による光電素子の受光量変化により作動する煙感知器。

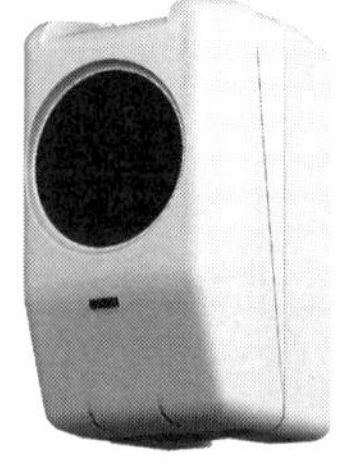

名称 光電式分離型感知器

説明 広範囲の煙の累積による光電素子の受光量変化により作動する煙感知器。

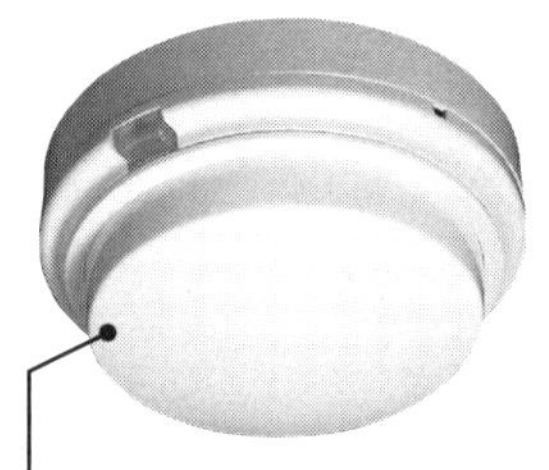

名称 差動式スポット型感知器

説明 急激な温度上昇と、一局所の熱効果により作動する熱感知器。

名称 熱式スポット型感知器（参考）

説明 サーミスタを用いた熱感知器。差動式と定温式は同形状。

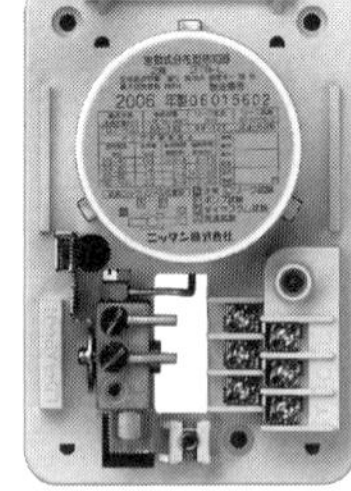

名称 差動式分布型感知器（空気管式）

説明 急激な温度上昇と、広範囲の熱効果の累積により作動する熱感知器。

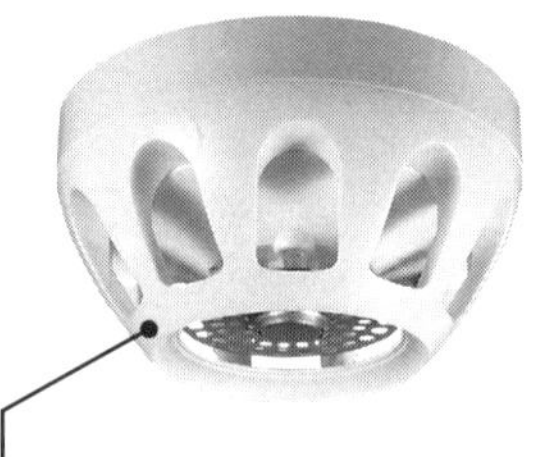

名称 定温式スポット型感知器

説明 一局所の周囲の温度が一定の温度以上で火災信号を発する熱感知器。

感知器②

名称　定温式スポット型感知器（防水型）

説明　一局所の周囲の温度が一定の温度以上で火災信号を発する熱感知器の防水タイプ。

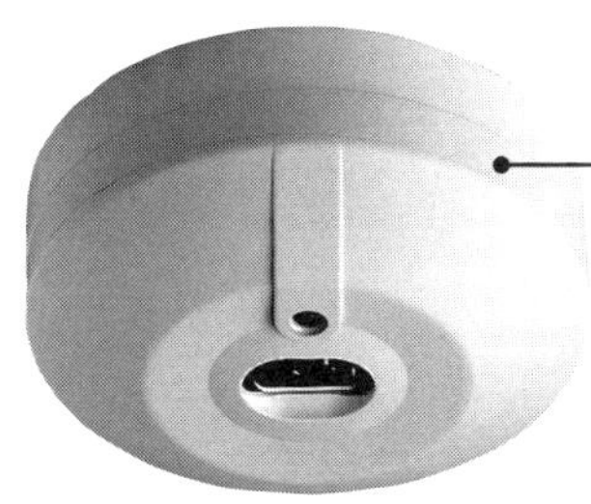

名称　紫外線式スポット型感知器

説明　炎の紫外線を感知する炎感知器。炎感知器が監視できる範囲の角度を**視野角**、監視できる距離を**公称監視距離**という。

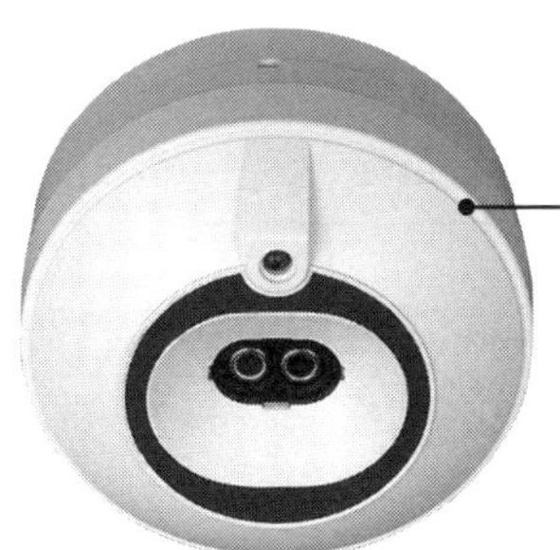

名称　赤外線式スポット型感知器

説明　炎の赤外線を感知する炎感知器。炎感知器は、すべてスポット型である。

感知器にはそれぞれ作動原理があるんですよね。それによって構造も異なる、と。

そのとおり。感知器の作動原理を考えながら見てみると、よく理解できるかもしれないね。

出題されるポイントはここだ！

ポイント◎ 1

熱感知器は大きく分けると、差動式、定温式、熱複合式、熱アナログ式などの種類がある。

また、一局所の温度変化を感知するスポット型、広範囲の温度変化を感知する分布型などがある。さらに、感度によって1種、2種などの区別がある。

ポイント◎ 2

煙感知器は大きく分けると、煙の検出方式によって、イオン化式と光電式に分けられる。

イオン化式の煙感知器はスポット型のみで、光電式、光電アナログ式の煙感知器には、スポット型と分離型がある。

ポイント◎ 3

炎感知器は、すべてスポット型である。

紫外線式スポット型感知器は、炎から放射される紫外線の量の変化が一定以上になったときに、赤外線式スポット型感知器は、炎から放射される赤外線の量の変化を感知し、火災信号を発信する。

ポイント◎ 4

光電式スポット型感知器は、周囲の空気に含まれる煙が一定の濃度以上になったときに火災信号を発信する。

なお、光電式スポット型感知器は、一局所の煙による光電素子の受光量の変化により作動する。

ポイント◎ 5

定温式の熱感知器には、スポット型と感知線型がある。

両方とも、一局所の周囲の温度が一定の値以上になったときに火災信号を発信するものである。

検知器など

レッスンのPoint　重要度 ★★☆

検知器や中継器、発信機など、それぞれの写真を見て、用途を理解しよう。

必ず覚える基礎知識はこれだ！

ガス漏れ火災警報設備は、検知器、中継器、受信機、警報装置などの機器で構成される。検知器は、ガス漏れを検知したときに受信機（または中継器）にガス漏れ信号を発信する。

音声警報装置、ガス漏れ表示灯、検知区域警報装置のことを警報装置といい、ガス漏れの発生を知らせる装置である。音声警報装置は、防火対象物の中にいる人に、音声によりガス漏れの発生を知らせるための装置である。放送設備がある場合は、音声警報装置を省略することができる。

ガス漏れ検知器

名称 ガス漏れ検知器

説明 天井や壁に設置するタイプで、空気より軽いガス用、重いガス用がある。

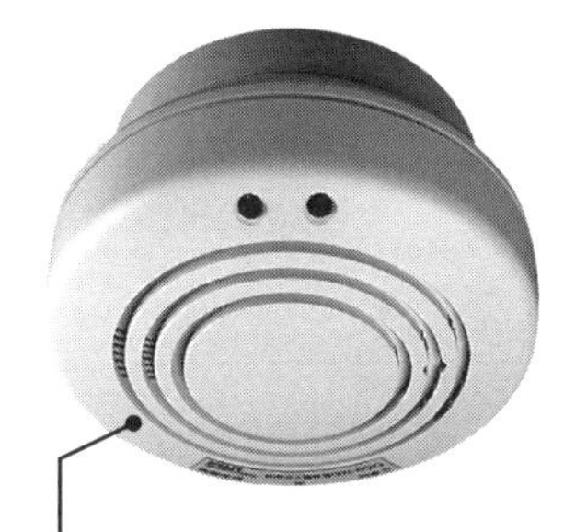

名称 ガス漏れ検知器

説明 天井などに設置するタイプで、空気より軽いガスに用いる。

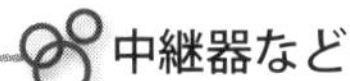

中継器など

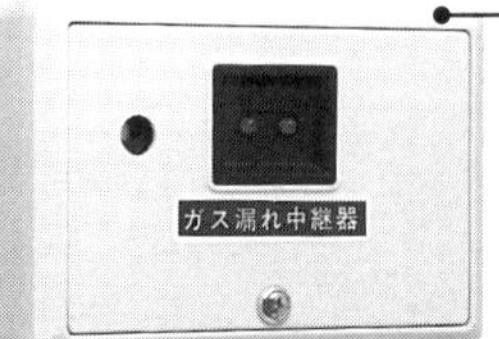

名称 ガス漏れ中継器

説明 複数のガス漏れ検知器を 1 回線にまとめるために用いる。

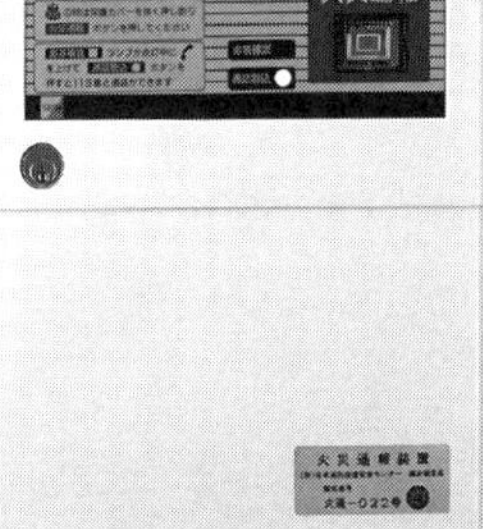

名称 火災通報装置

説明 押しボタンで火災発生を119番通報する装置。

名称 発信機

説明 火災信号を発信する装置。

名称 火災報知設備用予備電源

説明 自動火災報知設備の予備電源。

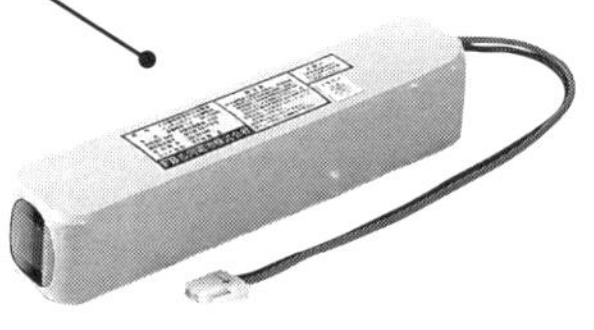

機器の名称がそのまま役割を表しているものが多いことに気づいたかな。

本当だ！　名称を覚えれば、役割が何か見当がつきますね！

表示灯など

名称　地区音響装置

説明　火災を知らせる電鈴(でんれい)。

名称　表示灯

説明　発信機の位置を示す器具。

出題されるポイントはここだ！

ポイント◎ 1

ガス漏れ検知器は、空気より軽いガス用のものと、重いガス用のものがある。

天井などに設置するタイプのものは、空気より軽いガスに用いる。

ポイント◎ 2

音声警報装置は、防火対象物の中にいる人に、音声によりガス漏れの発生を知らせるための装置である。

放送設備がある場合は、音声警報装置を省略することができる。

ポイント○ 3

発信機は火災信号を発信する装置である。

発信機は、人が発信機のスイッチを押すことで火災信号を発信する。ガスなどを検知する機能はない。

試験器

レッスンの Point

重要度 ★★★

まずどのような試験器があるかを確認し、それから何の機能試験に用いられるか覚えよう。

必ず覚える基礎知識はこれだ！

自動火災報知設備は、その機能が正常に作動するかなどを確認するため、試験器を用いて機能試験を行う。

例えば、スポット型の熱感知器については加熱試験器、スポット型の煙感知器については加煙試験器、炎感知器については専用の作動試験器を用いて機能試験が行われる。

試験で出題されやすい試験器を揃えたので、なぜこのような形をしているのか考えてみよう。

試験器①

名称 加煙試験器

説明 スポット型の煙感知器の作動試験に用いる。

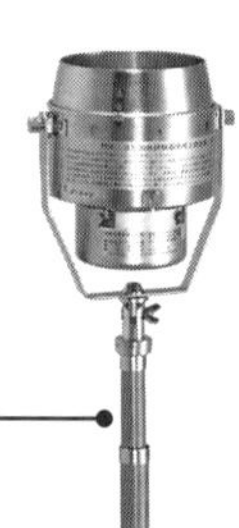

名称 加熱試験器

説明 スポット型の熱感知器の作動試験に用いる。

試験器②

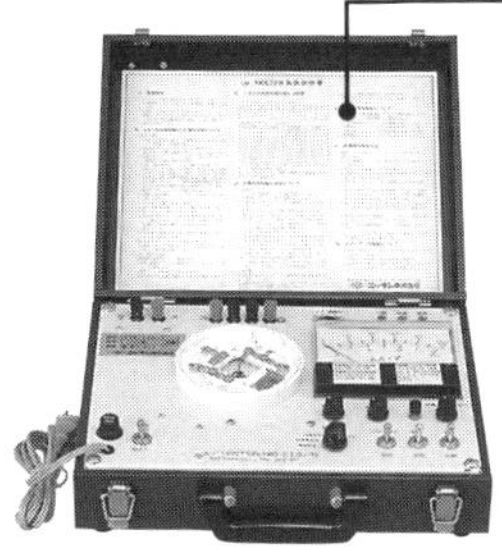

名称 **煙感知器感度試験器**

説明 スポット型の煙感知器の感度試験に用いる。

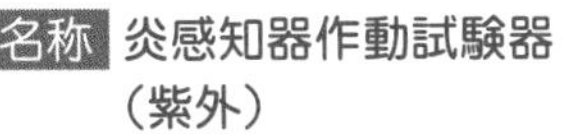

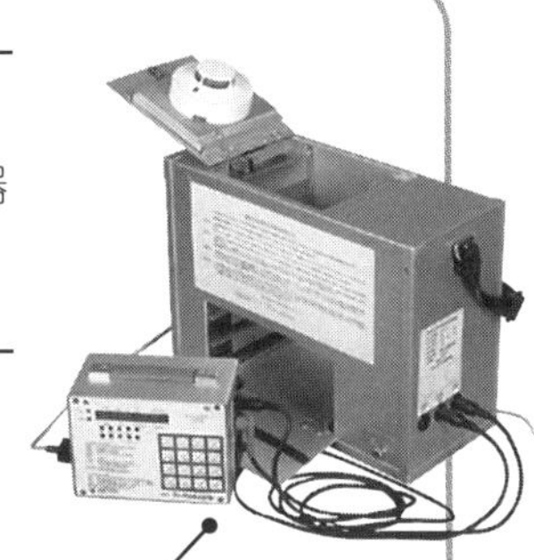

名称 **炎感知器作動試験器（紫外）**

説明 炎感知器の作動試験に用いる。

名称 **煙感知器感度試験器**

説明 スポット型の煙感知器の感度試験に用いる。

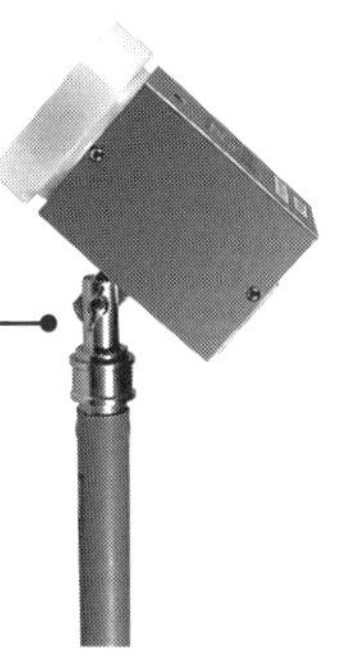

名称 **炎感知器作動試験器（赤外）**

説明 炎感知器の作動試験に用いる。

出題されるポイントはここだ！

ポイント◎ 1

スポット型の熱感知器の機能試験には加熱試験器を用いる。

加熱試験器は、スポット型感知器の本体にかぶせ、火口により内部を加熱することにより試験を行う器具である。

ポイント○ 2

スポット型の煙感知器の機能試験には加煙試験器を用いる。

加煙試験器は、加熱試験器と同様に、長い支持棒の先に取り付けた試験器を感知器にかぶせて使用する器具である。

工具

レッスンの Point

重要度 ★☆☆

消防設備士の実務における整備や工事で用いられる工具を覚えよう。

必ず覚える基礎知識はこれだ！

電線とは、電気を伝導するための線のことをいい、電線管は、電線を収めるための管のことをいう。

なお、ケーブルは電線の種類のひとつで、アルミや銅などの導体に絶縁を施し、さらに外装（がいそう）（シース）と呼ばれる保護外被覆（ひふく）をかけたもののことをいう。

電線の接続や、電線管の接続などは、ペンチ、ニッパー、ワイヤーストリッパーなどの工具を用いて行う。形が似ているものも多いが、用途はそれぞれ異なるため、混同しないよう注意すること。

試験では、主に写真を見て名称と用途を答える問題が出題される。メーカーによって形状が異なる場合があるので、特徴を把握することが重要である。

ペンチやニッパーなど、日常で使用するものもありますね。

そうだね。だからこそ、「なんとなく」ではなく、しっかりと用途を覚えよう。

工具①

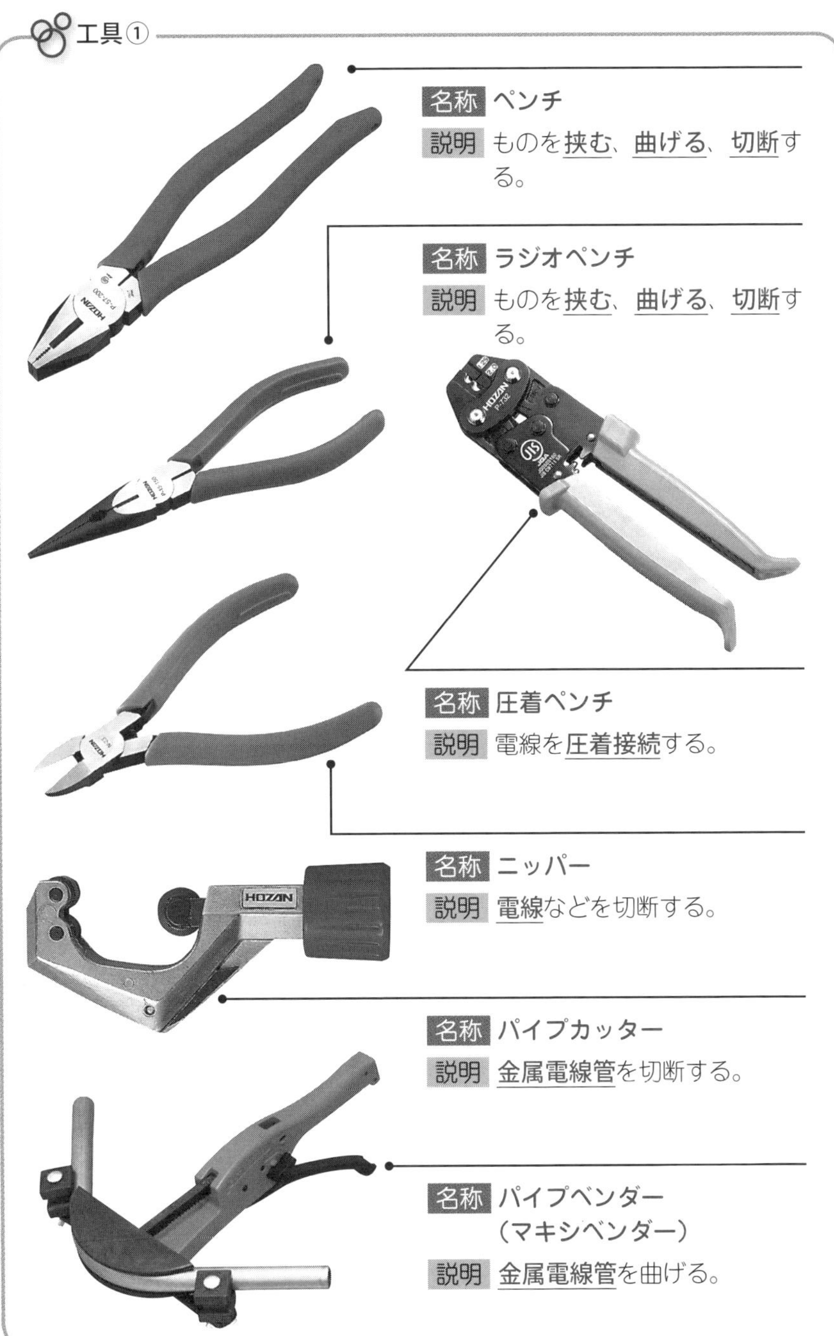

名称 ペンチ

説明 ものを挟む、曲げる、切断する。

名称 ラジオペンチ

説明 ものを挟む、曲げる、切断する。

名称 圧着ペンチ

説明 電線を圧着接続する。

名称 ニッパー

説明 電線などを切断する。

名称 パイプカッター

説明 金属電線管を切断する。

名称 パイプベンダー（マキシベンダー）

説明 金属電線管を曲げる。

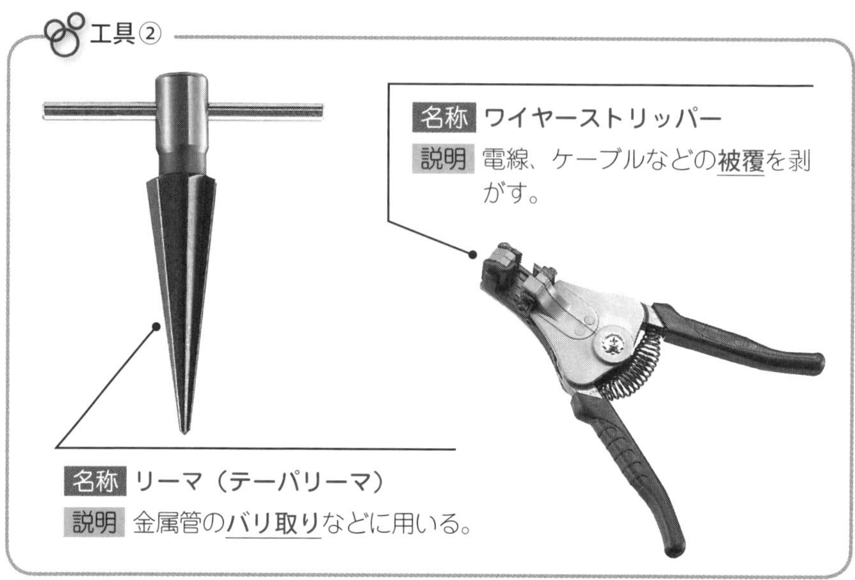

出題されるポイントはここだ！

ポイント◎ 1

ラジオペンチは、電線などを挟んだり、切断したりするのに用いる。

ラジオペンチは、ペンチの種類の一つである。ペンチにはほかに、曲げ加工ができる丸ペンチなどがある。

ポイント◎ 2

圧着ペンチは電線を圧着接続するのに用いる。

圧着接続とは、電線と、電線を収める端子に圧力をかけて固着させる（接続させる）ことをいう。

ポイント○ 3

リーマ（テーパリーマ）は、金属管のバリ取りなどに用いる。

バリとは、材料を加工した際にできる出っ張りのことである。

Lesson 51 配線材料など

レッスンの Point　重要度 ★☆☆

配線にはどのような材料が使用されているか、見てみよう。

必ず覚える基礎知識はこれだ！

電気が通るよう、電線をひいて取り付けることを配線という。配線には、電線を保護するものや、電線管を固定するものなど、さまざまな材料が用いられる。

配線材料①

名称 アウトレットボックス

説明 電気機器の取付箇所や電線相互の接続箇所に設置する。

名称 リングスリーブ

説明 電線の圧着接続に用いる。

カタカナがいっぱいで混乱してきました…。

試験では写真を見て名称を問われる問題も出題されるよ。「ブ」や「プ」などの濁音、半濁音を間違って覚えないよう注意しよう。

名称 絶縁ブッシング（プラブッシング）

説明 電線管から引き出した電線の被覆を保護する。

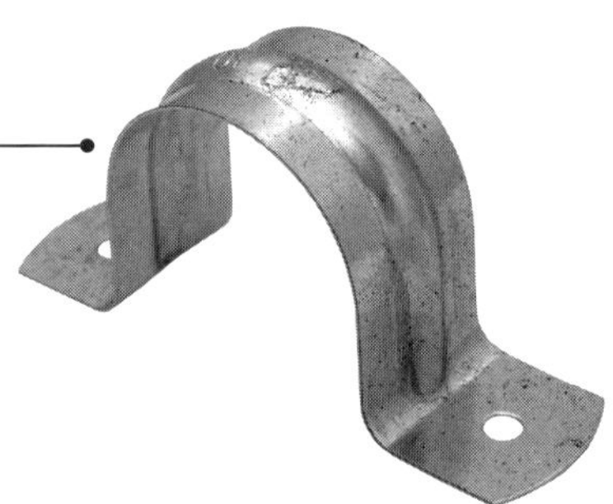

名称 サドル（サドルバンド）

説明 電線管を造営材などに固定する。

名称 ノーマルベンド

説明 電線管の屈曲部分に用いる。

出題されるポイントはここだ！

ポイント◎ 1

リングスリーブは電線の圧着接続に用いる。

リングスリーブによる圧着接続には、リングスリーブ用の圧着ペンチを用いる。

測定器など

レッスンの Point 重要度 ★★☆

測定器の見た目上の特徴と、それぞれの測定器を用いることで測定できるものを確認しよう。

必ず覚える基礎知識はこれだ！

接地抵抗、絶縁抵抗、回路の電流や電圧、抵抗値などを測定するには、測定器を用いる。

接地抵抗計（アーステスター）は接地抵抗を測定するもので、盤面にはΩが表示されている。

絶縁抵抗計（メガー）は絶縁抵抗を測定するもので、盤面にはMΩが表示されている。

接地抵抗計や絶縁抵抗計の盤面には、測定することができるものの単位が表示されているんだね。

測定器①

名称 接地抵抗計（アーステスター）
説明 接地抵抗を測定するのに用いる。

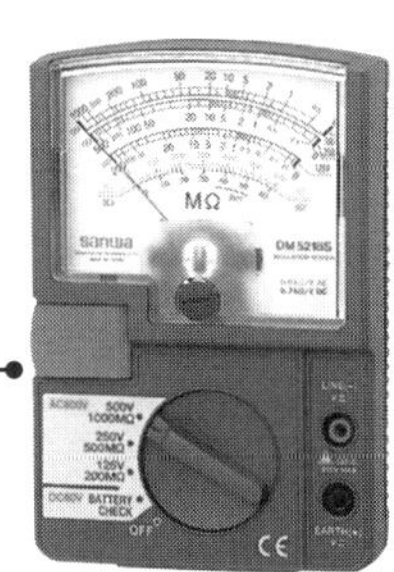

名称 絶縁抵抗計（メガー）
説明 絶縁抵抗を測定するのに用いる。

出題されるポイントはここだ！

ポイント◎ 1

接地抵抗計は接地抵抗を測定するもので、アーステスターともいう。

接地抵抗計の盤面にはΩが表示されている。

ポイント◎ 2

絶縁抵抗計は絶縁抵抗を測定するもので、メガーともいう。

絶縁抵抗計の盤面にはＭΩが表示されている。

ポイント○ 3

回路計は回路の電流、電圧、抵抗値などを測定するもので、テスターともいう。

回路計はスイッチを操作することによって内部の測定回路を切り替え、さまざまなものを測定することができる。

測定器②

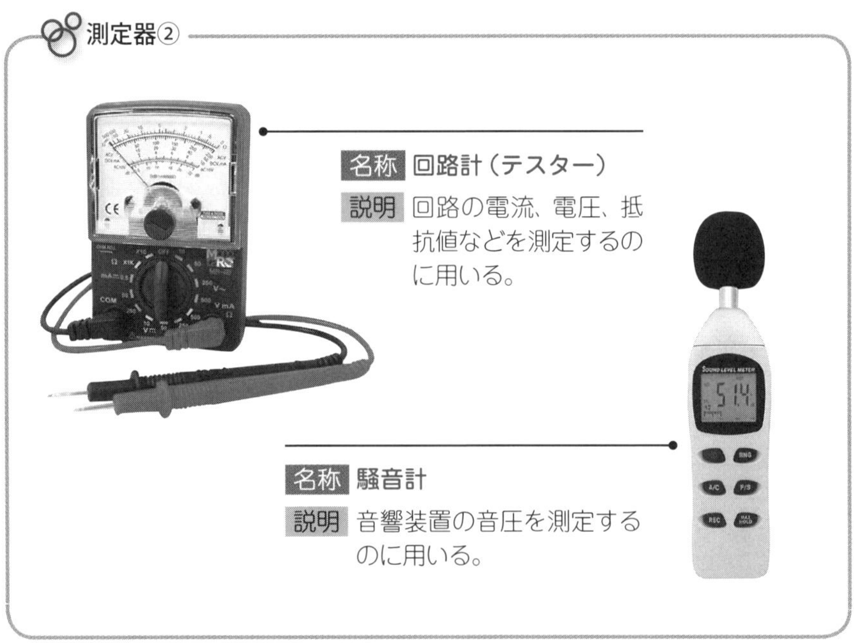

名称 回路計（テスター）

説明 回路の電流、電圧、抵抗値などを測定するのに用いる。

名称 騒音計

説明 音響装置の音圧を測定するのに用いる。

練習問題にチャレンジ！

問　題　解答と解説は p.290

問題 01

次に示すものの名称及び用途を答えなさい。

➡ Lesson47

問題 02

次に示すものの名称及び用途を答えなさい。

➡ Lesson48

問題 03

次に示すものの名称及び用途を答えなさい。

➡ Lesson49

問題 04

次に示すものの名称及び用途を答えなさい。

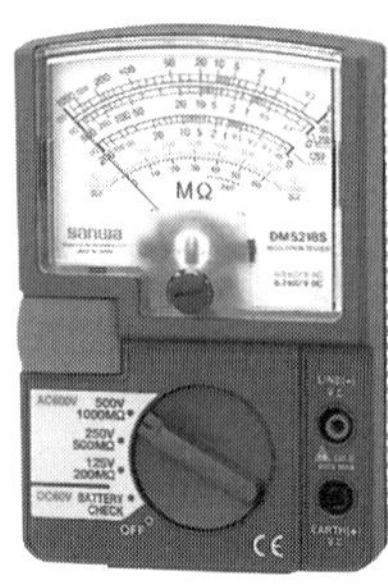

➡ Lesson52

解答と解説　問題は p.289 ～ 290

問題 01　**正解**

名称　差動式スポット型感知器

用途　急激な温度上昇と、一局所の熱効果により作動する熱感知器で、火災による熱を感知するのに用いる。

⇒間違えた人は、Lesson 47 を復習しよう。

問題 02　**正解**

名称　ガス漏れ検知器

用途　天井などに設置するタイプで、空気より軽いガスに用いる。

⇒間違えた人は、Lesson 48 を復習しよう。

問題 03　**正解**

名称　加熱試験器

用途　スポット型の熱感知器の作動試験に用いる。

⇒間違えた人は、Lesson 49 を復習しよう。

問題 04　**正解**

名称　絶縁抵抗計（メガー）

用途　絶縁抵抗を測定するのに用いる。

⇒間違えた人は、Lesson 52 を復習しよう。

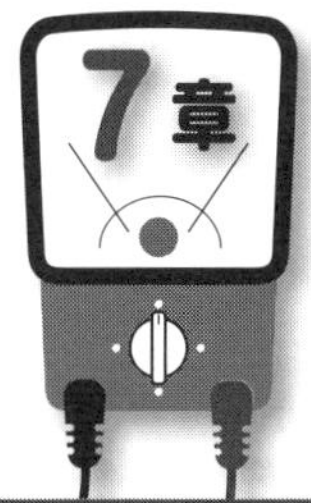

製図問題

7章のレッスンの前に

まず、これだけ覚えよう！

① 製図試験では、何を設計するのか？

製図は、四肢択一式の「筆記試験」ではなく、記述式の「実技」に分類される科目であり、施工に必要な設計図書を作成する技能が問われる。

甲種４類消防設備士に必要な製図の技能は、感知器や受信機など機器の図を作成する能力ではなく、指定された防火対象物に合わせて、機器の配置や機器間の配線を行う能力が求められる。

「筆記試験」は選択肢から選んで記号を答える四肢択一式だけど、「実技」では解答欄に書き込む記述式が採用されているよ。

② 設備設計図とは？

設備設計図とは、設備を施工するための図面のことをいい、平面図と系統図に大別される。

受信機の仕様や感知器の種類、それらの取付け箇所、音響警報の位置等を記号を用いて示し、機器間を接続する電線の種類や本数を設計し、記入する。

③ 平面図への設備設計

設備を施工する対象は建築物である。建築設計においては、意匠図や構造図など様々な図面があるが、まず、機器の配置（感知器の設置等）を検討、設計、作図するには、断面図などの室内高を判断できる図面が必要となる。

また間仕切りなどが記入された平面図も必要となり、設備設計図の平面図は、建築平面図を基に設計することとなる。

建築平面図にあらわされている間仕切りを参考に、感知器などを設計し、感知器の種類と設置位置は図記号（シンボル）であらわす。

消防設備士試験では、記号から感知器の種類やその他必要機器の位置等を判断できるよう、しっかり覚える必要がある。

なお、試験においては1階程度の平面図設計がよく出題される。試験では、定規を使用しての製図は禁止されているため、試験勉強においてはフリーハンドでの設計を心掛けてほしい。

④ 系統図に記載すべき内容

平面図は階ごとの設備施工を行う上で欠くことのできない重要な図面である。系統図はそれぞれの平面図を基に、建物全体の接続を示すための図面である。

平面図上で設計した警戒区域数の記入も、系統図の重要な設計要素である。このことから、受信機の仕様の重要な要素である回線数は、系統図上で判断することが基本となる。

逆に、階段等の警戒区域の感知器設計は平面図だけでは困難であり、系統図で感知器設置階の検討を行ったうえで平面図に転記する。また、各端末から受信機に至る配線の設計も系統図の作成において行い、最終的に平面図に転記する。

試験においては必要電線本数に関する問題や、必要な受信機の仕様について、よく出題される。

製図ではこれまでに学んだ感知器などの設置基準の知識が必要となるよ。わからないことがあれば、これまでのレッスンを振り返ってみよう。

いよいよこれが最後のレッスン！　最後まで気を抜かずに頑張ろう！

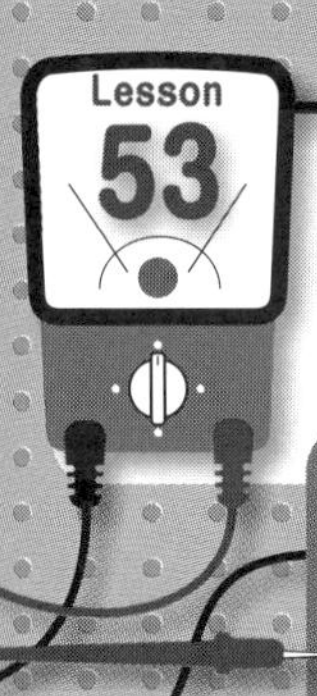

Lesson 53 自動火災報知設備が必要な防火対象物

レッスンのPoint　重要度 ★★★

甲種消防設備士試験では製図試験が出題される（乙種は出題されない）。まずは、消防法令からみていこう。

必ず覚える基礎知識はこれだ！

自動火災報知設備が必要な防火対象物は政令で分類され、さらに火災時の危険性が高い用途は特定防火対象物に指定されている。

特定防火対象物に対しては、消防用設備等の設置基準がより厳しく定められており、感知器の種類も限定される。

原則として、下記の条件に当てはまる防火対象物には、自動火災報知設備の設置が必要であるが、これはあくまで原則で、例外がたくさんある。

- 特定防火対象物は、延べ面積 300m² 以上
- 非特定防火対象物は、延べ面積 500m² 以上（アーケード、山林、舟車を除く）

次ページの表は全部覚えなくてはならないんでしょうか…？

自動火災報知設備の設置基準は、例年出題されている重要項目だよ。数が多くて大変だけれど、数値も含めて全部覚えるようにしよう。

自動火災報知設備の設置基準

防火対象物の区分				全体		部分						
項		特定防火対象物	防火対象物の種類	延べ面積（以上）	特定1階段 ※1	地階・無窓階（床面積・以上）	3階以上	11階以上	通信機器室	駐車用途	道路用途	指定可燃物
(1)	イ	✓	劇場、映画館、演芸場、観覧場	300m²	全て	300m²	床面積300㎡以上のもの	全て	床面積500㎡以上のもの	地階又は2階以上で床面積200㎡以上のもの	屋上で床面積600㎡以上のもの　屋上以外で床面積400㎡以上のもの	指定数量の500倍以上の貯蔵又は取り扱うもの
	ロ	✓	公会堂、集会場									
(2)	イ	✓	キャバレー、カフェー、ナイトクラブ等			100m²						
	ロ	✓	遊技場、ダンスホール									
	ハ	✓	性風俗関連特殊営業店舗等									
	ニ	✓	カラオケボックス等	全て								
(3)	イ	✓	待合、料理店等	300m²								
	ロ	✓	飲食店									
(4)		✓	百貨店、マーケット等、展示場			300m²						
(5)	イ	✓	旅館、ホテル、宿泊所等	全て								
	ロ		寄宿舎、下宿、共同住宅	500m²								
(6)	イ	✓	病院、診療所、助産所（無床診療所、無床助産所を除く）	全て	全て							
		✓	無床診療所、無床助産所	300m²								
	ロ	✓	老人短期入所施設等	全て								
	ハ	✓	老人デイサービスセンター等	全て※5								
	ニ	✓	幼稚園、特別支援学校	300m²								
(7)			小学校、中学校、高等学校、大学等	500m²								
(8)			図書館、博物館、美術館等									
(9)	イ	✓	蒸気浴場、熱気浴場	200m²	全て							
	ロ		イ以外の公衆浴場	500m²								
(10)			車両の停車場、船舶・航空機の発着場									
(11)			神社、寺院、教会等	1000m²								
(12)	イ		工場、作業場	500m²								
	ロ		映画スタジオ、テレビスタジオ									
(13)	イ		自動車車庫、駐車場									
	ロ		飛行機等の格納庫	全て								
(14)			倉庫	500m²								
(15)			前各項目に該当しない事業場	1000m²								
(16)	イ	✓	特定用途を含む複合用途防火対象物	300m²	全て	※4						
	ロ		イ以外の複合用途防火対象物	※2		300m²						
(16の2)		✓	地下街	300m²※6								
(16の3)		✓	準地下街	※3								
(17)			重要文化財等	全て								

※1　特定1階段等防火対象物：特定部分が地階又は3階以上にあり、地上に直通する屋内階段が1以下のもの（屋外に避難階段がない場合に限る）。
※2　それぞれの用途ごとに、判定する。
※3　延べ面積500m² 以上かつ特定用途部分の床面積合計が300m² 以上。
※4　(2) 項イからハ又は (3) 項に掲げる防火対象物の用途に供される部分の床面積の合計が 100m² 以上。
※5　利用者を入居させ、又は宿泊させるものでない場合は、300m² 以上。
※6　(2) 項ニ、(5) 項イ、(6) 項イ（無床診療所、無床助産所を除く）、(6) 項ロ、(6) 項ハ（利用者を入居させ、または宿泊させるものに限る）の用に供されるものは全て。

53
自動火災報知設備が必要な防火対象物

出題されるポイントはここだ！

ポイント◎ 1

映画館、カラオケボックス、幼稚園は特定防火対象物である。

特定防火対象物は、消防用設備等の設置基準がより厳しく定められている。

ポイント◎ 2

飲食店は（3）項ロ、百貨店（デパート）は4項に該当する。

飲食店、百貨店（デパート）は、延べ面積300m^{2}以上で自動火災報知設備の設置が必要となる。

ポイント○ 3

複数の用途が混在した建物は複合用途防火対象物である。

一部分でも特定防火対象物の用途が存在すれば、建物全体が特定防火対象物の（16）項イとなる。

ここも覚えて 点数UP！

特定用途を含む複合用途防火対象物は、延べ面積300m^{2}以上のものに自動火災報知設備を設置しなければならない。

特定用途を含む複合用途防火対象物は、（16）項イに該当する。通常の特定防火対象物と同じ条件であるが、設置基準である「延べ面積300㎡以上」は、特定用途部分だけでなく、防火対象物全体の面積であることに注意する。

（16）項イで特定1階段等防火対象物に該当する場合は、3階以上に特定防火対象物が存在する場合、設置が必要となることも覚えておこう。

ガス漏れ火災警報設備が必要な防火対象物

レッスンの Point　重要度 ★★★

ガス漏れ火災警報設備も４類の設備である。消防法での設置範囲を確認する。

必ず覚える基礎知識はこれだ！

ガス漏れ火災警報設備が必要な部分は温泉採取施設を除き、特定防火対象物の地階、地下街、準地下街に限られる。

自動火災報知設備に比較し、設置対象範囲は狭いが確実に覚えること。特定防火対象物に該当する項番号と防火対象物の種類の暗記は、ここでも必要となる。

なお、消防法以外でもガス漏れを検知する機器の設置基準があるが、試験では消防法にかかる部分のみが出題対象となるため、ここでは省略する。

ガス漏れ火災警報設備の設置基準

防火対象物の区分	設置要件
（16の２）項	延べ面積 1000m^2 以上
（16の３）項	延べ面積 1000m^2 以上 （特定用途部分の床面積 500m^2 以上を含む）
特定防火対象物の地階	延べ面積 1000m^2 以上
（16）項イの地階	床面積 1000m^2 以上 （特定用途部分の床面積 500m^2 以上を含む）
温泉採取設備が設けられているもの	すべて

ガス漏れ火災警報設備は、名称のとおり、ガス漏れを検知し、警報を発する設備のことをいうよ。

出題されるポイントはここだ！

ポイント◎ 1

地下街は、延べ面積 1000m² 以上でガス漏れ火災警報設備の設置が必要となる。

地下街は、（16 の 2）項が該当する。（16 の 3）項である準地下街には、延べ面積 1000m² 以上（特定用途部分の床面積 500m² 以上を含む）で設置が必要となる。

ポイント◎ 2

温泉採取設備に対しては、建物の用途にかかわらずガス漏れ火災警報設備の設置が必要となる。

温泉採取設備とは、建物の用途ではない。部屋の使用用途を示すものである。

地下街などはガスが滞留しやすいため、ガス漏れ火災警報設備の設置が義務づけられているんだ。

たしかに、地下街はガスがこもりやすそうですね。

ここも覚えて 点数 UP！

特定防火対象物の地階で、延べ面積 1000m² 以上のものには、ガス漏れ火災警報設備の設置が必要となる。

特定用途部分を含む複合用途防火対象物の地階の場合は、床面積の合計 1000m² 以上、かつ、特定用途の部分の床面積の合計が 500m² 以上のものが設置基準となる。

どちらか一方のみの場合は、設置基準を満たさないことに注意する。

自動火災報知設備を構成する主要機器〈受信機〉

レッスンの Point

重要度 ★★☆

各受信機が備えなくてはならない機能、省略してもよい機能を覚えよう。

必ず覚える基礎知識はこれだ！

受信機とは、自動火災報知設備の中心を担う機器で、感知器や発信機から送られてくる火災信号を受信し、音響装置を鳴動させるなどして、防火対象物の関係者や建物の中にいる人に火災の発生を報知する役割を担っている。

自動火災報知設備の受信機の作動順序
①感知器や発信機から火災信号を受信する。
②主音響を鳴動する。
③地区表示灯の点灯で火災発生場所を示す。
④地区音響装置で館内に火災を知らせる。

受信機は、火災信号を共通の信号として受信するＰ型と、火災信号を固有の信号として受信するＲ型に分類できる。そして、Ｒ型とＰ型の機能の違いは、次ページの表のとおりである。

受信機はいろいろな役割をもっているんですね。

自動火災報知設備（受信機）の機能比較

受信機の種類 ＼ 機能	R型	P型1級		P型2級		P型3級
		多回線	1回線	多回線	1回線	
回線数	無制限	無制限	1回線	最大5回線	1回線	1回線
予備電源	○	○	○	○	△	△
火災灯（赤色）	○	○	△	△	△	△
地区表示装置（灯）	○	○	△	○	△	△
地区音響装置	○	○	○	○	△	△
主音響装置の音圧	85dB	85dB	85dB	85dB	85dB	70dB
火災表示の保持	○	○	○	○	○	△
火災表示試験装置	○	○	○	○	○	○
導通試験装置	○	○	△	×	×	×
電話連絡装置（＋応答回路）	○	○	×	×	×	×

○必要　△省略してもよい　× 規格上規定がない

出題されるポイントはここだ！

ポイント◎ 1

5回線に対応できる受信機で電話連絡装置を必要としない受信機は、P型2級受信機である。

5回線に対応できる受信機には、P型1、P型2級、R型がある。そのうち、電話連絡装置を必要としない受信機は、P型2級受信機である。

P型2級受信機（多回線用）には、通常、5個の地区表示灯が備えられているよ。

ポイント◎ 2

導通試験装置を設ける受信機は、R型受信機とP型1級受信機（多回線用）である。

P型1級受信機（1回線用）は、導通試験装置の機能を省略することができる。

ポイント○ 3

P 型 3 級受信機は、予備電源を必要としない。

P 型 2 級受信機（1 回線用）と P 型 3 級受信機のみ、予備電源を備えることが義務づけられていない。

ポイント○ 4

P 型 2 級受信機（1 回線用）は、地区音響装置を必要としない。

P 型 2 級受信機（1 回線用）と P 型 3 級受信機のみ、地区音響装置を備えることが義務づけられていない。

ここも覚えて 点数 UP！

R 型受信機は、メーカーにより仕様が異なることが多いため、試験にはあまり出題されない。

製図の解き方を身に付けるためには、受信機の正しい選択が欠かせない。必要最低限の機能を持つ受信機種類の選択が重要である。

問題では、正答を 1 つにするため（複数の正答が生じないようにするため）受信機の仕様が問題文中に定義されることが多い。

製図試験で重要なポイントは P 型 1 級受信機と P 型 2 級受信機の選択判断である。見極め方の一例を、次に示す。

①回線数が 5 を超える場合は P 型 1 級受信機のみ使用できる。
②回線数が 5 以下の場合は、P 型 1 級受信機と P 型 2 級受信機のどちらも使用できる。
③試験においてはどちらかに限定するよう出題される。
④ここで、省略できる機能から、どの受信機が該当するか判断する。

自動火災報知設備を構成する主要機器〈感知器〉

重要度 ★★★

レッスンの Point

感知器の設置基準や特徴は、製図をする上で必ず覚えるべき内容です。感知器の特徴を復習しよう。

必ず覚える基礎知識はこれだ！

感知器は、火災によって発生する、熱、煙、炎（紫外線・赤外線）を自動的に発見し受信機へ信号を送る機器である。

3章でも学んだそれぞれの感知器の種類と、その特徴を復習する。

熱感知器の種類

差動式	スポット型	—	1種 2種	周囲の温度上昇率が一定の値以上になったとき火災信号を発するもので一局所の熱効果により作動するもの。
	分布型	空気管式 熱電対式 熱半導体式	1種 2種 3種	周囲の温度上昇率が一定の値以上になったとき火災信号を発するもので広範囲の熱効果の累積により作動するもの。
定温式	スポット型	—	特種 1種 2種	一局所の周囲の温度が一定の温度以上で火災信号を発するもので外観が電線状以外のもの。
	感知線型	—	特種 1種 2種	一局所の周囲の温度が一定の温度以上で火災信号を発するもので外観が電線状のもの
補償式	スポット型	—	1種 2種	差動式と定温式の性能をあわせもち、1つの火災信号を発信するもの。
熱アナログ式	スポット型	—	—	一局所の周囲の温度が一定の範囲内になったとき火災情報信号を発信するもので外観が電線状以外のもの。

煙感知器（光電式）の種類

光電式	スポット型	1種 2種 3種	周囲の空気が一定の濃度以上の煙を含むに至ったとき火災信号を発信するもので一局所の煙による光電素子の受光量変化により作動するもの。
	分離型	1種 2種	周囲の空気が一定の濃度以上の煙を含むに至ったとき火災信号を発信するもので広範囲の煙の累積による光電素子の受光量変化により作動するもの。
光電アナログ式	スポット型	1種 2種 3種	周囲の空気が一定の濃度以上の煙を含むに至ったとき火災情報信号を発信するもので一局所の煙による光電素子の受光量変化により作動するもの。
	分離型	1種 2種	周囲の空気が一定の濃度以上の煙を含むに至ったとき火災情報信号を発信するもので広範囲の煙の累積による光電素子の受光量変化により作動するもの。

煙感知器は、煙の検出方式によって、イオン化式と光電式に分けられるよ。

炎感知器の種類

紫外線式	スポット型	炎から放射される紫外線の変化が一定以上になったときに火災信号を発信するもので紫外線による受光素子の受光量の変化により作動するもの。
赤外線式		炎から放射される赤外線の変化が一定以上になったときに火災信号を発信するもので赤外線による受光素子の受光量の変化により作動するもの。

出題されるポイントはここだ！

ポイント◎ 1
熱感知器は、火災により生じる熱によって火災を感知する感知器である。

熱感知器の種類は多く、作動原理や形状もさまざまであるが、大きく分けると、差動式、定温式、熱複合式、熱アナログ式などの種類がある。

ポイント○ 2
スポット型の熱感知器は、一局所の温度変化を感知する感知器である。

広範囲の温度変化を感知する感知器には、分布型などがある。

ポイント◎ 3
煙感知器は、火災により生じる燃焼生成物（煙のこと）によって火災を感知する感知器である。

煙感知器は、煙の検出方式によって、イオン化式と光電式に分けられる。

ポイント○ 4
炎感知器は、火災により生じる炎によって火災を感知する感知器である。

炎感知器はすべてスポット型で、紫外線を監視する紫外線式と、赤外線を監視する赤外線式に分けられる。

ここも覚えて 点数UP！

火災のより早い段階での発見、環境の影響による誤作動または作動の遅れの防止等を目的として感知器を使い分ける。

自動火災報知設備の感知器は「火災」を感知するのではなく、熱、煙、炎を感知する機器である。

実際の火災に対して有効に働くよう、物件の用途・部屋の用途・構造・階等により最適なものを選択する。

ガス漏れ火災警報設備を構成する主要機器〈受信機・検知器〉

レッスンの Point

重要度 ★☆☆

自動火災報知設備の受信機と、ガス漏れ火災警報設備の受信機を比べてみよう。

必ず覚える基礎知識はこれだ！

ガス漏れ受信機は、ガス漏れ火災警報設備の中心を担う機器であり、都市ガス、プロパンガスなどの燃料用ガスや、地下から発生する可燃性ガスを検知して警報を発する機器である。

ガス漏れ検知器は、ガス漏れを検知し受信機に信号を送る機器で、半導体式、接触燃焼式、気体熱伝導度式等がある。

ガス漏れ火災警報設備のガス漏れ受信機の作動順序
①ガス漏れ検知器からガス漏れ信号を受信する。
②主音響を鳴動する。
③地区表示灯の点灯で火災発生場所を示す。

自動火災報知設備の受信機と、作動順序を比べてみよう。

ガス漏れ火災警報設備のガス漏れ受信機の外観と備えるべき機能は、次のとおりである。

ガス漏れ受信機の機能比較

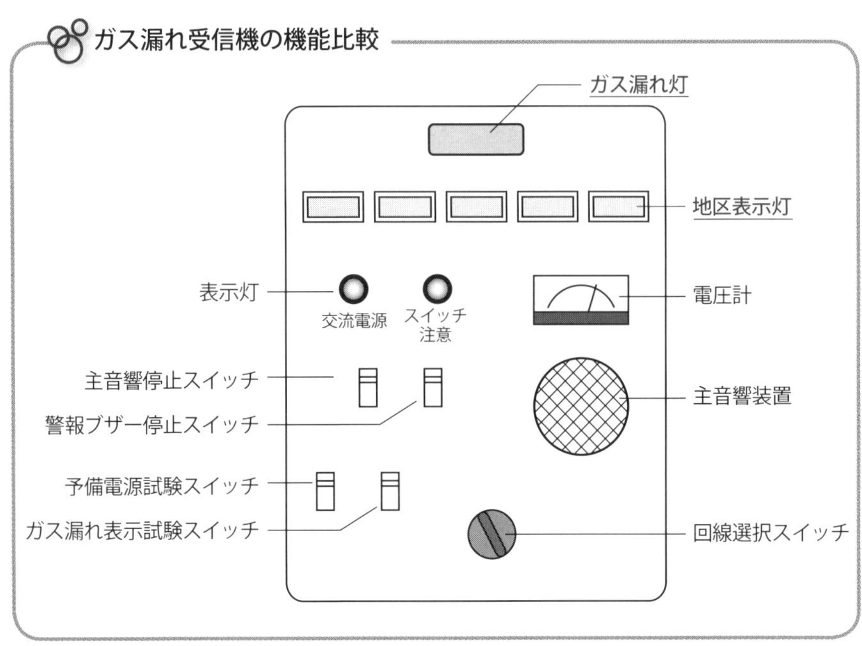

ガス漏れ火災警報設備（受信機）の機能比較

機能＼受信機の種類	G型	
	多回線	1回線
回線数	無制限	1回線
予備電源	△	△
ガス漏れ灯	○	○
地区表示灯	○	△
地区音響装置	×	×
主音響装置の音圧	70dB	70dB
ガス漏れ表示の保持	×	×
ガス漏れ表示試験装置	○	○
導通試験装置	×	×

○必要　△省略してもよい　×規格上規定がない

ガス漏れ専用の受信機には、G型しかないことを覚えているかな。

出題されるポイントはここだ！

ポイント◎ 1

ガス漏れ火災警報設備には自動火災報知設備と異なる受信機が必要である。

自動火災報知設備にはP型とR型の受信機があり、ガス漏れ火災警報設備用には専用のG型受信機がある。

ポイント◎ 2

温泉採取施設には特殊なガス漏れ感知器を用いる。

温泉採取施設は、爆発性の高いガスが噴き出す可能性があり、防爆仕様のもので対応する。また、専用の制御装置を必要とするものもある。ただし、試験に出題されることは少ない。

ここも覚えて 点数UP！

受信機は、自動火災報知設備とガス漏れ火災警報設備を兼用できるGR型、GP型も製品化されている。

受信機には、自動火災報知設備専用のもの、ガス漏れ火災警報設備専用のもの、自動火災報知設備とガス漏れ火災警報設備に併用されるものがある。

ガス漏れ火災警報設備の構成は自動火災報知設備とよく似ているが、消防法上、別の設備である。混同しないように注意すること。

受信機の種類については、p.178で復習しよう。

製図の基礎知識

レッスンの Point　甲種のみ　重要度 

系統図と平面図の違いを理解し、その物件に適した設備設計図面を作成しよう。

必ず覚える基礎知識はこれだ！

図面には系統図と平面図の２種類がある。

系統図は、建築の断面（立面）図を基に作成し、主に消防用設備全体の構成を示す図面である。

平面図は、建築平面図上に感知器・発信機・地区音響装置・受信機の配置等を記号により記入し、また、配線等も記入し、主に一つの階の構成を示す図面である。

系統図は物件全体を、平面図はその階の構成を示す図面と考えていいんでしょうか。

実際にはいろいろな書き分けがされるけれど、試験においては、そのような考えであっているよ。

系統図の例

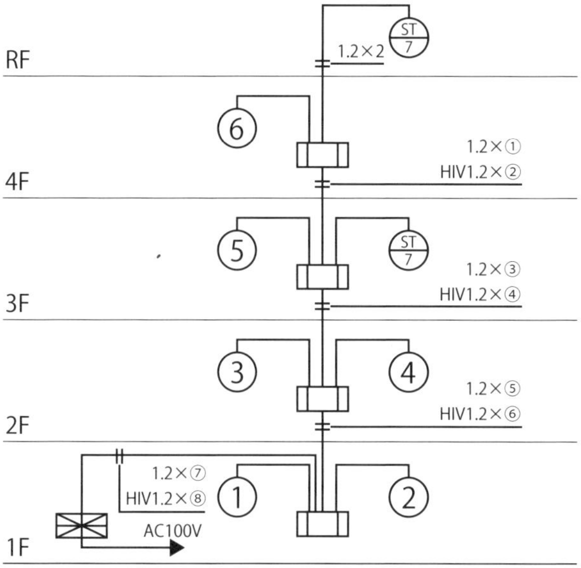

ST/7
1.2×2
RF
⑥
1.2×①
HIV1.2×②
4F
⑤
ST/7
1.2×③
HIV1.2×④
3F
③
④
1.2×⑤
HIV1.2×⑥
2F
1.2×⑦
HIV1.2×⑧
①
②
AC100V
1F

平面図の例

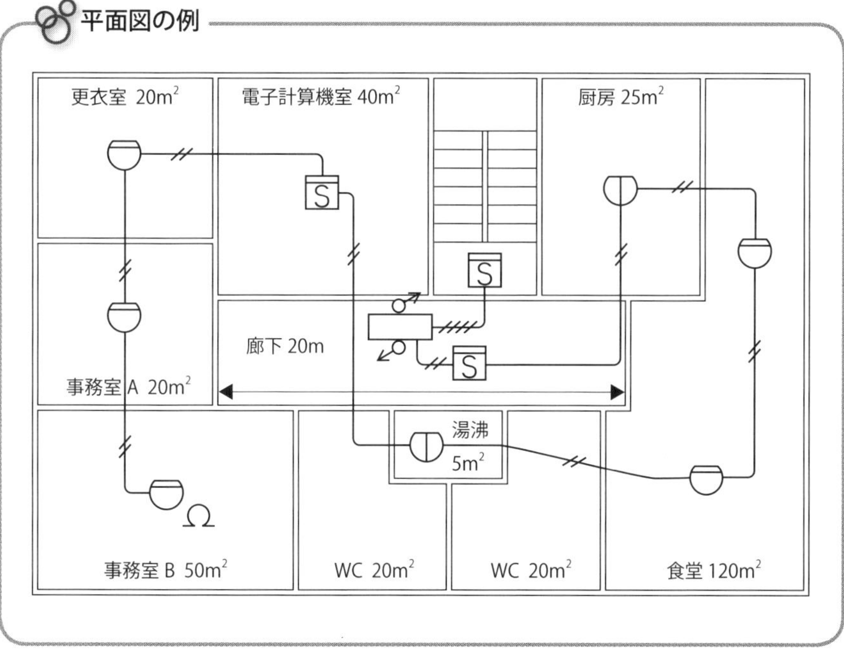

出題されるポイントはここだ！

ポイント○ 1

図面には、系統図と平面図の２種類がある。

系統図は、主に消防用設備全体の構成を示す図面であり、平面図は、主に一つの階の構成を示す図面である。

ポイント○ 2

系統図では、配線の設計を行う。

平面図では、建物全体を表現することができない。系統図から、建物の規模や、各階に必要な回線数を把握し、設計を行う。

ポイント○ 3

平面図では、必要な感知器の設計を行う。

平面図から、必要な感知器の種類や、設置する個数などを把握し、設計を行う。

図面で使用されている記号については、次のレッスンで説明するよ。まずは図面の例をみて、系統図、平面図はどのようなものかを知ろう。

ここも覚えて 点数UP！

必要な配線や、感知器の種類、設置する個数などは、系統図と平面図を用いて判断する。

製図試験では自動火災報知設備やガス漏れ警報設備の総合的な知識と判断が要求される。設置の条件などを覚えた上で、設計への反映方法をあわせて理解することが重要である。

製図で使用する記号

レッスンの Point

甲種のみ

重要度 ★★☆

製図で使用する記号にはどんなものがあるか、確認しよう。

必ず覚える基礎知識はこれだ！

製図では、感知器、受信機、中継器、表示灯、配線、警戒区域線などを、図記号によって表す。

実技試験における製図では、示された条件に基づき、必要な感知器を記入するなど、実際に受験者自身が図面を完成させる問題も出題される。

どのような感知器が必要かを知るのに必要な警戒区域の設定などは以降のレッスンで説明し、このレッスンでは図面を作成するのに必要な図記号を掲載する。

なお、実際の試験では、基本的には、「凡例（はんれい）」として使用する図記号が名称とともに掲載されている。

試験問題には使用する図記号が掲載されているのか…。

図記号を覚えることを怠けてはいけないよ。その図記号が何を示しているか、また反対に、名称から図記号が書けるようにしよう。

製図で使用する主な図記号

名称	図記号	摘要
差動式スポット型感知器		—
補償式スポット型感知器 熱複合式スポット型感知器		—
定温式スポット型感知器		防爆型は「EX」を傍記する。
定温式スポット型感知器 （防水型）		—
熱煙複合式スポット型感知器	S	—
煙感知器	S	—
煙感知器（光電式分離型）	送光部 S→	受光部 S←
炎感知器		—
定温式感知線型感知器		—
差動式分布型感知器 （空気管式）		—
差動式分布型感知器 （熱電対式）		—
差動式分布型感知器 （熱半導体式）		—
差動式分布型感知器の検出部		—

名　称	図記号	摘　要
P型発信機	 Ⓟ	屋外用は  Ⓟ（上部に山形）とする。
回路試験器		—
警報ベル	 Ⓑ	屋外用は 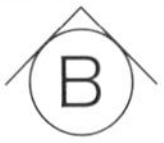 Ⓑ（上部に山形）とする。
受信機	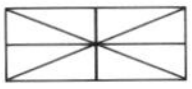	—
受信機（ガス漏れ火災警報設備と一体のもの）	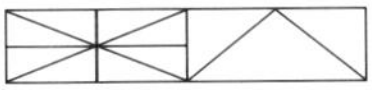	—
中継器	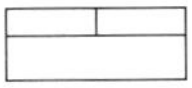	—
表示灯		—
終端抵抗（終端器）	Ω	右のように、感知器等の記号に添える。 
機器収容箱		—
配管配線	2本 　4本	
	立上がり 　引下げ	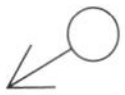
警戒区域線		配線の図記号より太くする。
警戒区域番号	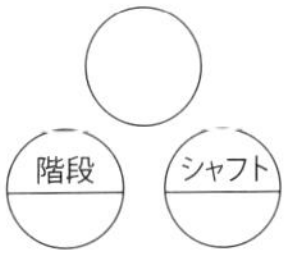 階段　シャフト	◯の中に警戒区域番号を記入する。 必要に応じ⊖とし、上部に警戒場所、下部に警戒区域番号を記入する。

出題されるポイントはここだ！

ポイント○ 1

定温式スポット型感知器を示す図記号は、◯である。

なお、差動式スポット型感知器を示す図記号は、◯（横線入り）である。定温式スポット型感知器の図記号に横線を書き加えたものである。

ポイント○ 2

煙感知器を示す図記号は、[S]である。

なお、熱煙複合式スポット型感知器を示す図記号は、(S)である。

ポイント○ 3

P型発信機を示す図記号は、(P)である。

なお、屋外用を示す図記号は、(P)（屋外用）である。

ポイント○ 4

受信機を示す図記号は、⊠である。

なお、中継器を示す図記号は、⊟である。

ここも覚えて 点数UP！

警戒区域は、円の図記号の中に警戒区域番号を記入して表す。

警戒区域は、必要に応じて、円の上部に警戒場所、下部に警戒区域番号を記入する。

自動火災報知設備の製図①〈警戒区域の設定〉

重要度 ★☆☆

レッスンの Point

製図の第一歩は警戒区域の設定から。警戒区域を設定した後に感知器等の設計に進みます。

必ず覚える基礎知識はこれだ！

警戒区域とは、火災の発生した区域をほかの区域と区別して識別することができる最小単位の区域をいう。

原則として、防火対象物の 2 以上の階にわたらないこと、1 の警戒区域の面積は 600m^2 以下とすること、一辺の長さは 50m 以下とすることが定められているが、例外もあるため、必ず例外とあわせて覚えること。

自動火災報知設備の警戒区域の定義

定　義	
警戒区域とは、火災の発生した区域をほかの区域と区別して識別することができる最小単位の区域をいう。	
原　則	**例　外**
防火対象物の 2 以上の階にわたらないこと。	2 の階にわたって警戒区域の面積が 500m^2 以下の場合は、防火対象物の 2 の階にわたることができる。
1 の警戒区域の面積は 600m^2 以下とすること。	主要な出入口から内部を見通すことができる場合は、1 の警戒区域を 1000m^2 以下とすることができる。
一辺の長さは 50m 以下とする。	光電式分離型感知器を設置する場合は、100m 以下にすることができる。

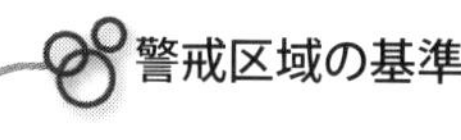

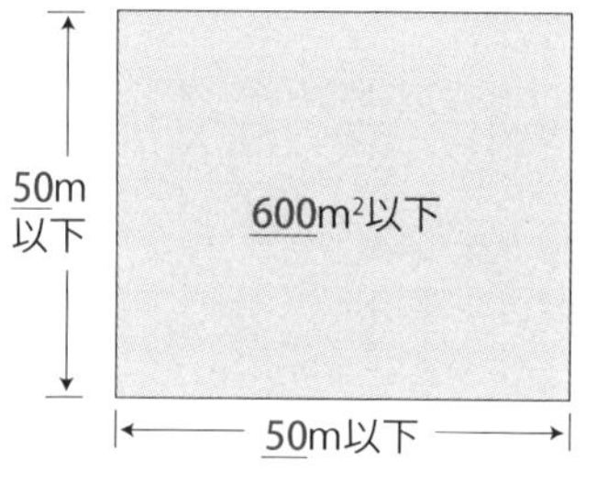

〈例 1〉は、一辺の長さが50m 以下で、面積が 600m² 以下なので、1つの警戒区域とすることができる。

〈例 2〉は、一辺の長さは50m 以下であるが、面積が 600m² を超えているため、2 つの警戒区域に分けなければならない。

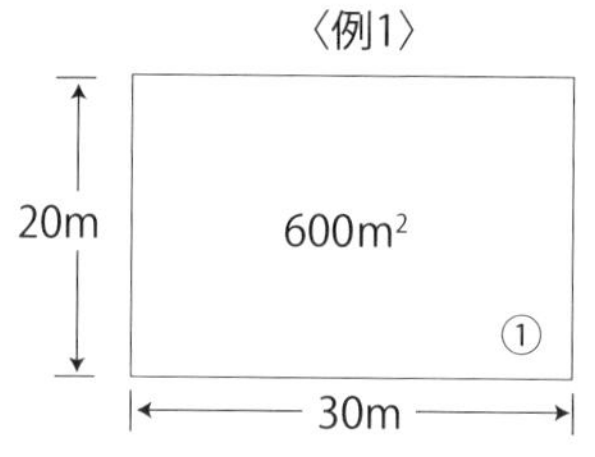

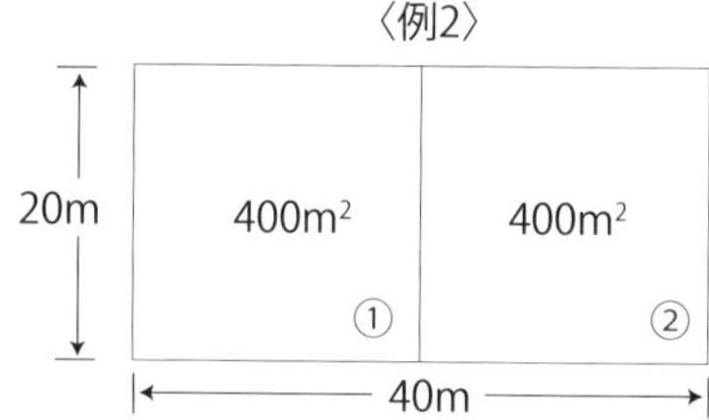

図記号を用いた表し方として、警戒区域境界線は図面上に太い一点鎖線で記入し、警戒区域番号は円の中に数字等を記入して示す。

平面図を作成する場合、次のことに注意する。

①警戒区域は間仕切り等を利用して設計する。

②感知器が不要な便所等も面積に含む。

③階段やエレベータ等のたて穴区画の面積は除外する。

また、断面（立面）図を参考にし、階段やエレベータ等のたて穴区画の警戒区域を設定する。

感知器の設置が義務づけられていない所の面積も、警戒区域の面積に含むことを忘れないようにしよう。

出題されるポイントはここだ！

ポイント◎1
警戒区域とは、火災の発生した区域をほかの区域と区別して識別することができる最小単位の区域をいう。

自動火災報知設備では、警戒区域ごとに回線を設け、感知器等を設置する。

ポイント◎2
階段やエレベーター等のたて穴区画の面積は、警戒区域から除外する。

なお、階段やエレベーター等のたて穴区画は、断面（立面）図を参考にし、警戒区域を設定する。

ポイント◎3
警戒区域は原則として、防火対象物の2以上の階にわたらないこと。

そのほか、原則として、1の警戒区域の面積は600m²以下とすること、一辺の長さは50m以下とすることが定められている。

ポイント◎4
主要な出入り口から室内を見通せる場合、1警戒区域は1000m²で設計する。

主要な出入り口から室内を見通せるかどうかは、問題文中で示される。

ここも覚えて　点数UP！

警戒区域数は、必要最低限で設計する。

製図試験の原則は必要最低限の設計を行うことである。特別な指示がない限り、過剰設計は減点される。

そのためにも、警戒区域の設計基準は、例外もあわせてしっかり覚えることが必要である。

自動火災報知設備の製図②〈適応感知器の選定〉

重要度 ★★☆

レッスンの Point

建物の用途及び設置箇所により適応する感知器が異なることに注目しよう。

必ず覚える基礎知識はこれだ！

建物の用途と設置場所により煙・熱煙複合・炎感知器の選択が指定される。煙感知器、熱煙複合式感知器、炎感知器が必要な部分は次のとおりである。

煙感知器の設置基準

<table>
<tr><th colspan="4">防火対象物の区分</th><th>全体</th><th colspan="3">部分</th></tr>
<tr><th colspan="2">項</th><th>特定防火対象物</th><th>防火対象物の種類</th><th>11階以上
地階
無窓階</th><th>廊下及び通路</th><th>パイプダクト
リネンシュート
エレベーター
階段及び傾斜路</th><th>個室等
カラオケボックス</th></tr>
<tr><td rowspan="2">(1)</td><td>イ</td><td>✓</td><td>劇場、映画館、演芸場、観覧場</td><td rowspan="10">●</td><td rowspan="11">◎</td><td rowspan="11">○</td><td rowspan="5"></td></tr>
<tr><td>ロ</td><td>✓</td><td>公会堂、集会場</td></tr>
<tr><td rowspan="4">(2)</td><td>イ</td><td>✓</td><td>キャバレー、カフェー、ナイトクラブ等</td></tr>
<tr><td>ロ</td><td>✓</td><td>遊技場、ダンスホール</td></tr>
<tr><td>ハ</td><td>✓</td><td>性風俗関連特殊営業店舗等</td></tr>
<tr><td>ニ</td><td>✓</td><td>カラオケボックス等</td><td>◎</td></tr>
<tr><td rowspan="2">(3)</td><td>イ</td><td>✓</td><td>待合、料理店等</td><td rowspan="5"></td></tr>
<tr><td>ロ</td><td>✓</td><td>飲食店</td></tr>
<tr><td colspan="2">(4)</td><td>✓</td><td>百貨店、マーケット等、展示場</td></tr>
<tr><td rowspan="2">(5)</td><td>イ</td><td>✓</td><td>旅館、ホテル、宿泊所等</td></tr>
<tr><td>ロ</td><td></td><td>寄宿舎、下宿、共同住宅</td><td></td></tr>
</table>

(6)	イ	✓	病院、診療所、助産所	●	◎	○	
	ロ	✓	老人短期入所施設等				
	ハ	✓	老人デイサービスセンター等				
	ニ	✓	幼稚園、特別支援学校				
(7)			小学校、中学校、高等学校、大学等				
(8)			図書館、博物館、美術館等				
(9)	イ	✓	蒸気浴場、熱気浴場	●	◎		
	ロ		イ以外の公衆浴場				
(10)			車両の停車場、船舶・航空機の発着場				
(11)			神社、寺院、教会等				
(12)	イ		工場、作業場		◎		
	ロ		映画スタジオ、テレビスタジオ				
(13)	イ		自動車車庫、駐車場				
	ロ		飛行機の格納庫等				
(14)			倉庫				
(15)			前各項目に該当しない事業所	●	◎		
(16)	イ	✓	特定用途を含む複合用途防火対象物				◎
	ロ		イ以外の複合用途防火対象物	※	※		
(16の2)		✓	地下街	●	◎		◎
(16の3)		✓	準地下街				
(17)			文化財等				

○：煙感知器を設置
◎：煙感知器又は熱煙複合式感知器を設置
●：煙感知器、熱煙複合式感知器又は炎感知器を設置
※：それぞれの用途ごとに判断する。
※：コンピュータルームやサーバールーム、通信機器室等には、建物の用途にかかわらず煙感知器を設置する。

パイプダクトやリネンシュートというのは、たて穴区画のことでしょうか？

そのとおり。たて穴区画には必ず煙感知器を設けなくてはならないよ。

出題されるポイントはここだ！

ポイント◎1　ホテルの廊下には煙感知器を設置する。

廊下は火災による煙の伝搬が熱より早いため、煙感知器が有効である。

ポイント◎2　カラオケボックスには煙感知器または熱煙複合式感知器を設置する。

カラオケボックスなど小規模の部屋が連続する構造では火災の早期発見が必要であるため、煙感知器または熱煙複合式感知器を設置する。

ポイント◎3　コンピュータルームやサーバールームなどには煙感知器を設置する。

コンピュータルームやサーバールーム、通信機器室など、火災の早期発見が必要な部屋は建物の用途にかかわらず煙感知器を設置する。

ここも覚えて　点数UP！

同一の部屋に対しては、煙感知器、熱感知器のどちらの感知器も選択可能であることが多い。

製図試験においては、多くの場合、いずれか１つの感知器のみ正解とするよう設問されている。

例えば、感知器の種類を絞るため、「煙感知器はそれを設置しなければならない部分のみ使用する。」といった条件が示されていることがある。

適応感知器の選定基準は、次のことを目安にするとよい。

①何も指定がなければ「差動式スポット型感知器２種」を選択する。

②条件（用途と設置個所など）により指定された場合は、条件に適した感知器を選択する。

自動火災報知設備の製図③〈特殊な感知器の設置基準〉

レッスンのPoint　重要度 ★★☆

光電式分離型感知器と炎感知器の設置基準を確認しよう。

必ず覚える基礎知識はこれだ！

光電式分離型感知器と炎感知器の特徴は、感知面積による設置基準がないということである。

光電式分離型感知器と炎感知器には、それぞれ公称監視距離と監視空間に関する距離が定められていたのを覚えているかな。

- 光電式分離型感知器は、送光部と受光部を5～100m離して設置し、この範囲で5m刻みで公称監視距離を定める。
- 炎感知器が火災を感知しなければならないのは、床面から1.2mの高さまでである。

光電式分離型感知器の設置基準

取付	• 受光面が日光に当たらないように設置する。 • 送光部と受光部は、背部の壁から1m以内の位置に設置する。 • 天井の高さが15m未満の場所には1種又は2種を、15m以上20m未満の場所は1種のものを用いる。
光軸	• 光軸が並行する壁から0.6m以上離れた位置に設置する。 • 光軸の高さが、天井等の高さの80%以上となるように設置する。 • 光軸の長さが、公称監視距離の範囲内となるよう設置する。 • 壁で区画された区域の各部分から光軸までの水平距離が7m以下となるよう設置する。

炎感知器の設置基準

道路用以外	道路用
• 天井等又は壁に設置する。 • 壁によって区画された区域ごとに、監視空間（床面から高さ 1.2m までの空間）からの距離が公称監視距離内となるよう設置する。 • 日光に当たらない位置に設置する。ただし、遮光板を設けた場合を除く。	• 道路の側壁部又は路端の上方に設置する。 • 道路面からの高さ 1.0m 以上 1.5m 以下に設置する。 • 道路からの距離が公称監視距離内となるよう設置する。

出題されるポイントはここだ！

ポイント◎ 1

光電式分離型感知器には感知面積による設置基準がない。

光電式分離型感知器は感知面積による設置基準がなく、壁により区画された区域の各部分から光軸までの水平距離が 7m 以下になるように設置する。

ポイント◎ 2

炎感知器の設置は、公称監視距離によって決まる。

炎感知器は、監視空間の距離が公称監視距離内に入るように設計する。

ここも覚えて 点数 UP！

炎感知器の監視範囲は製品ごとに異なるため平面図への配置が設問される可能性は低い。

炎感知器の監視範囲は製品ごとに異なるため平面図への配置が設問される可能性は低い。

炎感知器を道路用として設置する場合の基準は一般室内とは異なり、一般道路のトンネルと似た設置基準となっている。

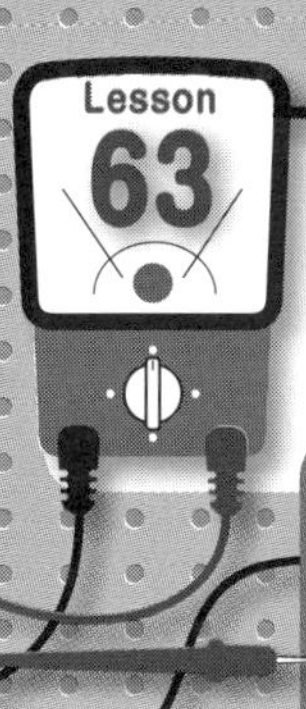

Lesson 63 自動火災報知設備の製図④〈発信機・地区音響装置〉

重要度 ★★☆

レッスンの Point

製図をするために必要な、発信機と地区音響装置の設置基準を覚えよう。

必ず覚える基礎知識はこれだ！

発信機は、火災の発生に気づいた人が手動でボタンを押し、受信機に火災信号を送るためのものである。発信機は、階ごとに、その階の各部分からいずれかの発信機までの歩行距離が 50m 以下になるように設置する。

地区音響装置は、音響または音声により、防火対象物の中にいる人に火災の発生を知らせる装置である。地区音響装置の有効な範囲は半径 25m であり、防火対象物の階ごとに、その階の各部分からいずれかの地区音響装置までの水平距離が 25m 以下になるように設置するよう定められている。

発信機・地区音響装置

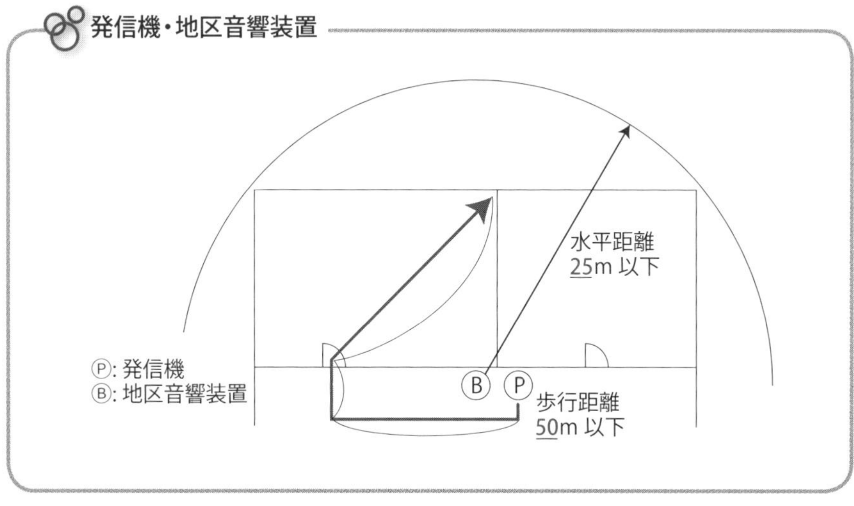

出題されるポイントはここだ！

ポイント◎ 1

地区音響装置による警報音は25m先まで有効である。

平面図上で地区音響装置を中心に、半径25mの円を記入し、階の全てが円に含まれるよう、位置と個数を調整する。

ポイント◎ 2

発信機の設置位置は、任意の場所から歩行距離50m以内とする。

地区音響装置と異なり、発信機は歩行距離を基準とする。発信機は、階ごとに、その階の各部分からいずれかの発信機までの歩行距離が50m以下になるように設置する。

地区音響装置は水平距離、発信機は歩行距離を基準とするよ。

ここも覚えて 点数UP！

発信機、地区音響装置は、実際の設計においては同一箇所に設置されることが多い。

発信機と地区音響装置は設置基準は異なるが、実際の設計においては同一箇所に設置されることが多い。さらに発信機は、設置位置を明らかにするため、一般に直近に表示灯が設けられる。

実際の設計や試験問題においても、発信機、表示灯、地区音響装置（ベル）は同一の機器収容箱に収められていることが多く、機器収容箱に端子台等を用意し、受信機からの配線を感知器に分岐するための結線を行う。

自動火災報知設備の製図⑤〈配線設計〉

レッスンの Point　甲種のみ　重要度 ★★☆

配線設計の手順、配線数の求め方を学ぼう。

必ず覚える基礎知識はこれだ！

平面図設計では、感知器を正しく配線することが重要となる。

受信機からの配線は機器収容箱を経由する。そして、機器収容箱から感知器への配線を平面図上に設計する。

なお、機器収容箱とは、表示灯、地区音響装置、発信機などを１つの箱に収容したものをいう。

機器収納箱の配線例

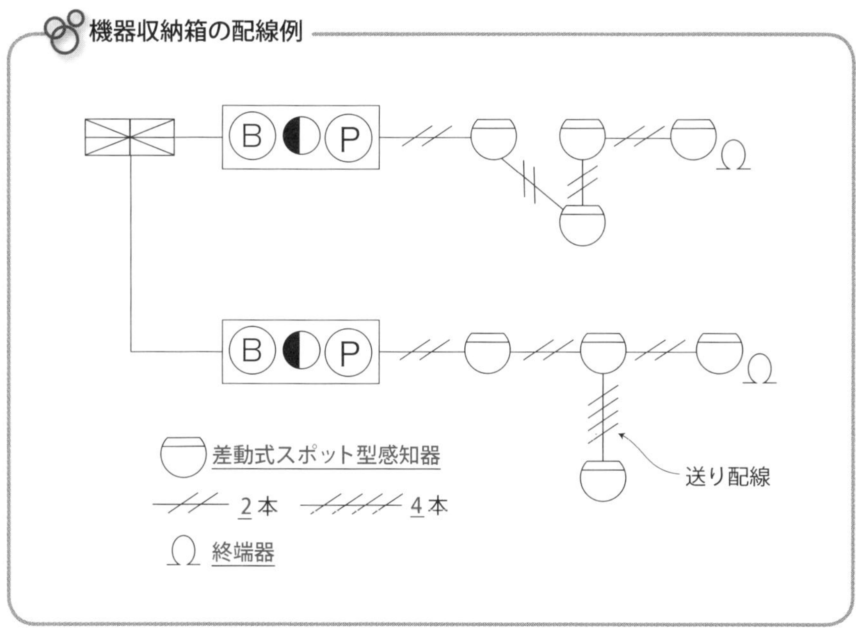

出題されるポイントはここだ！

ポイント◎1　感知器に必要な電線は2本である。

感知器配線は警戒区域ごとに、表示線と共通線の2本の電線が必要である。

ポイント◎2　感知器配線は分岐配線を行ってはならない。

導通試験を行うため、感知器配線は必ず送り配線とする。送り配線とは、1つの経路において連結する配線のことをいう。

ポイント◎3　配線はすべての感知器を接続する。

配線はすべての感知器を接続しなくてはならない。なお、P型1級受信機を用いる場合、末端の感知器に終端器を接続する。

ここも覚えて　点数UP！

各階の平面図では、感知器への配線設計を行う。

製図試験では、感知器への配線設計を行うことが必要となる。

配線設計の手順の一例を、次に示す。

①機器収容箱内の発信機から、配線設計を始める。

②平面図に記入した感知器を警戒区域ごとにすべてつなぐ。

③P型1級受信機または断線検出（導通試験）機能を備えたP型2級受信機を用いる場合は、末端の感知器に終端器を接続する。

④P型2級受信機を用いる場合は、発信機（最初の発信機に戻る）または押ボタンスイッチに接続する。

自動火災報知設備の設置・系統図①〈系統図と建築設計〉

レッスンのPoint　甲種のみ　重要度 ★★☆

系統図で自動火災報知設備全体の接続を確認しよう。

必ず覚える基礎知識はこれだ！

系統図は、主に消防用設備全体の接続を示すものである。

各階の平面図設計から必要警戒区域数を転記し、必要な受信機（回線数）を導くことが求められる。

また、系統図で重要なことは幹線電線本数の設計であり、系統図には電線本数の設計に必要な内容がすべて書き込まれていなければならない。

系統図の例

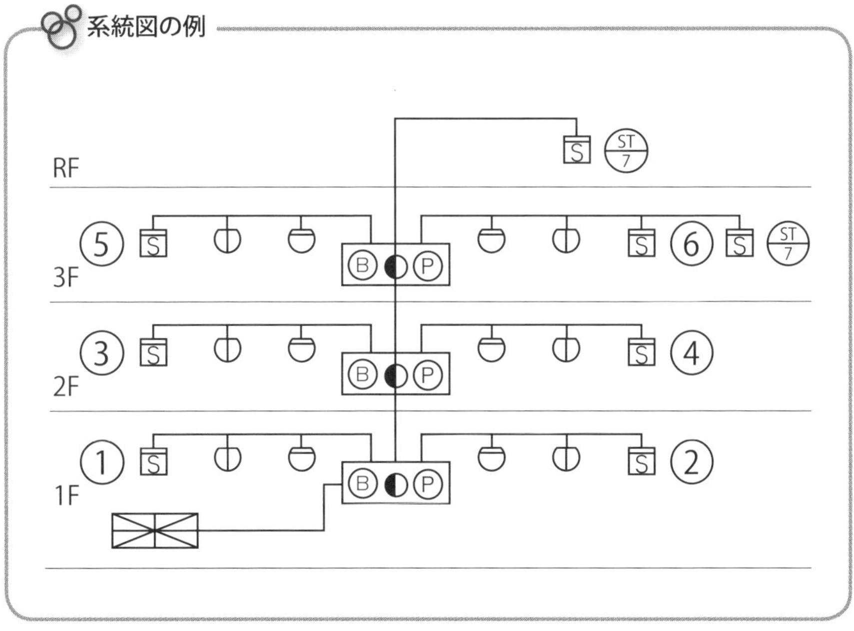

出題されるポイントはここだ！

ポイント◎ 1

受信機からの配線は、各階の機器収容箱に接続する。

法令における規制はないが、試験および実際の設計において、受信機からの配線は各階の機器収容箱を経由して接続する。

ポイント◎ 2

階段に煙感知器を置く場合、設置階は系統図で判断する。

階段に設置する煙感知器２種は垂直距離 15m 以下ごと（特定１階段等防火対象物では 7.5m 以下）に１個設置する。設置階を系統図で判断し、平面図に記入する。

ポイント◎ 3

必要な警戒区域数は平面図から判断する。

必要な警戒区域数は、平面図により各階に設計されているため、平面図を参考にし、系統図に記入する。

ここも覚えて 点数 UP！

系統図には、各階に配置される機器の個数や配線の数を記入する。

系統図には電線本数の設計に必要な内容がすべて書き込まれていなければならない。系統図に記入する主な情報は、次のとおりである。

①各階に必要な警戒区域数

②階段やエレベータに使用する警戒区域数

③階段警戒用煙感知器の設置階

自動火災報知設備の設置・系統図②〈地区音響装置〉

レッスンの Point　重要度 ★★☆

地区音響装置の鳴動方式を理解しよう。

必ず覚える基礎知識はこれだ！

地区音響装置の鳴動方式には一斉鳴動方式と区分鳴動方式の 2 種類がある。

大型建築物（5 階建て以上かつ 3000m² を超える場合）には、区分鳴動方式が必要となる。

鳴動方式

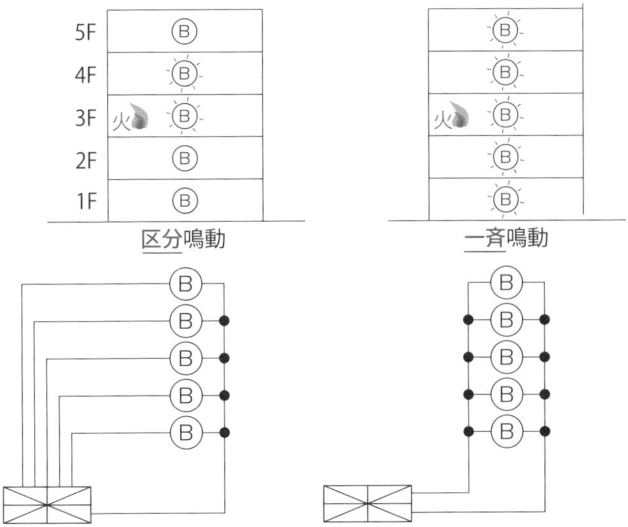

5F B
4F B
3F 火 B
2F B
1F B

区分鳴動

一斉鳴動

出題されるポイントはここだ！

ポイント◎ 1

すべての建築物に地区音響装置の一斉鳴動が必要である。

大型建築物に対しても地区音響装置を一斉鳴動させる必要がある。受信機に内蔵するタイマーにより区分鳴動から一斉鳴動に移行する。

ポイント◎ 2

区分鳴動方式の場合、一斉鳴動方式より多くの電線本数が必要である。

地区音響装置による鳴動を各階で分けるため、階ごとに電線を増やす。
「必要電線本数＝階数ごとの地区音響線＋共通線」で計算し、5 階建て区分鳴動ならば電線本数 6 本が必要となる。

ポイント◎ 3

受信機から地区音響装置までの配線には耐熱電線（HIV）を使用する。

感知器への配線は一般電線（IV）でよいが、地区音響装置への配線は耐熱電線（HIV）を用いる必要がある。

ここも覚えて　点数 UP！

電線本数に関する設問では、まず鳴動方式が何かを判断することが重要である。

設問の条件設定に「一斉鳴動」または「区分鳴動」が示されていることもあるが、延べ面積のみ示されている場合、

系統図が 4 階建て以下：一斉鳴動

系統図が 5 階建て以上：区分鳴動

とする判断が求められる場合もある。

4 階建て以下の建築物ならば、面積が 3000m^2 を超えても区分鳴動とする必要はない。

自動火災報知設備の設置・系統図③〈発信機〉

重要度 ★★☆

レッスンのPoint

P型1級発信機とP型2級発信機の違いを理解しよう。

必ず覚える基礎知識はこれだ！

P型1級発信機とP型2級発信機の違いは、確認ランプと電話ジャックの有無で、これらを備えているのがP型1級発信機である。

P型1級受信機とR型受信機にはP型1級発信機が対応し、P型2級受信機にはP型2級発信機を使用しなくてはならない。

そして、P型1級発信機には最低4本、P型2級発信機には最低2本の配線が必要である。

P型1級発信機とP型2級発信機

発信機の種類	機　能	必要配線
P型1級	押しボタン、電話ジャック、確認ランプ	表示線、共通線、電話線、応答線（各1本）
P型2級	押しボタン	表示線、共通線（各1本。場合により、蓄積解除機能のための1本が必要）

P型1級発信機のほうがP型2級発信機より機能が多いから、必要な配線も多いね。

出題されるポイントはここだ！

ポイント◎ 1

R 型受信機には P 型 1 級発信機を使用する。

R 型受信機は、規格省令で電話連絡機能が必要と定められている。したがって、電話ジャックを持つ P 型 1 級発信機を使用しなくてはならない。

ポイント◎ 2

P 型 1 級発信機の電話線と応答線の 2 本は、接続発信機が増えても 2 本でよい。

受信機から P 型 1 級発信機に対しては電話線、応答線の 2 本が必要となる。階層が増えて取り付ける発信機の個数が増えても、線は 2 本のままでよい。

ポイント◎ 3

P 型 2 級発信機に必要な 2 本の電線は、感知器も接続できる。

発信機に必要な配線である表示線と共通線は感知器と兼用である。発信機と感知器が同一警戒区域にあれば、同じ電線に接続する。

ポイント◎ 4

P 型 2 級発信機の配線は通常 2 本であるが、3 本目が必要となる場合がある。

表示線と共通線の 2 本のほかに、蓄積解除機能のための 1 本が必要となることがある。

ここも覚えて 点数 UP！

必要配線数と、電話の必要・不必要により判断する。

表示線、共通線以外に P 型 1 級受信機は 2 本、P 型 2 級受信機は 1 本の加算が必要となる場合がある。5 回線以上ならば P 型 1 級受信機、4 回線以下なら電話の必要･不要などを確認し、その条件から受信機を判断する。

Lesson 68 自動火災報知設備の設置・系統図④〈表示灯〉

甲種のみ　重要度 ★☆☆

レッスンのPoint

表示灯を表す図記号や、必要な電線本数を覚えよう。

必ず覚える基礎知識はこれだ！

表示灯は、主に対象とするものの位置を明確にするために用いられる器具である。例えば、自動火災報知設備では発信機の位置を明確にするため表示灯を設け、屋内消火栓設備では屋内消火栓の位置を明確にするため表示灯を設ける。なお、表示灯は、次のように発信機などとともに機器収容箱に収められることが多い。

屋内表示灯

記　号	名　称	備　考
(図記号)	機器収容箱	消火栓組込型
(図記号)	機器収容箱	露出型
(図記号)	機器収容箱	埋込型
Ⓑ◐Ⓟ	機器収容箱	Ⓑ◐Ⓟ 収容

屋内消火栓用表示灯を兼用するかは記号で判断するんですね。

出題されるポイントはここだ！

ポイント 1　表示灯の必要電線本数は2本である。

表示灯には、LEDなどの光源を点灯させるための電線のみ必要であるため、2本の電線が必要である。

ポイント 2　自動火災報知設備の表示灯であれば、使用する電線は一般電線（IV）でよい。

自動火災報知設備の表示灯は、発信機の位置を示す役目を果たしている。

ポイント 3　屋内消火栓の表示灯を兼ねる場合は、耐熱電線（HIV）を使用する。

屋内消火栓の位置表示灯は、屋内消火栓に係る施行規則により耐熱電線（HIV）を使用する必要がある。

図面で使用されている記号については、次のレッスンで説明するよ。まずは図面の例をみて、系統図、平面図はどのようなものかを知ろう。

ここも覚えて 点数UP！

表示灯は、自動火災報知設備専用か屋内消火栓設備兼用かによって使用電線が異なる。

自動火災報知設備の表示灯であれば、使用電線は一般電線（IV）でよく、屋内消火栓の表示灯を兼ねる場合は、耐熱電線（HIV）を使用する必要がある。

自動火災報知設備の設置・系統図⑤〈階段の煙感知器〉

レッスンの Point

重要度 ★★☆

階段に必要な煙感知器を判断できるようになろう。

必ず覚える基礎知識はこれだ！

階段に設置する感知器を判断するにあたり、ポイントとなるのは次の通りである。

①階段の最頂部には煙感知器を設置する。

②光電式スポット型2種の煙感知器は、垂直方向15m以下ごとに設ける。

自動火災報知設備

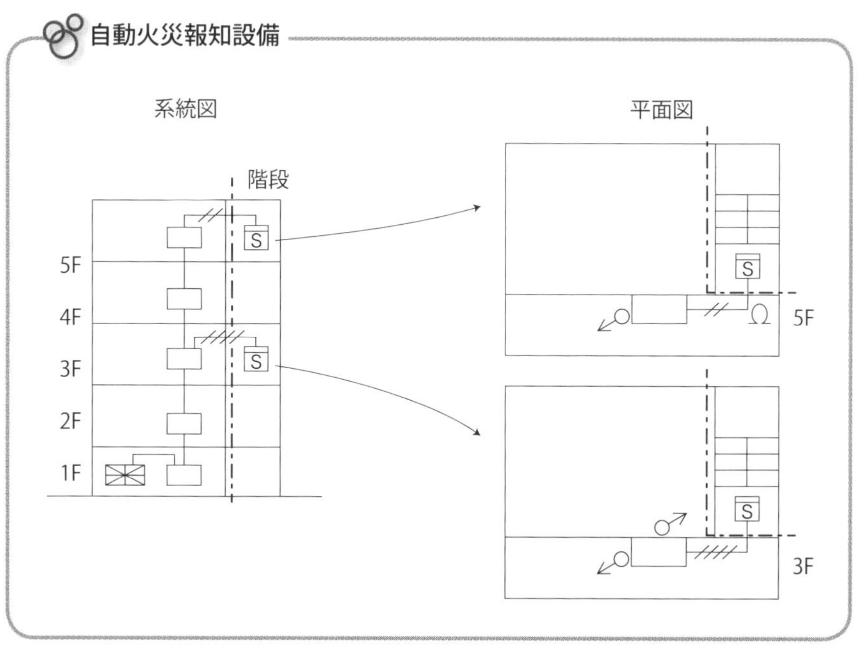

出題されるポイントはここだ！

ポイント 1

階段の最頂部には、煙感知器を必ず設ける。

階段の最頂部には、煙感知器を必ず設けなくてはならない。これは、煙は高所に溜まるためであり、熱感知器などは適さない。

ポイント 2

光電式スポット型 2 種の煙感知器は、垂直方向 15m 以下ごとに設ける。

例外として、特定一階段等防火対象物に該当する場合は 7.5m 以下ごとに設けなければならない。

ポイント 3

途中階の階段に煙感知器を設ける場合、機器収容箱から配線する。

機器収容箱からの配線は、4 本の送り配線とする必要がある。この場合、終端器は最頂部の煙感知器となる。

ここも覚えて 点数 UP！

階段に設置する煙感知器は、その高さに応じて追加しなければならない。

エレベーターに設置する煙感知器は最頂部に設けるだけでよいが、階段に設置する場合は、その高さに応じて煙感知器を追加しなければならない。階段の警戒区域においては最頂部の感知器に終端器を接続し、下の階に設置する煙感知器に対しては送り配線で対応する。

どの階に煙感知器を追加するかは平面図のみの設計では不可能であり、系統図上で検討かつ設計することで、平面図上に追加記入することができる。

自動火災報知設備の設置・系統図⑥〈幹線の電線本数〉

レッスンの Point

重要度 ★☆☆

電線本数の求め方と、それぞれの線で用いる電線の種類を知ろう。

必ず覚える基礎知識はこれだ！

電線本数を求めるためには、何の線が何本必要かを判断しなくてはならない。

基本的な電線本数の求め方は、次の表の通りである。

電線本数の求め方

表示線	各回線ごとに1本
共通線	7回線ごとに1本
電話線	発信機に1本（本数は増加しない）
応答線	発信機に1本（本数は増加しない）
ベル線	フロア数＋1本（区分鳴動の場合）、一斉鳴動の場合は2本（本数は増加しない）
表示灯線	表示灯線：2本（本数は増加しない）

なお、表示線と共通線を併せて感知器線ということがある。また、配線は単線の一般電線（IV）を使用し、ベル線（地区音響線ともいう）は耐熱電線（HIV）を使用する。

出題されるポイントはここだ！

ポイント◎ 1　一般電線（IV）と耐熱電線（HIV）は、それぞれ分けて電線本数を算出しなければならない。

耐熱電線（HIV）は、それを必要とする部分のみに使用する。耐熱電線（HIV）は、ベル線（地区音響線）と屋内消火栓の位置表示を兼ねた場合の表示灯線に必要となる。

ポイント○ 2　電線本数の算出は、受信機から一番離れた場所から始めるとよい。

電線本数の算出は、受信機から一番離れた場所から始めるとよい。例えば、1階に受信機が設けられている場合は、最上階から順に配線本数を求める。

ここも覚えて　点数UP！

表示線、共通線は一般電線を使用する。

必要電線本数を求めるには、一般電線（IV）と耐熱電線（HIV）のどちらを使用するか判断することが重要である。使用する電線は、次のとおりである。

一般電線（IV）：　表示線、共通線、電話線（P型1級受信機のみ）、応答線（P型1級受信機のみ）、表示灯線（自動火災報知設備専用の場合）

耐熱電線（HIV）：ベル線（地区音響線）、表示灯線（屋内消火栓設備兼用の場合）

一斉鳴動方式と区分鳴動方式の違いにより地区音響線の必要本数が異なることにも注意し、必要電線本数はこれらを判断した上で算出すること。

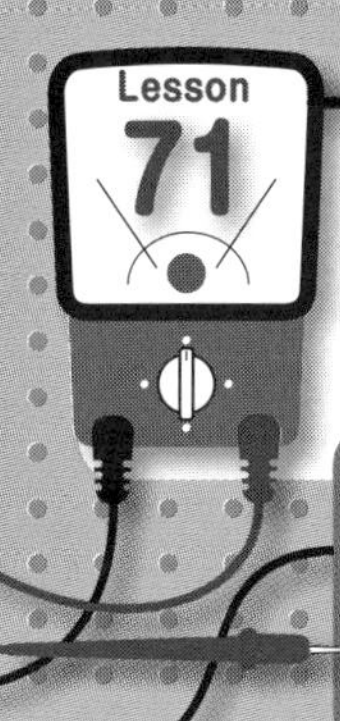

ガス漏れ火災警報設備の設置・平面図① 〈ガス漏れ検知器の配置〉

レッスンの Point　重要度 ★☆☆

ガス漏れ検知器の設置基準は、使用するガスが空気より軽いか重いかによって異なることを知ろう。

必ず覚える基礎知識はこれだ！

ガス漏れ火災警報設備の警戒区域の面積は、原則として 600m² 以下とする。ただし、警戒区域内のガス漏れ表示灯を通路の中央から見通すことができる場合は、警戒区域の面積を 1000m² 以下とすることができる。

また、空気に対する比重によって、設置基準が異なる。

ガス漏れ火災警報設備の警戒区域

◐ ガス漏れ表示灯

このように、通路の中央から各部屋のガス漏れ表示灯が容易に見通せる場合は、警戒区域の面積を 1000 m² 以下としてよい。

表示灯だから、通路のどこからでも見えなくてはならないんだね。

空気に対する比重が１未満のガスの場合の、ガス漏れ検知器設置基準

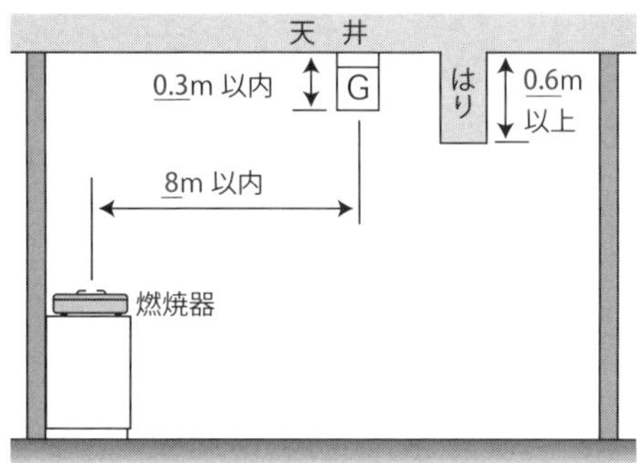

設置基準

- 検知器の下端は、天井面等の下方 0.3 m 以内に設置する。
- 燃焼器または貫通部（ガス管が貫通している箇所）から、水平距離 8 m 以内に設置する。
- 天井面等に吸気口がある場合は、燃焼器または貫通部に最も近い吸気口の付近に設置する。
- 天井面等から 0.6 m 以上突き出したはり等がある場合は、そのはり等より燃焼器側に設置する。

空気に対する比重が１を超えるガスの場合の、ガス漏れ検知器設置基準

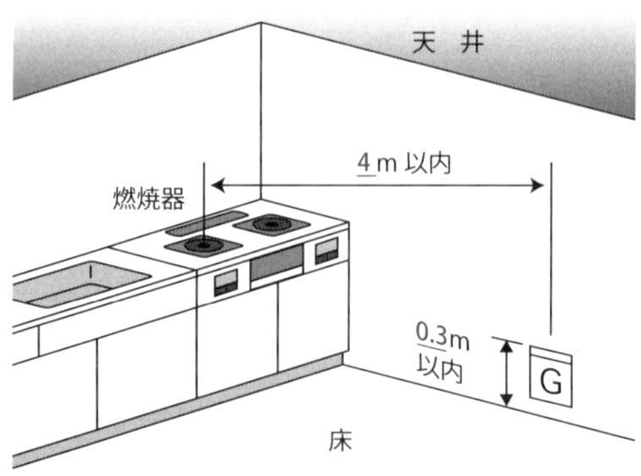

設置基準

- 検知器の上端は、床面の上方 0.3 m 以内に設置する。
- 燃焼器または貫通部（ガス管が貫通している箇所）から、水平距離 4 m 以内に設置する。

出題されるポイントはここだ！

ポイント◎ 1

空気に対する比重が 1 未満のガスとは、空気より軽いガスである。

空気より軽いガスは、天井面に溜まりやすいため、検知器は天井面に設置する。検知器の下端が、天井面等の下方 0.3 m 以内となるよう設置する。

ポイント◎ 2

空気に対する比重が 1 を超えるガスとは、空気より重いガスである。

空気より重いガスは、床面に溜まりやすいため、検知器は床に近い部分に設置する。検知器の上端が床から 0.3m 以内となるよう設置する。

ポイント◎ 3

天井面に検知器を設ける場合は、はりの影響を受ける。

自動火災報知設備の光電式スポット型感知器と同様、0.6m 以上突出したはりがある場合、はりより燃焼器等に近い側にガス漏れ検知器を設置する。

ここも覚えて 点数 UP！

「都市ガス」は、空気より軽いガスと重いガスどちらも使用している。

ガス漏れ火災警報設備の検知器は、警戒するガスが空気より軽いか、または重いかで設置基準が異なる。問題文中で確実に判断すること。

一般的な用語である「都市ガス」は、空気より軽いガスと重いガスどちらも使用している。先入観を持って「都市ガス＝空気より軽いガス」と判断してはならない。

ガス漏れ火災警報設備の設置・平面図②〈配線設計〉

甲種のみ　重要度 ★☆☆

レッスンの Point

ガス漏れ検知器がガス漏れを知らせる仕組みと、ガス漏れ検知器で使用する電源を覚えよう。

必ず覚える基礎知識はこれだ！

ガス漏れ検知器の仕組みとして、ガス漏れ検知器は、常に 6V の電圧を G 型受信機に送っており、ガス漏れ発見時は 12V の電圧を送る。G 型受信機はこの電圧を監視しており、6V なら通常監視状態であるが、12V を確認すると地区表示灯とガス漏れ灯を点灯し主音響装置を鳴動させる。

ガス漏れ火災警報設備の図面の例

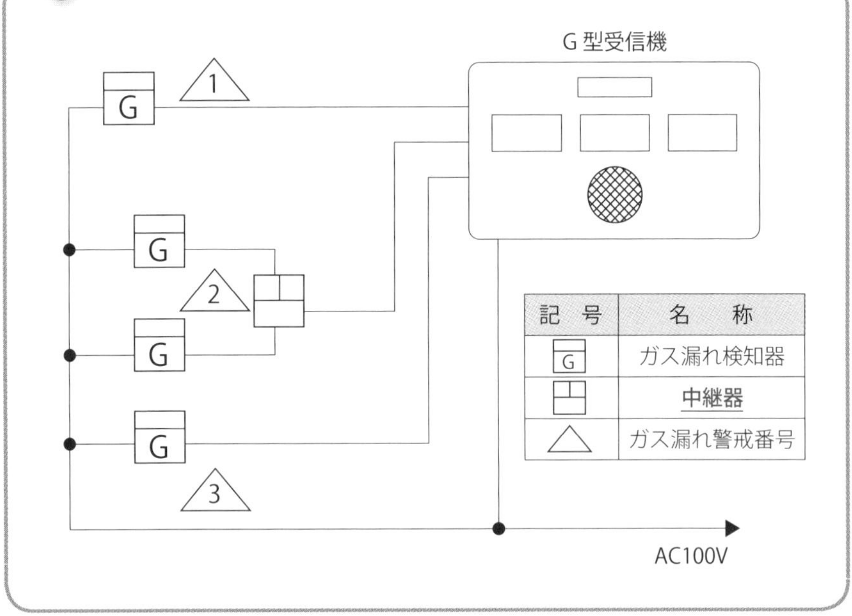

G 型受信機

1
2
3
G
AC100V

記　号	名　　称
G	ガス漏れ検知器
	中継器
△	ガス漏れ警戒番号

出題されるポイントはここだ！

ポイント◎ 1

ガス漏れ検知器は常に受信機に電圧6Vを送っている。

ガス漏れを検知した場合は、出力電圧が12Vに変化する。

ポイント◎ 2

ガス漏れ検知器には電源が必要である。

ガス漏れ検知器側から受信機に対し信号電圧を送る必要があるため、ガス漏れ検知器には電源が必要となる。

ここも覚えて 点数UP！

G型受信機は、断線などによりガス漏れ検知器から電圧が送られてこない（0V）場合、故障警報を発する。

一般的なガス漏れ検知器は、常に6Vの電圧をG型受信機に送り、ガス漏れ発見時に12Vの電圧を送ることで、ガス漏れを知らせる仕組みとなっている。

G型受信機はこの電圧を常に監視しており、6Vなら通常監視状態だが、12Vを確認すると地区表示灯とガス漏れ灯を点灯し主音響装置を鳴動させる。また、断線などにより電圧が送られてこない（0V）場合は故障警報を発する。

検知器の図面を作成する場合の注意点として、同一警戒に複数の検知器を設ける場合は、受信機との間に中継器を必ず設けること。

また、DC24V仕様の検知器を用いたシステムの受信機～検知器間の電線本数は信号線2本のほか、電源線1本または2本追加する。ただしメーカーの仕様により本数は異なるため、試験で出題されることはほとんどない。

消防機関に通報する火災報知設備

レッスンの Point

重要度 

消防機関に通報する火災報知設備の役割と、消防機関へ通知する仕組みを知ろう。

必ず覚える基礎知識はこれだ！

自動火災報知設備やガス漏れ火災警報設備は、その防火対象物内で完結する設備であるが、消防機関に通報する火災報知設備である火災通報装置は、建物外部の消防機関に火災発生を通報する装置であるため、消防機関との回線が必要になる。

しかし、決して難しい回線は必要なく、一般的に、火災報知設備のボタンを押すだけで、事前に記録しておく物件名称や住所を火災発生の知らせとともに自動的に消防機関に発信、通知する仕組みとなっている。

さらに、自動火災報知設備の火災信号と連動させ、自動で通報を行うこともある。

火災報知設備による通知の例

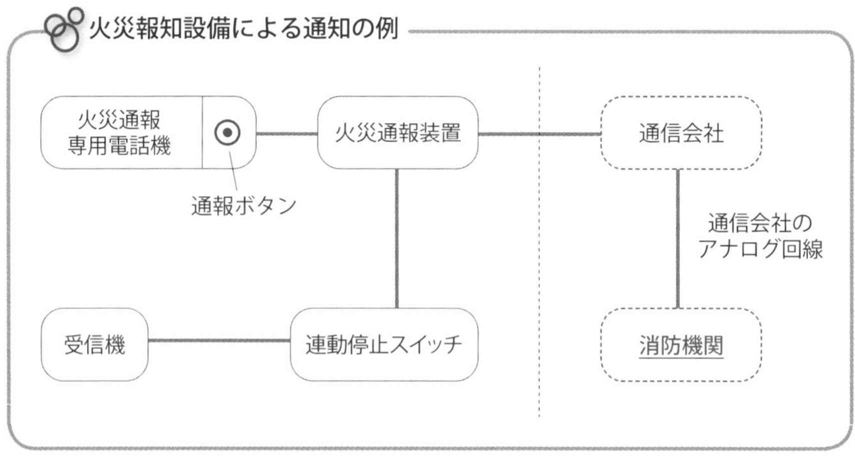

出題されるポイントはここだ！

ポイント◎ 1

火災通報装置は防火対象物と消防機関をつなぐ警報設備である。

火災通報装置は、装置に記憶させた防火対象物の名称や住所などの内容を自動で消防機関に伝える機能を持つ。

ポイント◎ 2

火災通報装置と通信会社との回線に、デジタル回線は使用できない。

消防機関端末との相互呼び出し方法の制限から、通信会社との回線にデジタル回線を使用することはできず、主にアナログ回線が用いられている。

ポイント◎ 3

自動火災報知設備と連動させる場合は、連動停止スイッチが必要である。

自動火災報知設備と連動させる場合は、連動停止スイッチが必要である。定期点検や避難訓練を行う場合などに、連動停止スイッチを操作し、消防機関への通報動作を一時的に停止する必要があるためである。

ここも覚えて 点数UP！

火災通報装置と消防機関は、アナログ回線を経由して接続される。

防火対象物内の火災通報装置と消防機関は、一般に通信会社のアナログ回線を経由して接続される。一部の製品では、アナログ回線ではなくISDN対応のものもあるが、試験で回線の種類が出題されることはほとんどない。

練習問題にチャレンジ！

問　題　解答と解説は p.350 ～ 352

問題 01

右図は、消令別表 1（15）項に該当する地下 1 階地上 5 階建ての防火対象物の 3 階平面図である。下記条件に基づき、自動火災報知設備の設備図を凡例記号を用いて完成させなさい。

条件

1. 主要構造部は耐火構造であり、この階は無窓階に該当しない。
2. 階段以外の部屋は 2 重天井であり、室内高は、3.2m である。
3. 機器収容箱は階段側の廊下に設置すること。
4. 終端抵抗は事務室 B に設置すること。
5. 階段はこの階で警戒する。
6. 煙感知器は、これを設けなければならない場所のみに設置する。
7. 感知器の設置は、必要最少個数とする。
8. 受信機は 1 階に設置している。

凡例

記　号	名　　称	備　　考
▭	機器収容箱	露出型　Ⓑ◐Ⓟ収容
Ⓑ	電鈴	DC24V
◐	表示灯	AC24V
Ⓟ	発信機	P 型 1 級
⊖	差動式スポット型感知器	2 種
⦶	定温式スポット型感知器	1 種　防水型　70℃
[S]	光電式スポット型感知器	2 種　露出型
Ω	終端器	
—//—	配管配線	2 本
—////—	配管配線	4 本
♂ ↙○	配管配線	立上がり・引下げ
—・—	警戒区域境界線	
○	警戒区域番号	自火報

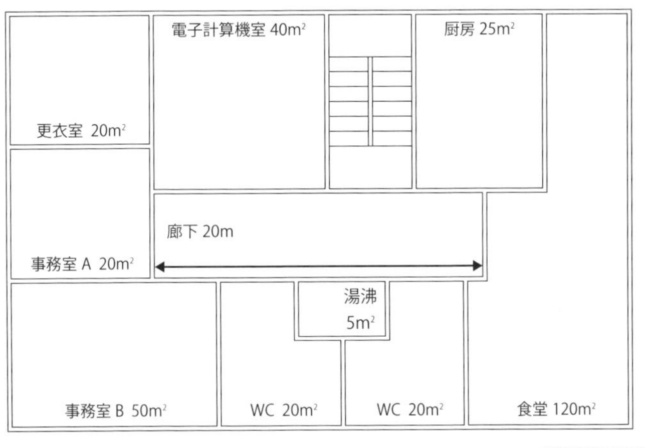

➡ Lesson 58

問題 02

次の図をみて、次の各設問に答えなさい。

条件

1．消令別表 1 (4) 項に該当する。　2．延べ面積は 4900m² である。
3．地区音響装置はベル鳴動とする。　4．発信機と連動し消火栓ポンプを起動させる。

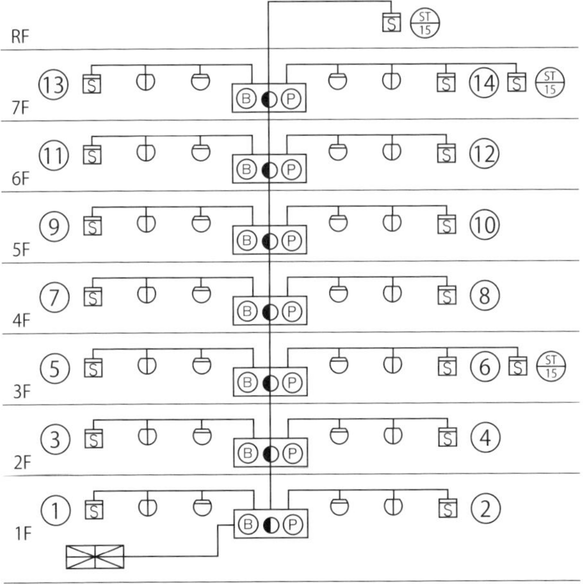

1 6 階から 5 階に下がる配線の内訳を答えなさい。また、耐熱電線を使用する必要があるものは、内訳の数字を丸で囲みなさい。

	表示線	共通線	電話線	応答線	ベル線	表示灯線
設問 1						

2 共通線は何本必要となるか答えなさい。

設問 2	本

3 区分鳴動とする必要がある階数と面積を答えなさい。

設問 3	階以上	m^2を超える

4 区分鳴動から一斉鳴動に移行する条件を 2 つ答えなさい。

設問 4	

➡ Lesson 67

問題 03

右図は、消令別表 1（15）項に該当する地下 1 階地上 5 階建ての防火対象物の 3 階平面図である。下記条件に基づき、自動火災報知設備の設備図を問題 01 の凡例記号を用いて完成させなさい。

条件

1. 主要構造部は耐火構造であり、この階は無窓階に該当する。
2. 階段以外の部屋は 2 重天井であり、室内高は、3.2m である。
3. 機器収容箱は階段側の廊下に設置すること。
4. 終端抵抗は事務室 B に設置すること。
5. 階段はこの階で警戒しない。
6. 煙感知器は、これを設けなければならない場所のみに設置する。
7. 感知器の設置は、必要最少個数とする。
8. 受信機は下の階に設置している。

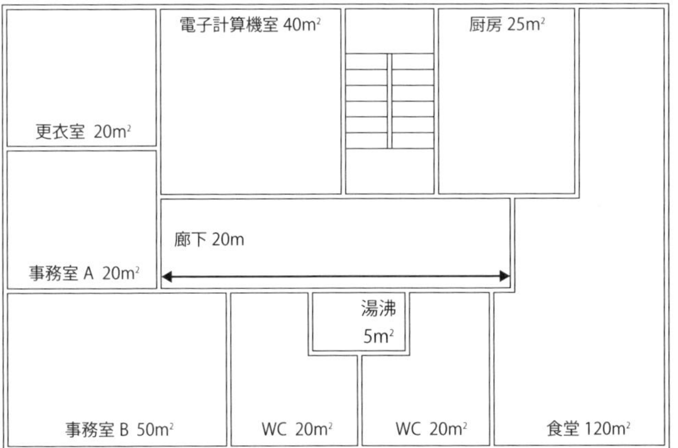

➡ Lesson 69

解答と解説　問題は p.346 ～ 349

問題 01　正解

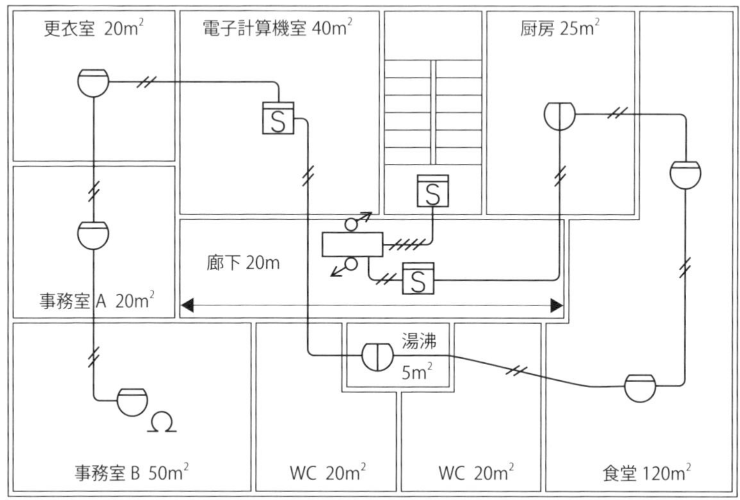

消令別表 1（15）項の 3 階で無窓階に該当しないことから差動式スポット型感知器 2 種を中心に設計する。

◎各部屋の製図の考え方

事務室、食堂、更衣室	差動式スポット型感知器 2 種を設置する。主要構造部が耐火構造で、室内高は 3.2m であるから、感知面積は 70m² である。
厨房、湯沸	防水性能が必要であるため、定温式スポット型感知器（防水型）を設置する。
電子計算機室	火災の早期発見を目的に、光電式スポット型感知器 2 種を設置する。室内高は 3.2m であるから、感知面積は 150m² である。
廊下	消令別表 1（15）項の廊下部分は、光電式スポット型感知器を設けなければならない。光電式スポット型感知器 2 種は、歩行距離 30m ごとに 1 個の設置が必要となる。
階段	問題で示された条件 5 と 6 から、この階に光電式スポット型感知器 2 種を設置する。終端器が最上階にあるため（平面図上では示されていないが、問題では終端器は最上階にあるものとして考える)、この階の配線は送り配線 4 本となる。

➡ 間違えた人は、Lesson 58 を復習しよう。

問題 02　正解

1　6階から5階に下がる配線の内訳を答えなさい。また、耐熱電線を使用する必要があるものは、内訳の数字を丸で囲みなさい。

設問1	表示線	共通線	電話線	応答線	ベル線	表示灯線
	5	1	1	1	③	②

発信機連動で消火栓ポンプを起動させる場合、表示灯への配線は耐熱配線とする必要がある。

2　共通線は何本必要となるか答えなさい。

設問2	3本

電線本数を求める問題である。
条件で延べ面積が示されているが、これにより地区音響が区分鳴動又は一斉鳴動どちらかを判断する。
5階建て以上で延べ面積3000m² を超えると区分鳴動となるため、設問は区分鳴動として設計する。
共通線は7警戒区域につき1本である。
階段の警戒区域は系統図上で複数記載されているが、番号が同じであれば同一の警戒区域であり、表示線は1本あればよい。

3　区分鳴動とする必要がある階数と面積を答えなさい。

設問3	5階以上	3000m² を超える

4 区分鳴動から一斉鳴動に移行する条件を2つ答えなさい。

設問4	複数回線の発報
	感知器作動から一定時間経過、発信機の押しボタンを押す等

区分鳴動はいくつかの条件で自動的に一斉鳴動に移行する。その条件には次の場合がある。

- 複数の警戒区域の感知器が作動した。
- 発信機の押しボタンが押された。
- 感知器作動後、一定時間経過。
- 消火設備の作動信号を受信した。

➡ 間違えた人は、Lesson 67を復習しよう。

問題 03 正解

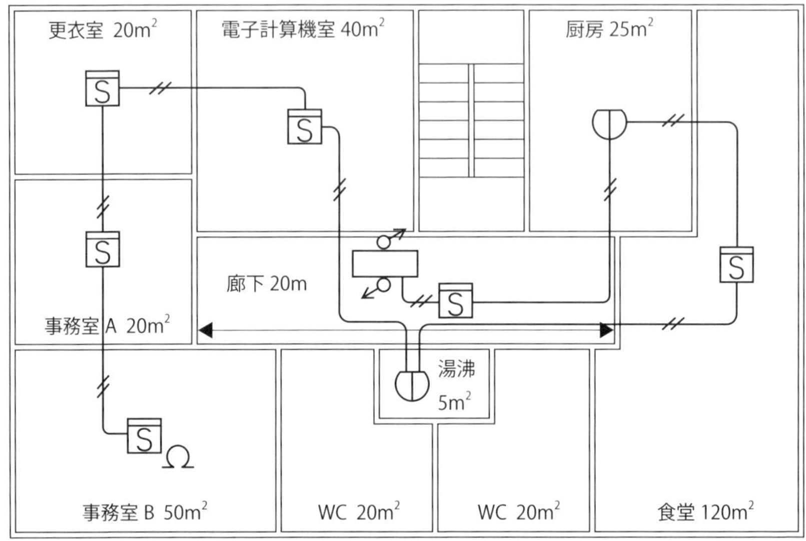

消令別表 1（15）項の 3 階で無窓階に該当することから光電式スポット型感知器 2 種を中心に設計する。

◎各部屋の製図の考え方

事務室、食堂、更衣室	光電式スポット型感知器 2 種を設置する。主要構造部が耐火構造で、室内高は 3.2m であるから、感知面積は 150m² である。
厨房、湯沸	防水性能が必要であるため、定温式スポット型感知器（防水型）を設置する。
電子計算機室	火災の早期発見を目的に、光電式スポット型感知器 2 種を設置する。室内高は 3.2m であるから、感知面積は 150m² である。
廊下	消令別表 1（15）項の廊下部分は、光電式スポット型感知器を設けなければならない。光電式スポット型感知器 2 種は、歩行距離 30m ごとに 1 個の設置が必要となる。
階段	問題で示された条件 5 から、この階に感知器は設置しない。

➡ 間違えた人は、Lesson 69 を復習しよう。

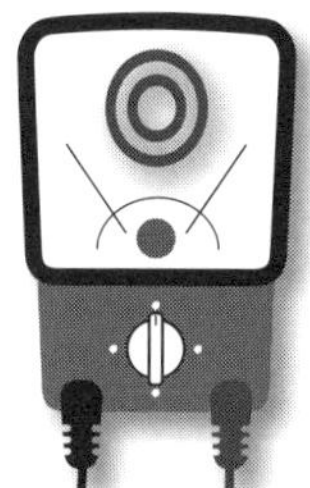

ゴロ合わせで覚えよう！

1章 消防関係法令

防火対象物と消防対象物

→ p.24

ボウっとしてると
（防火）
ゾクゾクするよ
（属する物）
ブツブツいうと
（物件）
しょんぼりするよ
（消防）

「属する物」は防火対象物、
「物件」は消防対象物。

特定防火対象物

→ p.27

太くても
（不特定）
こんなんじゃ
（困難・弱者）
特定できんわ
（特定防火対象物）

特定防火対象物は、不特定多数の人や自力で避難することが困難な人（弱者）を収容する防火対象物。

措置命令等の命令権者

→ p.31

そっちはだめ
（措置）

それもだめ
（命令）

防寒しても
（防火）

だんだん寒くなる
（団長・団員）

たき火の禁止、制限などの屋外における措置命令等、または防火対象物に対する措置命令等を、消防団長または消防団員は命じることはできない。

立入検査の制限

→ p.31

賞　と　金貨を手にしたら
（承諾）　（緊急）

インタビューは

固辞するよ
（個人）

個人の住居への立入検査は、関係者の承諾を得た場合か、特に緊急の必要がある場合に限る。

防火管理者が必要な主な防火対象物

→ p.36

遠くの30人に
（特定防火対象物・30人）

重々　非難
（10人）（避難困難施設）

特定防火対象物は収容人員30人以上、避難困難施設は収容人員10人以上で防火管理者が必要。

製造所等の設置、変更の許可

→ p.47

市町村長等の許可は
（市町村長等の許可）

世知辛い変更
（設置）　　（変更）

製造所等の設置、または位置・構造・設備の変更は、（消防長、消防署長等ではなく）市町村長等の許可が必要。

警報設備の設置が必要な製造所等

→ p.47

1つの警報で
（1 種類以上の警報設備）

10 倍の危険！
（10 倍の危険物）

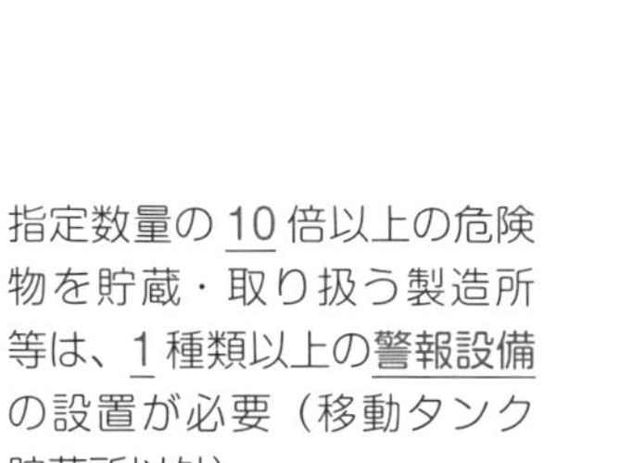

指定数量の 10 倍以上の危険物を貯蔵・取り扱う製造所等は、1 種類以上の警報設備の設置が必要（移動タンク貯蔵所以外）。

消防用設備等の設置単位

→ p.51

開港せずに
（開口部のない）

退化
（耐火構造）

「別に…」と傍観
（別の防火対象物）

開口部のない耐火構造の床または壁で区画されている場合、区画された部分はそれぞれ別の防火対象物とみなされる。

消防用設備等の設置の届出

→ p.59

カッケー！
（関係者）

膨張した署長に
（消防長・消防署長）

おせちが届く
（設置届）

消防用設備等を設置したときは、防火対象物の関係者が、消防長または消防署長に届け出る。

免状の書換え・再交付の申請先

→ p.77

柿くえば
（書換え）

皇居の近所で
（交付地・居住地・勤務地）

最高の
（再交付）

交換
（交付・書換え）

消防設備士免状の書換えは、免状の交付地、居住地、勤務地の都道府県知事に申請する。再交付は、免状の交付、書換えを受けた都道府県知事に申請する。

消防設備士の講習の受講義務

→ p.78

講習は甲府に行って
（交付後 2 年以内）

交互にご受講
（講習後 5 年以内）

消防設備士の講習は、免状の交付以後における最初の 4 月 1 日から 2 年以内、その後は、講習を受けた日以後における最初の 4 月 1 日から 5 年以内ごとに受講する。

自動火災報知設備の設置義務

→ p.80

トップ 10 は
（特定防火対象物・

ミレレで歌おう
延べ面積 300 m^2 以上）

秘匿物は
（非特定防火対象物・

飲んで祝おう
延べ面積 500 m^2 以上）

原則、自動火災報知設備の設置義務は、特定防火対象物は延べ面積 300 m^2 以上、非特定防火対象物は延べ面積 500 m^2 以上。

階数による自動火災報知設備の設置義務

→ p.82

地下で夢想
（地階・無窓階）

3 階の住人が
（3 階以上）

愉快に 300 名以上
（床面積 300 m² 以上）

地階、無窓階、3 階以上の階は、床面積 300 m² 以上の階に自動火災報知設備の設置が必要。

ガス漏れ火災警報設備の設置義務

→ p.87

戦場の
（延べ面積 1000 m² 以上）

地下街で
（地下街）

とことん傍観の誓いをする
（特定防火対象物の地階）

延べ面積 1000 m² 以上の地下街、床面積の合計が 1000 m² 以上の特定防火対象物の地階は、ガス漏れ火災警報設備を設置しなければならない。

2章 電気に関する基礎知識

2つの抵抗を並列に接続した場合の合成抵抗

→ p.115

2つの塀の列
（2つの抵抗を並列接続）

その豪勢さに
（合成抵抗）

母は笑い
（分母は和）

子は咳きこむ
（分子は積）

2つの抵抗を並列に接続した場合の合成抵抗は、分母が和、分子が積の分数「和分の積」である。

電流と電圧の分配

→ p.118～119

チョコレートを
（直列回路）

あったかくして分配
（電圧）（分配）

Hey ！
（並列回路）

Let's カレンと分配！
（電流＝current）（分配）

直列回路では、どの抵抗にも同じ大きさの電流が流れ、電圧は分配される。並列回路では、どの抵抗にも同じ電圧がかかり、電流は分配される。

コンデンサに蓄えられる電荷

→ p.123

キュウリは
(Q =)

シブイ
(C) (V)

コンデンサに蓄えられる
電荷(Q)=静電容量(C)×電圧(V)

電気抵抗

→ p.127

長い陽に
(比例)

男 men が
(断面積)

反旗する
(反比例)

電気抵抗は、物体の長さに比例し、断面積に反比例する。

ジュールの法則

→ p.130

感じる熱は
（ジュール熱＝）

愛情あるティー
（I^2Rt）

抵抗 R に電流 I が t 秒流れたときに発生する熱量は、$Q = I^2Rt$ ［J］で求められる。

電磁誘導

→ p.137

恋は磁石
（コイルに磁石）

遠近によって

愛の電流は逆方向
（電流は逆方向に流れる）

コイルに磁石を近づけたときと遠ざけたとき、流れる電流の向きは逆になる。

実効値

→ p.141

交流を実行するのに
（実効）

最適な
（最大）

ひとつ屋根の

下のルートに
$\left(\frac{1}{\sqrt{2}}\right)$

交流電圧、交流電流の実効値は、最大値×$\frac{1}{\sqrt{2}}$で求められる。

RLC 直列回路の合成インピーダンス

→ p.142

陰気なダンスの Z
（インピーダンス Z）

傘をもって、

Rを2回、Xを2回
$\left(\sqrt{R^2+(X_L-X_C)^2}\right)$

RLC 直列回路の合成インピーダンス Z は、$\sqrt{R^2+(X_L-X_C)^2}$ で求められる。

指示電気計器の種類

→ p.148

加藤の恋は
（可動コイル）

直球のみ
（直流のみ）

声優の優等生と
（整流形・誘導形）

交遊中
（交流のみ）

可動コイル形は直流のみ、整流形、誘導形は交流のみで使用できる。

電圧計と電流計の接続方法

→ p.148

おでん熱いの
（電圧計）

整列するから
（並列に接続）

秘伝流
（電流計）

ちょっとくれっ！
（直列に接続）

電圧計は、負荷と並列に接続する。
電流計は、負荷と直列に接続する。

変圧比

→ p.153

ここの規律で
（比率）

兄さんは上、
（N_1）

次男は下です
（N_2）

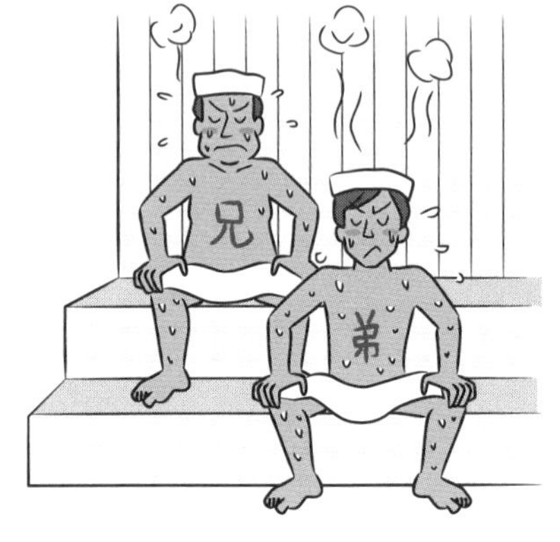

変圧比は、巻数比に等しい。

$$変圧比=\frac{1次巻線の巻数 N_1}{2次巻線の巻数 N_2}$$

3章 消防用設備等の構造と機能

熱感知器の方式

→ p.166

茶道の湯が上昇中
（差動式）　　（上昇率）

定めた温度に
（定温式・温度）

達しないように

差動式は、周囲の温度の上昇率が一定の値以上になったときに作動する方式。定温式は、周囲の温度が一定の値以上になったときに作動する方式。

差動式分布型感知器の空気管の基準

→ p.168

食う気かい？
（空気管）

20名　　行くよ
（20 m以上）（1.94 mm以上）

肉は厚くして
（肉厚）

オッサン
（0.3 mm以上）

差動式分布型感知器の空気管は、1本の長さ20m以上、管の外径1.94mm以上、肉厚0.3mm以上でなければならない。

定温式感知器の公称作動温度

→ p.171

交渉次第で
（公称作動温度）

60歳からイチゴゼロ
（60℃以上150℃以下）

80歳までは5度刻み
（80℃以下は5℃刻み）

80歳超えたら10度刻み
（80℃超えたら10℃刻み）

定温式感知器の公称作動温度の範囲は、60℃以上150℃以下。60℃以上80℃以下の場合は5℃刻み、80℃を超える場合は10℃刻みで設定する。

光電式の煙感知器

→ p.173

スポット
(スポット型)

行くっしょ？
(一局所)

無理　交番行く
(分離型)(広範囲)

光電式スポット型感知器は一局所の煙により、光電式分離型感知器は広範囲の煙の累積により、光電素子の受光量の変化を検知して作動する。

火災信号の受信開始から火災表示までの時間

→ p.179

信号受けると

母さん 表情
(火災表示)

5 秒で変わる
(5 秒以内)

火災信号の受信開始から火災表示までは、5 秒以内。

P 型受信機と R 型受信機

→ p.181

今日の信号は
（共通の信号）

ピ〜〜では？
（P 型）

こうゆうときも
（固有の信号）

あるのであーる
（R 型）

P 型受信機は、共通の信号を受信する。R 型受信機は固有の信号を受信する。

主音響装置の音圧

→ p.186

おー あつい ね！
（音圧）

1m しか離れないで

羽子板してるよ！
（85dB 以上）

3 人で　なれたね
（P 型 3 級受信機）（70dB 以上）

主音響装置の音圧は、1m 離れた地点で測定した値で 85dB 以上（P 型 3 級受信機では 70dB 以上）でなければならない。

検知器の作動するガス濃度

→ p.192

けんちん汁
（検知器）

砂糖４分の１以上
（作動・1/4 以上）

確実にまずい
（確実に）

200分の１だと
（1/200 以上）

砂糖なしと同じ
（作動しない）

検知器は、ガス濃度が爆発下限界の 1/4 以上で確実に作動しなければならない。ガス濃度が爆発下限界の 1/200 以下では作動しないようにしなければならない。

4章 消防用設備等の設置基準

自動火災報知設備の警戒区域

→ p.202

火事の見張りは

ロックでいいか？
（600 m^2 以下）

ごおーっと下見てね
（50 m 以下）

２人ではダメよ
（2 以上の階にわたらない）

自動火災報知設備の警戒区域は、面積は 600 m^2 以下、一辺の長さは 50 m 以下とし、2 以上の階にわたらないこと。

階段の警戒区域

→ p.205

2人以上に誓いの言葉
（2以上・地階）

痴情のもつれで
（地上階）

別れを警戒
（別の警戒区域）

階段は、地階が2以上のものは、地上階と別の警戒区域とする。

感知区域

→ p.206

突き出た針で
（突出したはり）

ひっかく天使
（区画）　（0.4 m以上）

佐渡に分布する
（差動式分布型感知器）

毛虫は　無力
（煙感知器）（0.6 m以上）

感知区域は、壁、または感知器の取付け面から0.4m以上（差動式分布型感知器、煙感知器は0.6m以上）突出したはり等により区画された部分。

煙感知器を設置しなければならない場所

→ p.212

エレベーターの中で
（エレベーター）

怪談話
（階段）

煙たがられても
（煙感知器）

こりねえ舅
（リネンシュート）

階段、傾斜路、エレベーターの昇降路、リネンシュート、パイプダクト等には、煙感知器を設置しなければならない。

煙感知器（光電式分離型を除く）の設置個数

→ p.216

老化がつろうて
（廊下・通路）

30 歩もいかずに
（30 m・歩行距離）

煙草を一服
（煙感知器・1 個以上）

煙感知器（光電式分離型を除く）を廊下、通路に設置する場合は、歩行距離 30 m につき 1 個以上とする。

区分鳴動をさせる階

→ p.226

2人で　出直せ
（2階以上）（出火階・直上階）

いちからの誓い
（1階）　　　（地階）

出火階が2階以上の場合は出火階＋直上階、出火階が1階と地階の場合は出火階＋直上階に加え、地階全部を鳴動させる。

P型受信機の感知器回路の共通線

→ p.229

ピーター、
（P型）

今日ツーセント
（共通線）

ないか？
（7警戒区域以下）

P型受信機の感知器回路の共通線は、共通線1本につき7警戒区域以下とする。

耐熱配線・耐火配線が必要な部分

→ p.230

チクショウ！
（地区音響装置・消防用設備等）

あなたいつも冷たいねっ！
（アナログ式感知器・耐熱配線）

非情と言われたいか！
（非常電源・耐火配線）

受信機から地区音響装置、消防用設備等、アナログ式感知器までは耐熱配線、非常電源から受信機、中継器までは耐火配線が必要。

ガス漏れ火災警報設備の警戒区域（面積の基準）

→ p.232

ガッツリ盛れ〜　めんを！
（ガス漏れ火災警報設備）（面積）

ロックでいいか？
（600 m^2 以下）

ひょ〜とうとう
（表示灯見とおす）

耳栓か
（1000 m^2 以下）

ガス漏れ火災警報設備の警戒区域は、面積は 600 m^2 以下、例外として、警戒区域内のガス漏れ表示灯を通路の中央から見通すことができる場合は 1000 m^2 以下。

検知器の設置基準(燃焼器または貫通部)

→ p.234

競馬　いいなぁ
(軽ガス・8 m 以内)

完全燃焼は
(貫通部・燃焼器)

重要だしぃ
(重ガスは 4 m 以内)

軽ガスの検知器は燃焼器または貫通部から水平距離 8 m 以内、重ガスの検知器は燃焼器または貫通部から水平距離 4 m 以内に設置する。

5章　消防用設備等の試験・点検

スポット型の熱感知器の機能試験

→ p.246

すっぽり肩まで
(スポット型)

つかってねっ
(熱感知器)

っかー！　熱い！
(加熱試験器)

スポット型の熱感知器の機能試験は、加熱試験器を用いた作動試験である。作動時間、警戒区域の表示の確認をする。

スポット型の煙感知器の機能試験

→ p.248

スポッと抜けた煙突
（スポット型の煙感知器）

さあ、どうする
（作動試験）

火炎放射？
（加煙試験器）

スポット型の煙感知器の機能試験は、加煙試験器を用いた作動試験である。作動時間、警戒区域の表示の確認をする。1 年に1 度、感度試験も行う。

差動式分布型感知器（空気管式）の機能試験

→ p.250 ～ 252

茶道に感心
（差動式分布型感知器）

龍は実感
（流通試験・時間）

節水もね
（接点水高試験・水位）

まあ、飲め
（マノメーター）

流通試験は、流通時間により空気管の漏れ、つまりを確認する。接点水高試験は、水位により接点の間隔を確認する。どちらもテストポンプとマノメーターを使用する。

さくいん

アルファベット

あ行

か行

さ行

な行

は行

ま行

や行

ら行

わ行

本書に関する正誤等の最新情報は、下記のアドレスでご確認ください。
http://www.s-henshu.info/sbgt2303/

上記掲載以外の箇所で正誤についてお気づきの場合は、**書名・発行日・質問事項（該当ページ・行数**などと**誤りだと思う理由**）・**氏名**・**連絡先**を明記のうえ、お問い合わせください。
・web からのお問い合わせ：上記アドレス内【正誤情報】へ
・郵便または FAX でのお問い合わせ：下記住所または FAX 番号へ
※電話でのお問い合わせはお受けできません。

［宛先］ コンデックス情報研究所
『いちばんわかりやすい！ 消防設備士４類〈甲種・乙種〉合格テキスト』係
住所　　：〒 359-0042　所沢市並木 3-1-9
FAX 番号：04-2995-4362 （10:00 ～ 17:00　土日祝日を除く）

※本書の正誤以外に関するご質問にはお答えいたしかねます。また受験指導などは行っておりません。
※ご質問の受付期限は、各試験日の 10 日前必着といたします。
※回答日時の指定はできません。また、ご質問の内容によっては回答まで 10 日前後お時間をいただく場合があります。
あらかじめご了承ください。

■監修：北里敏明（きたざと としあき）
弁護士。昭和 47 年東京大学法学部卒業、同年司法試験合格。昭和 48 年自治省に入る。昭和 53 年ハーバードロースクール入学、昭和 55 年修士（LLM）課程修了。京都市副市長、自治省大臣官房企画室長、公営企業等担当審議官、内閣府防災担当審議官などを経て、平成 14 年消防庁次長に就任。平成 15 年総務省を退官し、横浜国立大学客員教授、立命館大学非常勤講師を歴任。平成 18 年北里敏明法律事務所を開設。平成 26 年弁護士法人北里綜合法律事務所を設立。

■編著：コンデックス情報研究所
1990 年 6 月設立。法律・福祉・技術・教育分野において、書籍の企画・執筆・編集、大学および通信教育機関との共同教材開発を行っている研究者・実務家・編集者のグループ。

■イラスト：ひらのんさ

いちばんわかりやすい！ 消防設備士4類〈甲種・乙種〉合格テキスト

2023年５月20日発行

監　修　北里敏明（きたざととしあき）
編　著　コンデックス情報研究所（じょうほうけんきゅうしょ）
発行者　深見公子
発行所　成美堂出版
〒162-8445　東京都新宿区新小川町1-7
電話(03)5206-8151　FAX(03)5206-8159
印　刷　大盛印刷株式会社

ISBN978-4-415-23678-0
落丁・乱丁などの不良本はお取り替えします
定価はカバーに表示してあります